GUIDES BORDAS

CONCOURS - EXAMENS - FORMATION

P. SALOMON

LITTÉRATURE FRANÇAISE

LES MOUVEMENTS LITTÉRAIRES
LES ÉCRIVAINS - LEURS ŒUVRES

Bordas

1re édit. ISBN 2-04-011518-8
2e édit. nouvel ISBN 2-04-016182-1
ISBN 2-04-018281-0
ISSN 0296-2748

SOMMAIRE

Chaque chapitre comprend deux parties :

- **une histoire des mouvements littéraires et des idées ;**
- **l'étude détaillée de quelques grands écrivains.**

Pour toute recherche se reporter, en fin de volume, à l'index des principaux écrivains et à la rubrique « Quelques repères ».

Moyen âge

XVIe siècle

XVIIe siècle

XVIIIe siècle

XIXe siècle

XXe siècle

Moyen Age

1 - Naissance de la littérature médiévale (des origines jusque vers 1200)

Formation de la langue française

La langue française dérive du latin populaire. Ce langage, déjà très incorrect, s'altéra encore par l'usage. La confusion fut accrue par les invasions barbares, qui introduisirent des termes nouveaux. Ainsi se forma une sorte de patois en perpétuelle évolution, le roman, qui devait aboutir à l'**ancien français** (IXe au XIIe siècle), puis au **moyen français** (XIVe au XVIe siècle) et enfin au **français moderne** (à partir du XVIIe siècle). Jusqu'au XIIIe siècle, cette langue conserva une déclinaison simplifiée. On parlait, selon les régions, des dialectes différents. Ces dialectes se divisent en deux groupes, ceux du Nord et ceux du Midi. Les premiers sont appelés de **langue d'oïl** et les autres de **langue d'oc,** *« oïl »* et *« oc »* étant les deux façons de dire *« oui »*. La ligne de démarcation passe approximativement par La Rochelle, Limoges, Clermont-Ferrand, Lyon et Grenoble. Un dialecte de langue d'oïl, le francien, parlé dans l'Ile-de-France, a supplanté progressivement tous les autres.

Les premiers textes

Le roman et l'ancien français à ses débuts furent des langues presque exclusivement parlées. On se servait du latin comme langue littéraire. Le plus ancien document écrit en langue vulgaire qui nous soit parvenu est *Le Serment de Strasbourg* (842). Il consacre l'alliance de Louis le Germanique et de son frère Charles le Chauve. Il a pu exister, antérieurement à 1100, une **littérature populaire** à caractère épique ou lyrique, mais les seuls textes qui aient échappé à l'oubli le doivent à leur caractère religieux. Ils sont écrits en vers. Ce sont la *Cantilène de sainte Eulalie* (881), une *Passion du Christ,* une *Vie de saint Léger* (Xe siècle), une *Vie de saint Alexis* (vers 1040).

Les chansons de geste

Le XIe siècle offre des conditions particulièrement favorables à l'éclosion d'une littérature épique : expéditions en Espagne, conquête de l'Angleterre (1066), première croisade (1095-1099). L'héroïsme guerrier et les luttes pour la sauvegarde de la foi inspirent les chansons de geste, poèmes racontant des aventures de chevalerie qui se seraient déroulées au temps de Charlemagne ou de son fils Louis, exceptionnellement au temps de Clovis, Charles Martel ou Charles le Chauve. Il nous en reste environ **quatre-vingts.** Elles ont entre mille et dix-huit mille vers, groupés en strophes ou *laisses,* de longueur inégale, la laisse étant caractérisée par le retour de la même assonance à la fin de chacun des vers qui la constituent. Ces poèmes étaient psalmodiés avec accompagnement de vielle par des jongleurs.

Les chansons de geste attribuent à des personnages qui sont censés vivre vers l'an 800, la mentalité de chevaliers des XIe et XIIe siècles. Le problème de leur origine a soulevé diverses hypothèses. Joseph Bédier pense qu'elles sont nées sur les lieux de passage des pèlerins se rendant à Compostelle, à Rome ou à Jérusalem, et qu'elles étaient destinées à stimuler leur zèle. Il se peut aussi qu'elles soient l'aboutissement d'un long travail littéraire antérieur. En tout cas, elles ressortissent à un art relativement savant, et leurs auteurs sont pénétrés de culture latine.

On les groupe en **trois cycles** ou **gestes :**

1. La *Geste de Charlemagne* ou *Geste du roi* est consacrée aux exploits et aventures de Charlemagne et de ses fils. A cette geste appartiennent *La Chanson de Roland, Le Pèlerinage de Charlemagne, Mainet, Huon de Bordeaux, Berthe aux grands pieds.*

2. La *Geste de Garin de Montglane* met en scène des seigneurs du Midi qui, se substituant aux carolingiens défaillants, reprennent pour leur compte la lutte contre les infidèles. Le personnage central de cette geste est Guillaume d'Orange appelé aussi Guillaume-au-Courb-Nez (au nez déformé). Les autres héros de la geste, Girard de Vienne, Aimeri de Narbonne, Vivien, sont à des titres divers apparentés à Guillaume. Les principaux poèmes de cette geste sont *Le Charroi de Nîmes, Le Moniage Guillaume, Aliscans, Girard de Vienne, Aimeri de Narbonne.*

3. La *Geste de Doon de Mayence* raconte la lutte menée contre Charles par Doon et ses descendants : Ogier le Danois, Renaud de Montauban et ses frères (les quatre fils Aymon). A cette geste on rattache des histoires de révolte et de vengeance, dont les héros n'appartiennent pas à la lignée de Doon : *Raoul de Cambrai, Girard de Roussillon.* C'est pourquoi on l'appelle aussi *Geste des barons révoltés.*

La société courtoise

C'est dans les pays de langue d'oc (Provence, Languedoc, Gascogne, Limousin, Poitou) que prit naissance la civilisation courtoise. Ces pays jouissaient d'une paix relative. Les seigneurs y avaient pris des goûts de luxe. Ils recherchaient les plaisirs de l'esprit.

A partir de 1150 environ, les pays de langue d'oïl furent gagnés à leur tour par l'esprit courtois. Le développement de la culture latine, la formation des légendes bretonnes aidèrent à cette expansion que favorisa par son action personnelle Aliénor d'Aquitaine, successivement reine de France (1137), puis reine d'Angleterre (1154). Bientôt les pays de langue d'oïl éclipsèrent ceux de langue d'oc par l'éclat de leur civilisation, surtout après la croisade des Albigeois (1208-1229), qui devait consacrer de façon définitive la suprématie politique de la France du Nord.

La littérature courtoise est une littérature d'imagination, qui repose sur une notion très exigeante de l'amour. Cet amour s'adresse non pas à une jeune fille, mais à une femme mariée de haut rang, d'une beauté et d'un mérite exceptionnels. Si spiritualisé qu'il soit, il aspire à l'union des corps. Mais « la dame » impose tyranniquement ses volontés. L'amant doit accepter pour lui plaire les épreuves les plus terribles et agréer ses moindres faveurs comme des récompenses merveilleuses.

Le lyrisme courtois

La civilisation de langue d'oc eut ses poètes, **les troubadours,** dont l'influence s'étendit jusqu'en Italie et en Espagne. Ils écrivaient des œuvres courtes, d'inspiration sentimentale, de forme strophique, destinées à être chantées. Pour chaque nouveau poème, ils s'ingéniaient à trouver une combinaison métrique et une mélodie originales. On dénombre plus de quatre cents troubadours. Le plus ancien qui nous soit connu est Guillaume de Poitiers, neuvième duc d'Aquitaine (1071-1127). Après lui, vinrent Jaufré Rudel, célèbre par son amour pour « la princesse lointaine », Bernard de Ventadour, qui vécut quelque temps auprès d'Aliénor d'Aquitaine, Marcabru, poète vigoureux et compliqué, puis, vers la fin du siècle, Arnaut Daniel et Bertrand de Born.

Le nom de **trouvères** est réservé aux poètes s'exprimant en langue d'oïl. Les plus célèbres sont Chrétien de Troyes, Gace Brulé, Conon de Béthune et, dans le genre familier, Jean Bodel d'Arras.

Le lyrisme courtois comporte de nombreuses variétés. La **chanson d'amour** est un jeu intellectuel distingué, où la vraie passion ne paraît pas tenir beaucoup de place. Le *débat* ou *tenson* et le *jeu parti* opposent deux interlocuteurs sur un problème de galanterie.

Les **chansons de toile,** qui sont censées être chantées par des femmes pendant leurs travaux sont plus réalistes, car elles présentent souvent des filles passionnées et imprudentes, des femmes mal mariées, des amants exigeants et brutaux.

Les romans courtois

On appelle roman un poème narratif en langue romane. La distinction entre « geste » et « roman » est commode, mais un peu factice. Les romans (8 000 à 40 000 vers) sont écrits le plus souvent en octosyllabes à rimes plates. On distingue les romans antiques et les romans bretons.

Les **romans antiques** ont pour auteurs des clercs. Grecs et Latins y sont transformés en chevaliers du XIIe siècle. Les principaux de ces romans sont le *Roman d'Alexandre* écrit en vers de douze syllabes (d'où le nom d'*alexandrins* donné à ces vers), le *Roman de Troie* composé entre 1160 et 1165 par un protégé d'Aliénor d'Aquitaine, Benoît de Sainte-Maure, le *Roman de Thèbes,* le *Roman d'Enéas.*

Les **romans bretons** mettent en scène un souverain légendaire de Grande-Bretagne, le roi Arthur, et ses chevaliers qui, pour éviter toute querelle de préséance, se rassemblaient autour d'une *table ronde.* Cette légende a été mise au point par un ouvrage latin, qu'un évêque gallois, Geoffroy de Monmouth, fit paraître en 1136. Vingt ans plus tard, elle fut reprise par le moine Robert Wace dans une adaptation en vers français intitulée *Brut,* (Brutus). Peu après, Chrétien de Troyes trouva dans la « matière de Bretagne » le principal thème de son inspiration.

Aux légendes bretonnes se rattache l'histoire de Tristan et Yseult. Ses personnages n'appartiennent pas au cycle arthurien. Mais l'inspiration et le cadre sont les mêmes.

La littérature familière

Les œuvres d'inspiration noble laissent subsister un peu en retrait une littérature familière : fables, *Roman de Renart,* fabliaux.

Le développement de la fable est lié à celui de la culture latine. L'œuvre de Phèdre et celle d'Avianus donnent lieu à un grand nombre d'adaptations désignées sous le nom d'*Isopets.* Le plus célèbre de ces *Isopets* est celui que Marie de France composa vers 1180. Il est tiré d'un recueil anglais constitué lui-même d'éléments disparates.

Avant *Le Roman de Renart* deux poèmes latins, datant l'un du Xe siècle, l'autre du XIIe, mettent déjà en scène des animaux sous des noms que *Le Roman de Renart* conservera. Si, dans ce roman, la part d'inspiration populaire est difficile à préciser, son origine littéraire est du moins certaine.

Les fabliaux sont de courts récits en vers à caractère plaisant. Parmi ceux qui nous ont été conservés, très peu datent du XIIe siècle, ce qui donne à penser qu'à cette époque le genre n'était pas encore très répandu.

Débuts d'une littérature dramatique

La célébration des offices religieux aux grandes fêtes comportait souvent un défilé de personnages bibliques. Cette mise en scène s'accompagna de dialogues d'abord rédigés en latin. Puis le spectacle passa de l'intérieur à l'extérieur de l'église et fut donné en langue vulgaire.

Les miracles accomplis par la Vierge et les saints firent l'objet d'œuvres narratives déclamées en public par un récitant. Ces miracles narratifs furent nombreux aux XIe et XIIe siècles, et là encore le latin céda peu à peu la place au français.

Quant au théâtre profane, ses manifestations primitives furent vraisemblablement **les jeux dramatiques des jongleurs :** scènes mimées, interprétation dialoguée de fragments d'épopées ou de romans. Le comique et le sérieux s'y entremêlaient.

Il ne nous est parvenu qu'un très petit nombre d'œuvres dramatiques datant du XIIe siècle. Ce sont :

1. Un fragment de *La Résurrection* en dialecte anglo-normand.

2. *Le Jeu d'Adam et d'Ève,* composé de trois parties : chute d'Adam et d'Ève ; mort d'Abel ; défilé des prophètes annonciateurs du Christ. Destiné à être représenté sur le parvis d'une église, *Le Jeu d'Adam* a pour auteur un inconnu. C'est notre première pièce de théâtre vraiment digne de ce nom.

3. *Le Jeu de saint Nicolas* de Jean Bodel d'Arras (1200) : un miracle accompli par saint Nicolas entraîne la conversion d'un roi païen et de son peuple.

4. *Courtois d'Arras* (fin du XIIe siècle) : adaptation comique de la parabole de l'enfant prodigue.

La Chanson de Roland (vers 1095)

Elle nous est connue principalement par le manuscrit d'Oxford, qui date de 1170 (4 002 vers décasyllabiques).

Ce manuscrit n'est pas la reproduction exacte de l'œuvre originale.

Turoldus serait le nom du remanieur d'Oxford.

L'HISTOIRE ET LA LÉGENDE

Le 15 août 778, le roi Charles, alors âgé de trente-cinq ans, revenait d'Espagne où il avait combattu des princes musulmans, pour aider d'autres princes musulmans. Au passage des Pyrénées, son arrière-garde fut assaillie par des montagnards basques, et dans ce combat, le préfet de la marche de Bretagne, Roland, trouva la mort. Voici maintenant la légende mise en œuvre par le poème : Charlemagne a deux cents ans ; c'est un chef religieux presque autant qu'un chef de guerre. Les assaillants de son arrière-garde sont des Sarrasins et ils ne doivent qu'à la trahison leur victoire éphémère. Roland est le neveu de Charles.

UN CHEF-D'ŒUVRE ÉPIQUE

L'art en est très sobre : aucun luxe dans les descriptions ; des caractères différenciés, mais simples et qui se révèlent uniquement par les actes des personnages et leurs propos ; un style dépouillé. La répétition insistante de certaines formules, de certains vers, accentue la naïveté apparente de l'œuvre.

Pourtant l'auteur inconnu est un artiste très conscient. Il possède la science des effets oratoires. Ce que l'on prend chez lui pour de la naïveté pourrait bien être une volonté de stylisation. Il élimine l'accessoire au profit de la psychologie et de l'intention moralisatrice. Son œuvre est vigoureusement construite.

Un souffle poétique puissant traverse *La Chanson de Roland.* La grandeur héroïque y éclate à tout moment. Des correspondances mystiques s'établissent entre l'humain et le divin. Le merveilleux s'introduit presque naturellement dans la trame du réel.

Chrétien de Troyes (vers 1135-vers 1190)

Fut au service de Marie de Champagne, fille d'Aliénor d'Aquitaine, puis de Philippe d'Alsace, comte de Flandre.

Vers 1162 : *Erec et Enide.*

Vers 1164 : *Cligès.*

Vers 1168 : *Lancelot ou le Chevalier à la charrette.*

Vers 1173 : *Yvain ou le Chevalier au lion.*

Entre 1182 et 1190 : *Perceval ou le conte du Graal.*

Les romans énumérés ci-dessus ne doivent pas faire oublier qu'il fut aussi trouvère, et que nous lui devons les deux plus anciennes chansons d'amour écrites en langue d'oïl.

UNE CONCEPTION NUANCÉE DE L'AMOUR COURTOIS

La thèse soutenue dans *Lancelot* de la soumission totale de l'amant aux volontés de sa dame ne semble pas avoir été celle de Chrétien lui-même. Dans son récit, on discerne de l'humour et de la malice. Tout en accordant à l'amour sa juste place, il pense que l'homme est fait surtout pour la prouesse. Le rôle d'une femme intelligente consiste à favoriser ce goût viril de l'aventure. D'autres problèmes qui passionnaient l'époque, ont également retenu l'attention de ce poète. Dans *Erec,* il montre que l'amour ne peut subsister sans l'admiration et qu'il n'est pas incompatible avec le mariage. Dans *Cligès,* il prend parti contre le fatalisme, le laisser-aller moral qui dominent la légende de Tristan.

UN CONTEUR PLEIN D'AGRÉMENT

Il excelle à faire rebondir les épisodes, à trouver sans cesse du nouveau.

On lui a reproché son goût immodéré pour un surnaturel que, par ailleurs, il ne prend pas suffisamment au sérieux : châteaux magiques, enchantements qui pèsent sur de malheureux chevaliers, bêtes sauvages qui s'apprivoisent. Ces fictions perdent chez lui leur valeur de symboles, pour ne devenir plus qu'un jeu.

Par un singulier contraste, ce conteur fantaisiste est à certains égards un esprit réaliste, un bon observateur. Son style donne une impression de facilité élégante, impression encore accrue par le rythme du vers qu'il emploie, l'octosyllabe.

Les romans de Tristan (vers 1160-1170)

D'un poème original perdu (écrit vers 1150) dérivent une version dite courtoise et une version dite commune. A la version courtoise se rattache le poème de Thomas (1160 ?) ; à la version commune, le poème de Béroul (1170 ?). Ces deux poèmes nous sont parvenus incomplets.

1900 : reconstitution par Joseph Bédier du *Tristan* primitif. (Tristan va chercher Yseut, fiancée de son oncle le roi Marc. En route, ils boivent par erreur un philtre d'amour. Les voilà unis jusqu'à la mort et voués à toutes les vicissitudes d'un amour adultère.)

LE *TRISTAN* DE THOMAS

Thomas est un trouvère anglo-normand, qui vécut à la cour d'Henri II Plantagenet et d'Aliénor. Il a certainement enjolivé la légende. Il fait de Tristan un amant mélancolique beaucoup plus qu'un dur guerrier. Pour mieux marquer la force éternelle de l'amour, il attribue à l'action du philtre une durée illimitée. Son récit est d'ailleurs d'un grand charme poétique.

LE *TRISTAN* DE BÉROUL

Béroul est un jongleur. Le long fragment qui reste de son œuvre (4 425 vers) relate essentiellement la vie des amants à la cour de Marc, puis dans la forêt de Morois. Chez lui, comme sans doute dans le poème primitif, le philtre cesse d'agir au bout de trois ans. Béroul semble avoir suivi de très près la légende. Il lui a conservé sa rudesse. A travers l'amoureux Tristan, il nous laisse entrevoir l'ancien héros celtique, dompteur de monstres, véritable demi-dieu.

Marie de France (seconde moitié du XIIe siècle)

Vécut à la cour d'Henri II Plantagenet. Son nom signifie seulement qu'elle était originaire de France.

Entre 1160 et 1175 : *Lais*. (Ce sont douze poèmes narratifs de longueur très inégale.)

Vers 1180 : *Isopet*. (Recueil de fables.)

LA POÉSIE DES *LAIS*

Aux subtilités courtoises, trop abstraites, Marie préfère l'analyse de sentiments passionnés qui engagent tout l'être. Ses héros commettent des fautes. Ils connaissent le malheur. Mais le tragique se dilue en une poésie délicate et vaporeuse, dans un enchantement de l'imagination, parmi les fées, les animaux qui parlent et les hommes changés en loups-garous.

Le Roman de Renart (1175-1250)

C'est un assemblage de vingt-sept poèmes disparates appelés branches. Ces branches sont groupées sans égard à la logique ni à la chronologie. Elles furent

composées par une vingtaine d'auteurs différents de 1175 à 1250.

Le premier qui raconte, en s'inspirant de modèles latins, « la guerre entre Renart (le goupil) et Isengrin (le loup) » s'appelait Pierre de Saint-Cloud.

DES HISTOIRES FÉROCEMENT GAIES

Les auteurs du *Renart* cherchent à faire rire par tous les moyens : extravagance des inventions, parodie des chansons de geste, détails grivois, jeux de mots, plaisir de voir réussir de mauvaises plaisanteries. Dans les premières branches, Renart se présente sous les traits d'un joyeux fripon, plutôt sympathique. Au XIIIe siècle, il devient une sorte de génie du mal. En même temps, la satire se fait plus âpre. Elle n'épargne ni les bourgeois, ni les clercs, ni les femmes. Mais elle vise surtout la brutalité ou la perfidie des féodaux, leurs mœurs anarchiques, leurs querelles, leurs simagrées de justice.

SYMBOLISME ET POÉSIE DU RÉEL

Le Roman de Renart est un jeu de symboles. Les animaux y figurent des types humains, et l'art des auteurs consiste à faire coïncider l'image de l'animal et le caractère qu'il représente. Cette symbolique est simple et les caractères sont définis une fois pour toutes. Dans ce cadre bien délimité, l'observation malicieuse s'exerce librement. S'y ajoutent le sens du pittoresque, la fraîcheur de l'imagination, une désinvolture plaisante. Du moins dans les branches les plus anciennes : car les onze branches écrites entre 1205 et 1250 sont moins réussies. A force d'être exploité, le thème a fini par s'user.

2 - Le grand siècle médiéval (XIIIᵉ siècle)

L'esprit du XIIIᵉ siècle

Au XIIIᵉ siècle, la vie intellectuelle de la féodalité se transforme. Le mysticisme guerrier des chansons de geste s'efface devant l'idéal courtois. En même temps naît une classe bourgeoise formée d'artisans et de négociants aisés. Elle préfère aux subtilités de l'esprit courtois des formes de pensée plus familières. La littérature réaliste et satirique trouve dans ce milieu des conditions favorables à son développement. Les villes du Nord constituent les principaux foyers de cette activité littéraire, Arras surtout. Cette ville possède de nombreux poètes et chansonniers, certains fort illustres : Jean Bodel, Adam de la Halle, Baude Fastoul.

Dans cette société en transformation, *l'esprit critique s'éveille.* Les clercs cherchent dans l'œuvre d'Aristote des explications que le catholicisme officiel, celui de saint Augustin, ne parvient pas à leur fournir. Saint Thomas d'Aquin, dans sa *Somme théologique* (1260), réussit à concilier la pensée chrétienne et la philosophie d'Aristote. Il est le fondateur de la théologie scholastique.

Avènement de la prose

Avant 1200, les écrivains français ne s'étaient guère exprimés qu'en vers. Même les *Bestiaires,* ouvrages didactiques sur les animaux, sont encore écrits en vers jusqu'à une époque assez avancée du XIIIᵉ siècle. C'est que la poésie se prête mieux à la transmission orale. Dans une société plus cultivée, l'utilisation de la prose comme langage littéraire va devenir possible. Les chroniques rimées font place aux récits historiques en prose. Le roman abandonne l'octosyllabe pour la prose narrative. Seul le théâtre reste réfractaire à ce changement.

Dégradation de la chanson de geste

Les trois « gestes » qui s'étaient formées au siècle précédent, achèvent de se constituer, mais elles produisent plus de remaniements que d'œuvres originales et se pénètrent de fantaisie romanesque. Tel est déjà le cas dans *Huon de Bordeaux,* où le héros, aidé par les conseils du nain Obéron, séduit une belle princesse sarrazine. La contamination du thème épique et du thème courtois est encore plus marquée dans les poèmes d'Adenet le Roi. Lorsqu'il remanie l'histoire d'Ogier ou de Berthe, il est visiblement préoccupé d'éviter la rudesse de ses prédécesseurs.

Aux trois cycles déjà existants, vient s'en ajouter un quatrième, celui de la croisade. Il comprend deux sortes d'œuvres : les unes *(Chanson d'Antioche, Conquête de Jérusalem)* reprennent les faits historiques en les interprétant librement ; les autres *(Le Chevalier au cygne, Godefroi de Bouillon)* attribuent aux chefs de la croisade des aventures imaginaires. A ce groupe se rattache encore, au début du XIVᵉ siècle, le roman anonyme de *Baudouin de Sebourg.* Exception faite de ce poème, on peut considérer qu'à la fin du XIIIᵉ siècle la chanson de geste a terminé sa carrière.

Floraison des genres romanesques

Le roman courtois dispose maintenant de deux instruments stylistiques : l'octosyllabe à rimes plates et la prose, que semblent préférer les clercs, moins habiles que les jongleurs au maniement du vers.

Les légendes bretonnes sont toujours en vogue. Elles fournissent la matière de nombreux romans parmi lesquels se distingue un admirable ensemble dans la plus pure tradition de Chrétien de Troyes, le *Lancelot en prose,* encore appelé *Lancelot-Graal.*

Le roman courtois emprunte aussi ses sujets à l'actualité. On y rencontre des princes sarrazins et des chevaliers captifs. Mais c'est l'amour romanesque qui devient la préoccupation essentielle du conteur, lui fournissant par surcroît l'occasion de mainte notation familière. Il s'agit le plus souvent d'un amour contrarié, qui finit par triompher des obstacles. Ce thème aux variations innombrables a inspiré trois romans attribués à Jean Renart, *L'Escoufle, Guillaume de Dole, Le Lai de l'Ombre,* et deux romans anonymes *Floire et Blancheflor, Aucassin et Nicolette.* Dans *Aucassin et Nicolette,* le comte Garin de Beaucaire, après s'être longtemps opposé au mariage de son fils Aucassin avec la jeune captive sarrazine qu'il aime, finira par se laisser fléchir, lorsqu'il apprendra qu'elle est fille du roi de Carthage. Ce roman plein d'humour et qui tourne même parfois à la parodie est une chantefable, ce qui veut dire que vers et prose y alternent.

Élargissement du lyrisme

On dénombre au XIIIe siècle quelque deux cents trouvères. Le plus souvent, ils suivent docilement la **tradition courtoise,** comme le fit Thibaut de Champagne, prince aventureux, arrière petit-fils d'Aliénor d'Aquitaine. Sa manière est distinguée mais conventionnelle. Une légende veut qu'il ait eu Blanche de Castille pour inspiratrice. Mais les soixante et un poèmes qu'il a laissés, ne contiennent aucun détail confirmant cette hypothèse.

Les trouvères de souche populaire, Guiot de Provins, Colin Muset, Richard de Fournival, Rutebeuf, connaissent trop la vie médiocre et ses difficultés pour se cantonner dans l'amour courtois. Assurément il arrive à Colin Muset, pour plaire à ses protecteurs, de subtiliser sur l'amour. Mais combien il est plus émouvant, quand il décrit sa condition de jongleur et la misère de son foyer !

A la fin du XIIIe siècle, le lyrisme courtois donne des signes d'essoufflement et la poésie commence à être liée moins étroitement à la musique. Libérés de cette contrainte, les poètes vont pouvoir rénover leur inspiration.

L'inspiration didactique

Le désir d'instruire, déjà sensible dans les chansons de geste, inspire des ouvrages de vulgarisation appelés *Bestiaires, Volucraires, Lapidaires,* selon qu'ils traitent des animaux, des oiseaux ou des pierres. Les *Sommes* ont une ambition plus haute. Elles rassemblent sous une forme condensée l'essentiel du savoir. Celle que le Florentin Brunetto Latini composa vers 1265, pendant son exil en France, sous le titre de *Livre du trésor,* connut une très large diffusion. Le poème de Jean de Meung obéit aux mêmes préoccupations.

L'enseignement de la morale religieuse est donné dans des œuvres d'un mérite fort inégal. A côté du banal sermon en vers, il existe quelques poèmes vraiment inspirés. *Les Vers de la Mort* sont le message poétique d'un trouvère devenu moine, Hélinand, qui charge la Mort de se présenter de sa part aux vivants pour les prier de songer à leur salut. *Le Dit des trois morts et des trois vifs* développe avec réalisme un thème identique. Le *Poème moral* enseigne avec bonhomie une religion indulgente.

L'inspiration comique et satirique

La verve comique et satirique s'introduit partout, dans la chanson de geste, dans le roman. Son domaine de prédilection est le **fabliau.** Les fabliaux sont des récits plaisants, dont la longueur varie habituellement entre trois cents et quatre cents vers. Il nous en reste environ cent cinquante. On cite comme auteurs de fabliaux Jean Bodel, Huon le Roi, Rutebeuf. Mais dans leur grande majorité, les fabliaux sont anonymes.

Ils ont pour sujet de bons tours joués à des naïfs, d'amusantes méprises, la malignité des femmes, l'infortune des maris trompés. Ils s'en prennent aux bourgeois, aux prêtres, aux vilains. Ils ont tendance à épargner les jeunes clercs et les chevaliers. On se demande s'ils ne servent pas la civilisation courtoise, en dénigrant tout ce qui s'oppose à elle. De certains de ces récits se dégage une leçon de sagesse pratique.

Les débuts de l'histoire

Dès le XIIe siècle, les ducs de Normandie et les rois d'Angleterre avaient à leur service des trouvères chargés de célébrer leur gloire et celle de leurs ancêtres. C'est ainsi que le Normand Wace écrivit pour Henri II et Aliénor *Le Roman de Brut* (Brutus) et *Le Roman de Rou* (Rollon) qui racontent respectivement la geste des Bretons et celle des Normands.

En France, les moines de Saint-Denis rédigeaient sur chacun de nos rois une chronique en latin. Saint Louis fit traduire en français l'ensemble de ces chroniques. Le travail, achevé en 1274, porte pour titre : *Les Grandes Chroniques de France.*

Les événements de la quatrième croisade font surgir trois mémorialistes : Villehardouin, Robert de Clari, Henri de Valenciennes. Les récits de Villehardouin et de Robert de Clari couvrent les mêmes faits. Mais tandis que Villehardouin a joué dans la croisade un rôle de premier plan, Robert de Clari n'est qu'un pauvre chevalier. Il ne connaît que les détails, les exploits individuels, l'existence du soldat. Devant les merveilles de l'Orient, il s'extasie naïvement. Henri de Valenciennes prend son récit au point où l'avait laissé Villehardouin et raconte le règne du second empereur latin d'Orient, Henri, au service duquel il fut sans doute attaché comme ménestrel.

De longues années plus tard, quand Joinville écrit sa *Vie de saint Louis,* la prose française mise au service de l'histoire est devenue un outil littéraire de premier ordre.

Le théâtre

Du XIIIe siècle, comme du siècle précédent, peu d'œuvres dramatiques nous sont restées.

Le miracle évolue de la forme narrative à la forme dramatique. A l'origine en effet, on appelait *miracle* le récit d'un épisode merveilleux, où intervenait la Vierge. On ne possède aucun miracle dramatique antérieur au *Miracle de Théophile, que* Rutebeuf écrivit entre 1254 et 1280.

Le théâtre comique semble avoir été plus florissant que ne le laisseraient croire les traces peu nombreuses qu'il a laissées. Ses formes les plus frustes, le mime dialogué et le monologue dramatique, sont représentées au XIIIe siècle, la première par *Les Deux Bourdeurs ribauds, Le Privilège aux Bretons, La Paix aux Anglais,* la seconde par *Le Dit de l'herberie.* Ces œuvres sont anonymes, sauf *Le Dit de l'herberie,* qui fut écrit par Rutebeuf vers 1260. Quelques autres œuvres se rapprochent davantage de la vraie comédie : *Le Garçon et l'Aveugle,* courte pièce de 265 vers représentée à Tournai aux environs de 1277, *Le Jeu de la Feuillée,* d'Adam de la Halle, et *Le Jeu de Robin et de Marion,* du même auteur.

Villehardouin Geoffroy de **(1152-1213)**

1200 : il négocie à Venise le transport des troupes pour la quatrième croisade.

1202-1204 : les croisés, dont il est l'un des chefs, conquièrent Zara, puis Constantinople et y fondent l'empire latin d'Orient.

1207 : dans son fief de Messinople (Thessalie) il rédige *La Conquête de Constantinople.*

Vers 1213 : il meurt sans avoir revu la France.

UN TÉMOIN A LA FOIS PARTIAL ET LUCIDE

Villehardouin entreprend de légitimer cette étrange croisade qui avait abouti à la conquête et au pillage d'États chrétiens. Il montre que le changement d'objectif fut imposé par des causes fortuites, que d'ailleurs Constantinople pouvait servir de base pour conquérir la Terre-Sainte et que le jugement de Dieu donna finalement raison aux croisés. Caractère rude et courageux, il est trop engagé dans l'action pour se montrer impartial. Il a dit la vérité, mais il ne l'a pas toute dite. Il s'efforce d'apporter le maximum de clarté dans l'exposé d'événements confus. Sans dédaigner le pittoresque, il ne le recherche pas. Il utilise parfois les formules et le ton de l'épopée. Son style est d'une noble gravité.

Le Lancelot-Graal (entre 1215 et 1235)

On désigne sous ce nom une suite de cinq romans anonymes en prose : *L'Histoire du saint Graal, L'Histoire de Merlin, Lancelot, La Quête du saint Graal, La Mort du roi Arthur.*

On suppose qu'il y eut plusieurs auteurs. Mais l'ensemble procède d'une inspiration unique.

SIGNIFICATION DE L'ŒUVRE

Le Graal est le vase dans lequel Joseph d'Arimathie recueillit le sang du Christ. En faisant de la quête du Graal le but de leur vie, les chevaliers de la Table ronde substituent les valeurs religieuses aux valeurs guerrières. Mais les survivants de l'aventure retombent dans les égarements humains, s'opposent en de sanglants combats et terminent leurs jours dans la pénitence. Toute l'œuvre montre combien est ardu le chemin de la connaissance de Dieu.

L'INVENTION DANS *LE LANCELOT-GRAAL*

La richesse d'imagination y est éblouissante. Les péripéties romanesques s'enchaînent dans un fourmillement harmonieux. La pensée religieuse s'épanouit en une multitude de symboles, ceux mêmes qui donnent leur sens aux rites de la liturgie et aux figures de l'art médiéval chrétien.

Le Roman de la Rose (vers 1230 ; entre 1270 et 1280)

Guillaume de Lorris, vers 1230, compose un poème de 4 000 vers (vraisemblablement inachevé). Il y raconte un prétendu songe, où il se voit cherchant à cueillir une Rose. Des êtres allégoriques contrecarrent ou favorisent son projet.

Jean de Meung écrit, entre 1270 et 1280, une suite à ce poème : 18 000 vers qui se terminent par la conquête de la Rose et le réveil du poète.

LE POÈME DE GUILLAUME DE LORRIS

C'est un art d'aimer, qui définit en fonction de l'idéal courtois le cheminement de l'amour. La femme s'y trouvant représentée par une fleur, est, de ce fait, dépourvue de personnalité véritable. Les sentiments qu'elle pourrait éprouver pour ou contre l'amant, sont donc figurés par des êtres allégoriques extérieurs à elle. Rien de plus banal que le procédé de l'allégorie et la fiction du songe. Mais malgré son apparence artificielle, l'œuvre reste humaine et vivante, car elle est la transposition poétique de l'éternelle aventure des cœurs amoureux.

LE POÈME DE JEAN DE MEUNG

Jean de Meung possède toute la science de son temps, alchimie, astronomie, physique, histoire, philosophie et il la déverse dans son œuvre au hasard de son inspiration. Il connaît les auteurs anciens et leur fait volontiers des emprunts. Bref, son poème est une « somme ».

C'est aussi et surtout une prise de position contre l'idéalisme courtois. Loin de diviniser la femme, Jean de Meung la considère avec méfiance. Il se refuse à voir dans l'amour le principe de toute vertu. Il n'y voit qu'une loi naturelle.

Penseur original et audacieux, il a pu être défini « le Voltaire du moyen âge ». Formule excessive. Bien qu'il rende hommage à la toute-puissance de la nature, il ne songe pas à opposer nature et religion.

Joinville Jean, sire de **(1224-1317)**

Elevé à la cour de Thibaut IV, comte de Champagne, son tuteur.

1248 : part en croisade.

1250 : est fait prisonnier avec saint Louis, dont il partage la captivité.

1254 : retour en France.

Prié par la reine Jeanne de Navarre d'écrire l'histoire de saint Louis, ne termine son œuvre *(Le Livre des saintes paroles et des bons faits de notre saint roi Louis)* qu'en 1309.

LE COMPAGNON D'UN SAINT

Les précédents biographes de saint Louis avaient surtout retenu sa dévotion. Joinville insiste davantage sur ses « bons faits ». C'est donc un roi chevalier qu'il nous présente. Bien qu'il le montre craintif devant sa mère, froid envers sa femme et ses enfants, jaloux de son autorité, plus sévère que tendre, il lui porte une admiration sans réserve. Lorsqu'il se compare à son maître, c'est toujours avec humilité.

UN VIEILLARD DISERT

Le livre est mal composé. Les deux parties s'enchevêtrent. Redites et digressions abondent. On voit bien que l'écrivain est un amateur et un vieil homme. Mais ce vieil homme a gardé une mémoire très fraîche. Observateur attentif, toujours de bonne humeur, il ressuscite le passé avec sa couleur et sa vie. Il n'est pas moins bon peintre des âmes que des choses. Une intuition bienveillante le guide. La misère des hommes lui inspire une généreuse pitié.

Rutebeuf (vers 1230-vers 1285)

Rutebeuf est le pseudonyme d'un jongleur, que le comte de Poitiers remarqua et dont il fit le propagandiste de la croisade.

Il a laissé des poèmes d'inspiration personnelle *(La Pauvreté Rutebeuf, Le Mariage Rutebeuf, La Mort Rutebeuf, Le Dit des ribauds de Grève)*, des poèmes satiriques *(Le Dit des Jacobins, Le Dit des Cordeliers)*, un *Débat du croisé et du décroisé*, des fabliaux *(Le Dit de Frère Denise, Le Dit du sacristain et de la femme du chevalier)*, une œuvre dramatique *(Le Miracle de Théophile)*.

UN POÈTE ENGAGÉ

Sa verve satirique s'est exercée contre les ordres mendiants dans la querelle qui les opposait aux maîtres séculiers de l'Université de Paris, et contre les chevaliers qui refusaient de se croiser. Lorsqu'il milite en faveur de la croisade, il obéit au mot d'ordre de ses protecteurs, mais il paraît sincère. *Le Miracle de Théophile*, petit drame où un coupable repentant obtient le pardon de la Vierge, atteste la ferveur de sa foi.

UN POÈTE PERSONNEL

Il connut la misère, un mariage malchanceux, la maladie. Il aimait le jeu, les tavernes et la compagnie des ribauds. De sa pauvre vie il a tiré la matière de poèmes profondément émouvants, où la tristesse se voile d'une ironie à la fois réaliste et plaisante. Dans l'aveu de ses faiblesses, il sait garder sa dignité. Il y a chez lui une rude vigueur et ce même sens de la poésie populaire que l'on retrouvera deux siècles plus tard chez Villon.

3 - Crise de la littérature médiévale (XIVe et XVe siècles)

Obstacles à un renouveau littéraire

Aux XIVe et XVe siècles, l'activité littéraire est conditionnée par une longue suite d'événements funestes : guerre étrangère, guerre civile, famines, pillages, épidémies, jacquerie. Les écrivains vivent dispersés à travers toutes les cours du royaume, non seulement Paris, mais les cours provinciales souvent plus brillantes, Troyes, Orléans, Blois, Angers, Nantes, Poitiers, et les somptueuses résidences des ducs de Bourgogne, Dijon, Lille, Bruges. Le service des princes les oblige à prendre au sérieux les usages courtois, jeux périmés, que la haute société s'obstine à pratiquer. Ainsi en 1388, quatre seigneurs français, retenus prisonniers en Egypte, occupent leurs loisirs forcés à composer des ballades sur la fidélité ou l'inconstance en amour. Le débat est soumis à des arbitres, dont la sentence, favorable à la fidélité des amants, est également présentée sous la forme de ballades. L'ensemble constitue le *Livre des cent ballades.*

Le mouvement humaniste se ralentit. Alors que l'Italie connaît avec Dante, Pétrarque, Boccace la période la plus brillante de sa littérature, la France, qui avait naguère initié à la chevalerie le monde occidental, prend du retard. Malgré l'effort de certains esprits particulièrement cultivés, Alain Chartier, Gerson, elle devra attendre jusqu'au XVIe siècle pour avoir sa Renaissance.

La nouvelle « rhétorique »

L'art d'écrire en vers ou, comme on disait alors, la rhétorique se transforme. Jusqu'à la fin du XIIIe siècle, le poète créait lui-même ses propres rythmes. Désormais il s'enferme dans des genres définis à l'avance.

Il en existe une grande variété. Le *rondeau* est une chanson à danser constituée de trois courtes strophes ; les mots par lesquels il commence, sont repris en refrain au milieu et à la fin du poème. Le vireli ou *virelai* n'est guère qu'un rondeau un peu plus long. La *ballade* se compose de trois couplets et d'un envoi, construits sur les mêmes rimes. Le *chant royal* ressemble à la ballade avec cinq strophes au lieu de trois. Sous le nom de *lai* on désigne un poème lyrique en douze strophes.

La tyrannie des genres à forme fixe, mise à la mode par Guillaume de Machaut, n'a pas gêné Christine de Pisan, Charles d'Orléans, Villon. L'inconvénient du système apparaît chez les **grands rhétoriqueurs,** poètes qui recherchent la difficulté formelle, et dont l'ingéniosité aboutit parfois à des effets risibles.

L'école des grands rhétoriqueurs s'est formée à la cour de Bourgogne, sous l'impulsion de Georges Chastellain. Il eut pour continuateurs Olivier de la Marche et Jean Molinet, attachés comme lui au service de la maison de Bourgogne. Puis le mouvement s'étendit au reste de la France. Les noms de Jean Meschinot, Octavien de Saint-Gelais, Guillaume Crétin, Jean Marot méritent d'être retenus. Le plus doué des rhétoriqueurs, Jean Lemaire de Belges est un écrivain éloquent et sensible, presque un humaniste, et Ronsard daigna parfois l'imiter.

Conquêtes de la prose

La prose devient le mode d'expression normal des moralistes, des chroniqueurs et des conteurs.

Les **moralistes** (Christine de Pisan, Alain Chartier, Gerson) ne sont pas encore des psychologues. Ils se préoccupent surtout d'instruire et ils ont le goût des grands débats.

La liste des **chroniqueurs** ne se borne pas aux seuls noms de Froissart et de Commynes. Avant Froissart, il y eut Jean Le Bel, historien lui aussi de la guerre de Cent ans. Entre Froissart et Commynes se situent Jean Cabaret, Perceval de Cagny, Enguerrand de Monstrelet, et divers anonymes comme ce clerc inconnu qui écrivit le *Livre des faits du bon messire Jean le Maingre dit Boucíquaut.*

Romans courtois et chansons de geste sont l'objet de remaniements en prose, d'une longueur souvent excessive. A cette littérature périmée se substitue peu à peu le **conte en prose.** Quelques-uns de ces contes offrent un vif intérêt : *Les Quinze joies du mariage,* amusante satire des femmes, *Le Petit Jehan de Saintré* d'Antoine de La Sale, qui vise à dépoétiser l'amour, les *Cent Nouvelles nouvelles,* recueil conçu à la manière de Boccace, mais selon l'esprit des fabliaux, *Le Roman de Jehan de Paris,* plaisante histoire d'un roi de France, qui enlève au roi d'Angleterre sa fiancée espagnole.

Miracles et mystères

Au XIVᵉ siècle, et plus encore au XVᵉ, le théâtre devient la grande distraction populaire. Les représentations ont lieu à l'occasion des fêtes. Elles se déroulent soit sur une place, soit sur le parvis d'une église. Le décor représente simultanément tous les endroits où se situe l'action. Les acteurs sont des amateurs, groupés en confréries, uniquement des hommes, les rôles féminins étant tenus par des adolescents. Le répertoire est constitué par **les miracles** et **les mystères.**

Un manuscrit du XIVᵉ siècle nous a conservé le texte de quarante-deux *Miracles de Notre-Dame,* écrits par différents auteurs qui reprennent des sujets antérieurement traités sous une forme narrative. Il s'agit toujours d'une situation apparemment sans issue, que dénoue l'intervention de la Vierge.

Le mot mystère *(ministerium)* signifie représentation. Les mystères qui nous sont parvenus, une soixantaine, ont été écrits entre 1400 et 1548, mais le genre existait auparavant. Ce sont des œuvres d'une grande ampleur (10 000 à 72 000 vers) et de ton soutenu. Certains, comme *Le Mystère du siège d'Orléans* (1419), *Le Mystère de la destruction de Troie* (1452), *Le Mystère de saint Louis* (1513), mettent en scène des histoires profanes. La plupart servent à illustrer le dogme. Ils reprennent souvent les mêmes thèmes et particulièrement celui de la Passion. La *Passion* d'Arnoul Gréban imite celle d'Eugène Marcadé et sera imitée par Jean Michel. Ecrite vers 1450, c'est un immense ensemble de 34 574 vers comportant de belles scènes vraiment dramatiques, comme celle où la Vierge demande à son fils de consentir à une mort moins cruelle. Il fallait plusieurs jours pour représenter ces œuvres interminables, où les éléments musicaux, chant, harmonie des orgues, instruments à cordes, sonneries de trompettes, tenaient une place importante.

Le théâtre comique

De 1283 *(Le Jeu de Robin et de Marion)* jusqu'au milieu du XVᵉ siècle, on est très mal renseigné sur le théâtre comique. Les œuvres qu'il a produites ont été perdues. Les moralités, sotties et farces que l'on possède, datent d'après 1440.

Les **moralités** sont des pièces didactiques d'inspiration religieuse ou morale. Elles mettent en scène le plus souvent des personnages allégoriques. Les **sotties,** œuvres satiriques et bouffonnes, étaient jouées par les confréries de Sots. Elles plaisaient par leur pittoresque saugrenu, le jeu mouvementé des acteurs, les allusions à l'actualité. La *Sottie du Prince des Sots,* composée en 1512 par Pierre Gringoire, est une violente satire du pape Jules II. Les **farces** sont de petites pièces d'un comique très vif, des fabliaux mis en action. Il nous en reste environ cent cinquante, écrites entre 1440 et 1560, dont *la Farce du Cuvier* et *La Farce de Maître Pathelin.* Malgré ces différences théoriques, la limite entre moralités, sotties et farces n'est pas toujours nettement marquée.

La Farce de Pathelin, jouée en 1464, se ressent de la démoralisation générale qui suit la guerre de Cent ans. Elle est constituée par un ricochet de fourberies qui provoquent des situations comiques exploitées avec beaucoup de verve. L'auteur inconnu conduit l'action selon une progression simple mais rigoureuse et manie habilement le vers octosyllabique.

Guillaume de Machaut (1300 ?-1377)

Né à Machaut dans les Ardennes.
1328-1334 : fut à Prague l'aumônier de Jean de Luxembourg, roi de Bohême.
1337 : chanoine à Reims.
1364 : auteur de la *Messe du sacre de Charles V.*
A composé de très nombreux poèmes à forme fixe et des dits (poèmes narratifs sans accompagnement musical).

LE MAITRE DE LA NOUVELLE RHÉTORIQUE

Il a mis au point et il a vulgarisé les nouvelles formes poétiques. Il a gardé le meilleur de l'esprit courtois et les vers qu'il a écrits pour le compte de ses nobles protecteurs s'accordent avec sa propre sensibilité. Il fut apprécié au moins autant comme musicien que comme poète. Ses « dits » sont souvent prolixes, encombrés d'allégories. Mais *Le Voir Dit,* où il raconte sa tendre idylle avec Péronne d'Armentières, a pu être considéré comme « un des joyaux de notre littérature du moyen âge ».

Froissart Jean **(1337-vers 1405)**

Né à Valenciennes. Education de clerc.
1361 : secrétaire de la reine d'Angleterre, Philippine de Hainaut.
1366-1369 : voyages en France et en Italie.
A partir de 1369 ses protecteurs seront Wenceslas de Luxembourg, puis Guy, comte de Blois.
1384 : reprend ses voyages (cour de France, Béarn, Avignon, Auvergne, Hollande et de nouveau Angleterre).
Son œuvre comprend des pièces lyriques (25 000 vers), un roman courtois, *Méliador,* et ses *Chroniques.*

UN HISTORIEN SUPERFICIEL

De celui que Montaigne appelait « le bon Froissart », la postérité a surtout retenu les *Chroniques*. Elles recouvrent les années 1325 à 1400, c'est-à-dire la presque totalité de la guerre de Cent ans. Bien qu'il ait la prétention de faire œuvre d'historien, il porte peu d'intérêt aux combinaisons politiques, aux conditions de la vie économique et sociale. Il adopte les points de vue de ses protecteurs, anglais d'abord, français ensuite. Il se fie aux témoignages oraux, dédaigne les documents écrits et se borne parfois à reprendre les récits de son prédécesseur, Jean Le Bel.

Entiché d'idéal chevaleresque, il ferme les yeux sur l'anarchie sanglante dont le monde lui offre le spectacle. Il ne veut voir partout qu'héroïsme et prouesse.

UN CHRONIQUEUR ÉBLOUISSANT

Poussé par la curiosité « d'ouïr et de savoir nouvelles », il a voyagé partout, entrecoupant ses voyages de haltes laborieuses.

Il excelle à reproduire avec un dessin précis et des couleurs vives les scènes qui ont frappé ses regards ou son imagination : cortèges, réceptions, tournois, batailles. Il aime les péripéties romanesques. Il a le sens du drame. Pour la sûreté du coup d'œil, l'art de camper une scène, il est comparable à Retz et à Saint-Simon. Mais il possède, ce que ces grands seigneurs n'ont pas, le sentiment poétique et le don de s'émerveiller.

Deschamps Eustache Morel, dit **(1346-vers 1406)**

Elève et sans doute neveu de Machaut, a voyagé à travers l'Europe et exercé des charges importantes.

A laissé environ 1 500 poèmes à forme fixe, un traité de versification *(L'Art de dicter)*, une violente satire des femmes *(Le Miroir de mariage,* 13 000 vers), et un *Testament* burlesque.

UN POÈTE BOURGEOIS

On cite de lui quelques pièces charmantes : une chansonnette *(Suis-je, suis-je, suis-je belle ?)*, une fable *(Qui pendra la sonnette au chat ?)*, une *Ballade de la vieillesse*, qui annonce Ronsard. Mais ce qu'il préfère, c'est raconter sur le mode réaliste ses déboires personnels et les malheurs du temps. Ou encore il fait la satire de ses contemporains, au début avec bonne humeur, plus tard avec amertume, toujours avec esprit. L'occupation anglaise, les trahisons qu'il voit autour de lui, les misères de la guerre lui inspirent des accents d'un patriotisme vrai mais prosaïque, celui d'un homme qui souffre dans son goût de l'ordre et du confort : en somme un patriotisme bourgeois.

Christine de Pisan (1364-1430)

Née à Venise. Elevée à la cour de Charles V.

1389 : veuve avec trois enfants. Tirera ses ressources de sa poésie.

Entreprend de réfuter Jean de Meung : *Epître au Dieu d'amours* (1399), *Le Dit de la Rose* (1400).

Publie en prose *Le Livre des faits et bonnes mœurs du sage roi Charles V* (1404), *La Cité des dames* (1405), *Le Trésor de la cité des dames* (1406).

Vers 1418 : se retire dans un couvent.

1429 : *Ditié de Jeanne d'Arc.*

LYRISME, FÉMINISME, IDÉALISME

Ses poèmes d'amour courtois sont écrits le plus souvent pour le compte d'autrui et dans un but intéressé. Quand elle parle de sa propre infortune, elle le fait avec une dignité émouvante. Pour défendre la condition féminine, elle engagea contre les adeptes de Jean de Meung une polémique où elle eut l'appui du philosophe Gerson. Elle écrivit à l'usage des femmes des traités d'éducation morale et domestique. Italienne de naissance, mais Française de cœur, elle célébra Jeanne d'Arc et la délivrance d'Orléans. Elle a tendance à idéaliser, et son époque, pourtant cruelle, devient sous sa plume presque attrayante.

Chartier Alain **(1385-vers 1440)**

Au service de Charles VI, puis de Charles VII, fut chargé d'ambassades en Allemagne, à Venise, en Ecosse.

1415 : *Livre des quatre dames* (débat en vers, où quatre dames, après la bataille d'Azincourt, discutent de leurs malheurs).

1422 : *Quadrilogue invectif* (débat en prose sur les malheurs de la France).

1424 : *La Belle Dame sans merci.* Ce poème, peu favorable aux femmes, ranime le débat ouvert par Christine de Pisan.

« LE PÈRE DE L'ÉLOQUENCE FRANÇAISE »

Ses contemporains, grands amateurs de débats courtois, ont surtout apprécié son œuvre poétique. Mais son rôle comme prosateur est plus important. Ce moraliste vigoureux, d'un patriotisme clairvoyant a fait passer dans notre langue toutes les vertus de la rhétorique latine. Il a donné à la prose française cette forme éloquente qu'elle gardera pendant des siècles.

Charles d'Orléans (1394-1465)

Neveu du roi Charles VI.

1407 : assassinat de son père.

1415 : prisonnier des Anglais après Azincourt.

Ecrit le *Livre de la prison.*

1440 : libéré contre une forte rançon.

1451 : se retire en son château de Blois. Y poursuit son œuvre poétique.

LE DERNIER DES TROUVÈRES

Les tragédies affreuses que ce prince a traversées, l'ont relativement peu marqué. Il s'accommode en épicurien de son interminable captivité. On se demande s'il a compris le rôle de Jeanne d'Arc. Mais c'est un poète né, un modèle de distinction, de délicatesse et de clarté. Il possède une technique très sûre des genres à forme fixe. Pour le fond, sa poésie reprend la tradition courtoise. Il emprunte au *Roman de la Rose* ses allégories, qu'il sait rendre poétiques et vivantes. C'est un personnage attardé, le dernier et le plus charmant des trouvères.

Villon François de Montcorbier (ou des Loges), dit **(1431-après 1463)**

Né de famille pauvre. Protégé par un prêtre qui lui fait faire de bonnes études et dont il prend le nom.

1455 : tue un homme (par légitime défense).

1456 : vol avec effraction au collège de Navarre. Avant de s'enfuir compose le *Petit testament* ou *Lais* (legs).

1461 : emprisonné à Meung-sur-Loire ; libéré lors du passage de Louis XI. Compose son *Testament* (186 strophes de huit octosyllabes entremêlées de pièces lyriques).

1462 : emprisonné au Châtelet pour vol. Libéré, participe à une rixe sanglante. Condamné à la pendaison. *Epitaphe Villon* ou *Ballade des pendus.*

1463 : sa peine est commuée en dix ans de bannissement. Ensuite on perd sa trace.

UN MAUVAIS GARÇON

Les méfaits de Villon sont attestés par des documents authentiques. Lui-même n'en fait confidence nulle part. Il se borne à reconnaître qu'il a mal vécu. Encore y a-t-il dans cet aveu plus de forfanterie que de regret. Semi-étudiant, semi-truand, il se plaît dans son personnage. Mais il lui plaît aussi de se présenter comme un homme sensible, attaché à sa mère, confiant en la miséricorde divine, pitoyable pour les malheureux et les coupables. Parfois il se travestit en amant martyr, et alors il n'est plus crédible. A travers ses contradictions et ses masques, on devine la hantise de l'échec et un dépit rageur. L'ironie facétieuse de ses legs recouvre des rancunes grinçantes, difficiles à élucider.

UN GRAND LYRIQUE

Aucun écrivain jusqu'alors ne s'était pris aussi résolument pour sujet de son œuvre. D'autre part, l'ouverture d'esprit qu'il doit à sa culture, lui rend familiers les grands thèmes lyriques de la fuite du temps, de la mort, de l'espoir en Dieu.

Ce lyrisme a pour support des éléments concrets empruntés à la vie quotidienne et populaire. En se mettant lui-même en scène avec ses habitudes et ses goûts, le poète décrit la société bigarrée qui s'agitait autour de lui : prêtres, bourgeois, étudiants, filles, truands.

Comme il est d'une grande mobilité d'humeur, le pathétique et le familier, les sentiments délicats et le réalisme brutal alternent dans sa poésie. « Je ris en pleurs », dit-il. Sous une gaucherie feinte, il atteint sans peine à la perfection du détail, à l'expression forte et vraie.

Commynes Philippe de **(1447-1511)**

Fils d'un seigneur du parti bourguignon.

1464 : entre au service de Charles le Téméraire.

1472 : déserte la cause bourguignonne et devient le familier de Louis XI.

1483 : sous Charles VIII, il est dépouillé de ses biens et emprisonné. Retrouve après 1490 une faveur relative.

Ses *Mémoires* recouvrent les années 1464 à 1483 (livres I à VI), puis 1493 à 1498 (livres VII et VIII).

UN HISTORIEN PHILOSOPHE

Il a peu de goût pour le pittoresque anecdotique. Peu cultivé, il écrit comme il parle. Ses qualités sont d'ordre intellectuel. Il dépouille les hommes de leur masque, il devine leurs raisons d'agir. Il analyse les événements, il cherche à en tirer la leçon. Il ne s'embarrasse pas de considérations de sentiment ou d'honneur.

Comme Machiavel, il pense qu'en politique, seul le succès compte ; or la mauvaise foi, la violence ne rapportent rien ; le dévouement au bien public, la sagesse clairvoyante, l'esprit de négociation, les intrigues même sont infiniment plus rentables. C'est pourquoi Louis XI lui apparaît comme le « meilleur des princes ».

Le livre de Commynes eut un immense succès. Charles-Quint le considérait comme son « bréviaire ».

XVIe siècle

1 - Les débuts de la Renaissance

Survivances médiévales

La Renaissance, puissant mouvement de rénovation des arts et des lettres fondé sur le retour à la culture antique, est assurément une révolution intellectuelle et morale. Mais elle n'a pas, du jour au lendemain, tout transformé.

Les grands rhétoriqueurs forment le lien le plus visible entre la littérature du moyen âge et celle du XVIe siècle. Le rhétoriqueur Lemaire de Belges a des goûts d'humaniste. Dans ses *Illustrations de Gaule,* il rattache les rois de France à la lignée des héros troyens, comme Virgile l'avait fait pour les fondateurs de Rome. Ronsard s'est inspiré de lui dans *La Franciade.* Rabelais fréquente et estime le rhétoriqueur poitevin Jean Bouchet. Clément Marot a été formé à la poésie par des rhétoriqueurs, et il ne les reniera jamais. Mellin de Saint-Gelais, le plus illustre des **marotiques,** est le neveu d'un rhétoriqueur, Octavien de Saint-Gelais. Il représente en face de Ronsard et de la Pléiade les partisans d'une poésie encore proche de la tradition.

La verve comique du moyen âge est répandue inégalement mais universellement dans toute la littérature de la Renaissance. Elle s'y manifeste par une certaine rudesse gaillarde, qui s'épanouit surtout chez les conteurs : Rabelais, Bonaventure Des Périers, familier de Marguerite de Navarre, Noël Du Fail dont les *Propos rustiques* et les *Baliverneries* laissent transparaître, sous leur réalisme facétieux, une aimable philosophie de la nature. L'*Heptaméron* de Marguerite de Navarre fait partie de cette littérature gaie.

Les romans médiévaux font l'objet de **remaniements en prose.** Herberay des Essars fait paraître de 1540 à 1548 son *Amadis de Gaule,* qui remporte un succès prodigieux. Cette œuvre est la traduction d'un ensemble épique composé au XIVe siècle par divers auteurs hispano-portugais et inspiré de nos vieux romans arthuriens. Des suites sont données à l'œuvre d'Herberay des Essars. Ainsi se constitue le cycle des *Amadis.*

Influences italiennes

En Italie, la Renaissance avait commencé dès le XIIIe siècle. Pétrarque, au milieu du siècle suivant, avait donné une impulsion décisive à l'humanisme. A la suite des guerres d'Italie, qui commencent en 1494, les Français se mettent à calquer sur le modèle italien leurs mœurs, leur pensée, leur littérature. Pour régler leur conduite à la cour, ils s'inspirent du livre de Balthazar Castiglione, *Il Cortegiano* (le courtisan). Ils font des emprunts à la langue italienne : deux cents mots environ, qui resteront en usage.

Auprès des Italiens, ils prennent des leçons d'humanisme. Marot et Rabelais ont fait en Italie des séjours enrichissants. C'est d'Italie que nous est venue la mode du **platonisme,** doctrine mi-chrétienne, mi-profane, selon laquelle l'amour terrestre est le premier degré d'une ascension qui doit conduire à la contemplation de la beauté divine. Cette doctrine est en honneur à la cour de Marguerite de Navarre. Elle suscite l'adhésion enthousiaste **des poètes de l'École lyonnaise.** Elle inspire à l'un d'entre eux, Antoine Héroët, un recueil justement célèbre, *La Parfaite Amie.* Elle affleure constamment chez les poètes de la Pléiade.

L'humanisme

On entend par **humanisme** le grand élan qui porta les hommes de la Renaissance vers l'étude des lettres antiques. Il ne se confond pas avec la Renaissance littéraire, mais il en constitue la manifestation essentielle. Son histoire se divise en trois phases.

1. La première recouvre les années 1470 à 1500 environ. Cet humanisme du XVe siècle est surtout scolaire. Il prend naissance par réaction contre un enseignement qui portait presque exclusivement sur la théologie et la logique. On enseignait en latin, mais faute de connaître les auteurs classiques, on employait un mauvais latin. Les humanistes préconisent l'étude directe des textes. Ce mouvement est favorisé par la naissance et le développement de **l'imprimerie.** C'est en 1470 que Guillaume Fichet fonde la première imprimerie française. Bientôt il s'en ouvre d'autres à Paris, Lyon, Toulouse, Angers, Poitiers, Grenoble, et, s'il est vrai que ces ateliers produisent surtout des livres de piété ou de théologie, des romans de chevalerie, des almanachs populaires, il en sort aussi des éditions de textes anciens.

2. La seconde phase va de 1500 à 1530. L'humanisme se dégage de ses préoccupations scolaires. En offrant la possibilité de parler et d'écrire un latin plus pur à tous ceux qui sont tenus par leurs fonctions d'utiliser cette langue, légistes, magistrats, diplomates, il les gagne à sa cause. Les humanistes de cette génération n'ont que dédain pour notre langue vulgaire. C'est en latin que Jules-César Scaliger, Pierre Danès, Robert Estienne rédigent leurs travaux philologiques.

Parallèlement à l'essor des lettres latines, se développe l'étude du grec. Guillaume Budé s'en fait le propagandiste. Il est en relations avec le Hollandais Erasme, maître européen de l'humanisme. Il traite en confrère celui qui n'est encore qu'un jeune moine inconnu, François Rabelais.

Les humanistes sont soutenus par François 1er. Ce n'est pas qu'il soit très instruit. Du latin il ne connaît que les rudiments. Mais il aime les arts et les lettres, il admire l'Italie, et il accorde beaucoup de crédit à deux partisans de l'humanisme : sa sœur Marguerite et l'helléniste Budé. En 1530, il fonde le Collège des lecteurs royaux. Rétribués par lui, les lecteurs royaux, d'abord au nombre de cinq, bientôt de six, enseignent les trois langues, latin, grec, hébreu, sans être soumis au contrôle des théologiens de la Sorbonne. Leur enseignement connaît un succès dont l'enthousiasme de Rabelais nous fournit le témoignage.

3. Après 1530, l'humanisme s'adresse à un public plus étendu. Il renonce à son dédain pour la langue française. La mode des traductions se répand. Les œuvres de Marot, Marguerite de Navarre, Rabelais vulgarisent l'esprit humaniste.

A partir de 1549, grâce aux efforts de la Pléiade, une poésie humaniste va se greffer sur la vieille souche de l'humanisme savant.

Humanisme et religion

Le promoteur de l'humanisme biblique est un érudit né au milieu du XVe siècle, Lefèvre d'Étaples. L'évêque de Meaux, Briçonnet, emploie tout son crédit à répandre cet humanisme religieux auquel on a donné le nom d'**évangélisme.** La sœur du roi protège ouvertement les évangéliques.

Mais l'hérésie luthérienne, qui se développe à partir de 1520, les place dans une situation difficile. L'Église, justement alarmée, les traite en ennemis. En 1525, Lefèvre d'Étaples doit s'exiler. En 1529, un disciple de Briçonnet, Berquin, est envoyé au bûcher. En 1533, la Sorbonne condamne *Pantagruel.* Elle ose même s'attaquer à une œuvre de Marguerite de Navarre, *Le Miroir de l'âme pécheresse.* Le rationalisme trop visible de Bonaventure Des Périers, d'Etienne Dolet compromet la cause de leur parti.

Le roi se montre libéral aussi longtemps qu'il le peut. Mais dans la nuit du 17 au 18 octobre 1534, un pamphlet contre « la messe papale » et les gens d'Église est placardé sur les murs de Paris et jusque sur la porte de la chambre du roi, au château d'Amboise. François Ier autorise alors des poursuites. Une vingtaine d'hérétiques sont brûlés vifs. Marot, suspect, s'enfuit à l'étranger.

Dès lors, les positions se précisent. Calvin, partant de l'évangélisme, fonde une nouvelle Eglise. Robert Estienne, Ramus optent pour la Réforme. D'autres, plus nombreux, refusent d'en prendre le risque. Déjà Erasme, en 1525, avait rompu avec Luther. A son tour, Rabelais se désolidarise de Calvin. Marot, qui s'était imprudemment engagé dans le calvinisme, s'aperçoit qu'il a fait fausse route. Danès, Amyot ne connaissent pas le drame des esprits déchirés. L'humanisme, après cette crise, va s'orienter vers une activité exclusivement littéraire.

Marguerite de Navarre (1492-1549)

Marguerite de Valois (ou d'Angoulême) est la sœur aînée de François Ier.

1509 : devient par son mariage duchesse d'Alençon.

Veuve en 1525, se remarie avec Henri d'Albret, roi de Navarre. Réside à Pau et à Nérac.

1531 : *Le Miroir de l'âme pécheresse.*

1547 : *Les Marguerites de la Marguerite des princesses.*

1558 : *L'Héptaméron* (commencé en 1542).

UNE PRINCESSE HUMANISTE

Beaucoup plus cultivée que son frère, elle avait appris dans son enfance le latin, l'italien, l'espagnol. Plus tard, elle manifesta de l'intérêt pour le grec et même pour l'hébreu. Elle s'entoura d'humanistes et d'écrivains : Lefèvre d'Etaples, Marot, Bonaventure Des Périers, Robert Estienne. Elle accorda très libéralement sa protection à Rabelais, Mellin de Saint-Gelais, Peletier du Mans. Michelet a pu l'appeler « l'aimable mère de la Renaissance ». Pourtant sa manière reste encore assez proche du moyen âge et rappelle en plus d'un endroit Alain Chartier et Christine de Pisan.

UNE AME MYSTIQUE

Elle se laissa former à l'évangélisme par Briçonnet. Elle fut en relations avec Calvin et Mélanchton. Mais les doctrines ne l'intéressaient que dans la mesure où elles fournissaient un aliment à sa sensibilité mystique. Chez elle la religion était élan du cœur, communion avec Dieu. Le catholicisme pouvait lui suffire. Elle ne jugea ni opportun, ni sage de s'en détacher.

Ses rêveries religieuses constituent le thème dominant de son œuvre poétique. Souvent elle se perd en de longs développements diffus et obscurs. Elle est néanmoins capable d'atteindre à l'émotion des grands mystiques, par exemple dans ce *Dialogue en forme de vision nocturne,* où elle imagine que l'âme de sa nièce, la petite princesse Charlotte, morte récemment, lui apparaît pour lui révéler le secret des béatitudes célestes.

ORIGINALITÉ DE *L'HEPTAMÉRON*

Dans *L'Heptaméron* elle prend Boccace pour modèle. Mais alors que l'Italien ne songeait qu'à faire rire, elle se propose de définir le véritable amour. Elle reproche aux hommes leur cynisme, aux femmes leur hypocrisie. Elle est sévère pour l'amour courtois trop enclin à l'adultère. Elle appelle parfaits amants « ceux qui cherchent en ce qu'ils aiment quelque perfection », et qui refusent de « mettre leur fin aux choses basses que l'honneur et la conscience réprouvent ». Elle essaie par le biais du platonisme de concilier l'amour terrestre et les exigences de la morale chrétienne.

Il n'est pas vrai que toutes les anecdotes rapportées dans *L'Heptaméron* soient authentiques. Mais la chronique de la cour, les souvenirs personnels ont fourni la matière de beaucoup d'épisodes. Les mœurs sont décrites avec un réalisme de bon aloi qui contribue à donner son air de vérité à *L'Heptaméron,* un de nos meilleurs recueils de contes.

Rabelais François **(1494 ?-1553)**

Né à la Devinière, près de Chinon. Son père était avocat.

1520 : moine cordelier à Fontenay-le-Comte.

Vers 1525 : passe chez les Bénédictins.

1532 : après avoir étudié à Paris et à Montpellier, devient médecin de l'Hôtel-Dieu de Lyon. *Pantagruel* (par maître Alcofrybas Nasier).

1534 : *Gargantua.*

1534 et 1535 : accompagne à Rome le cardinal Jean du Bellay.

1537-1540 : médecin à Montpellier, Narbonne, Lyon.

1540 : nouveau voyage en Italie, où il sert Guillaume du Bellay, gouverneur du Piémont.

1546 : *Tiers livre.* Rendu suspect par la publication de ce livre, il va chercher refuge à Metz, puis à Rome.

Vers 1552 : obtient la cure de Meudon à titre de bénéfice ecclésiastique.

1552 : *Quart livre.*

1564 : *Cinquième livre.* D'abord intitulé (édition partielle de 1562) *L'Ile sonnante.* D'une authenticité incertaine.

Le déroulement romanesque de l'œuvre (Pantagruel est le fils de Gargantua) ne correspond pas à l'ordre de composition *(Pantagruel, Gargantua, Tiers livre, Quart livre, Cinquième livre).*

LA GAIETÉ DE RABELAIS

Sa bonne humeur native se double d'une philosophie à laquelle il a donné le nom de pantagruélisme et qu'il définit comme « une certaine gaieté d'esprit confite en mépris des choses fortuites ».

Sa manière habituelle est faite d'un déferlement de verve bouffonne. Il utilise indistinctement termes populaires et savants, provincialismes poitevins ou angevins, néologismes tirés du latin ou du grec. Sa virtuosité éclate dans les énumérations, les effets plaisants qu'il sait tirer de locutions courantes, l'extrême variété des procédés d'exposition : récit, dialogue, monologue, lettre, discours, poème.

Bien qu'il sache à l'occasion être grave, il préfère la grosse plaisanterie, même quand elle tourne à l'obscénité. Les délicats du XVIIe et du XVIIIe siècle se sont indignés. « C'est le charme de la canaille » (La Bruyère) ; « un ramas des plus impertinentes et des plus grossières ordures qu'un moine ivre puisse vomir » (Voltaire). Sévérité injuste : Rabelais n'obéit pas à des intentions malsaines. Il considère toutes les manifestations de la vie comme naturelles. Il en parle librement, sans honte, et ce laisser-aller apparent recouvre une conception noble et ferme de nos devoirs humains.

LA RÉALITÉ CHEZ RABELAIS

On s'est plu à rechercher dans l'œuvre de Rabelais les éléments réels. La guerre picrocholine serait une transposition plaisante du conflit qui opposait le père de l'écrivain à un voisin querelleur. Les deux armées s'affrontent dans un cadre dérisoirement restreint, mais exact, un coin de la vallée de la Vienne, au sud de Chinon. De même au *Quart livre,* le voyage de Pantagruel et de Panurge serait inspiré par l'expédition récente de Jacques Cartier cherchant la route du Cathay par le nord-ouest et découvrant le Canada. En fait, chez Rabelais, le réel est le support du mythe, et le mythe déforme le réel.

Il met en scène une grande variété de types sociaux : bergers et fouaciers du Chinonais, propriétaires terriens, artisans, marchands, médecins, juges, étudiants, prêtres, soldats. Les femmes apparaissent rarement dans son œuvre et il a pour elles peu d'égards. Il couvre de sarcasmes les théologiens, les moines, les gens de justice. Mais en général, la satire chez lui est sans aigreur.

L'HUMANISME DE RABELAIS

Bon connaisseur des littératures anciennes il marque une préférence pour Plutarque, Lucien, Platon, Pline l'Ancien. Il entend que les textes soient dégagés de tout le fatras des commentaires et des gloses. Son admiration pour les anciens revêt un caractère presque superstitieux. On lui fait un mérite d'avoir pratiqué la dissection. Mais il y voit un moyen de vérification beaucoup plus que de découverte. C'est dans les livres des anciens qu'il va chercher la vérité.

Aucune science ne lui est étrangère. Il fut tout à la fois « philosophe, théologien, mathématicien, médecin, jurisconsulte, musicien, arithméticien, géomètre, astronome ». Son œuvre, entreprise originairement pour faire rire, porte le reflet de cette curiosité universelle. Déjà dans *Pantagruel,* et plus encore dans les livres suivants, l'attention est constamment attirée par l'actualité philosophique, scientifique, littéraire.

Sa pédagogie vise au libre épanouissement de la personnalité. A la base de tout, il place la connaissance des langues anciennes.

Partant de là, il dresse un programme encyclopédique : histoire, « arts libéraux », « droit civil », « faits de nature », et cet « autre monde, qui est l'homme ». Gargantua souhaite que son fils devienne « un abîme de science ». Mais il ajoute cette réserve capitale : « Science sans conscience n'est que ruine de l'âme. »

LA RELIGION DE RABELAIS

Dans ses deux premiers livres, il penche du côté de l'évangélisme. Il se moque des théologiens, ironise sur la pratique du jeûne et des pénitences, sur le caractère formel de certaines prières.

L'affaire des placards (1534) l'amène à réviser sa position. Il prend parti contre « les démoniacles Calvins, imposteurs de Genève ». Assurément dans le *Quart livre* il malmène aussi les fanatiques du pape, les Papimanes. Mais il n'a jamais mis en cause son appartenance de fait à la religion catholique.

Sa pensée n'entre cependant pas dans le cadre du catholicisme traditionnel, pas même de l'évangélisme, et encore moins du calvinisme. Elle n'est pas organisée en système. Quand il laisse entendre que nous pouvons par nos seuls moyens agir selon le bien, il oublie le dogme du péché originel et la misère de l'homme. Il a cru que dans la pratique le catholicisme pouvait se concilier avec un naturalisme païen.

Marot Clément **(1494-1544)**

Né à Cahors.

Enfance dans le Quercy, dont il part en 1506 pour suivre son père (le rhétoriqueur Jean Marot) à la cour d'Anne de Bretagne.

1515 : *Le Temple de Cupido* (poème allégorique).

1518 : secrétaire de Marguerite d'Alençon. S'éprend d'Anne d'Alençon (nièce de Marguerite).

1526 : emprisonné pour avoir mangé du lard en Carême. Succède à son père comme valet de chambre du roi.

1527 : emprisonné pour avoir tenté de délivrer un homme que l'on menait en prison.

1532 : *L'Adolescence clémentine.*

1534-1536 : exil à Ferrare après l'affaire des placards. Abjuration à Lyon.

1539 : publie un recueil de *Poésies.*

1541 : *Trente Psaumes de David* mis en rime française.

1542 : exil à Genève, puis à Turin où il meurt.

DE LA TRADITION MÉDIÉVALE A L'HUMANISME

Marot est un disciple des grands rhétoriqueurs. Dans *Le Temple de Cupido* il reprend les thèmes du *Roman de la Rose.* Il compose des ballades, des chants royaux, des rondeaux, genres qu'il délaisse ensuite à l'avantage de l'épitre et de l'élégie. Mais les équivoques, les jeux de mots conservent sa faveur. Son *Eglogue sur la mort de Louise de Savoie* (1531) contient malgré la gravité du sujet des calembours détestables. Il ne saura jamais résister à l'attrait des rimes amusantes. D'autre part le côté licencieux de son inspiration, sa verve satirique tournée contre les moines, les juges, les femmes attestent la persistance chez lui de la tradition médiévale.

Bien qu'il n'eût pas reçu une très forte instruction, il savait assez de latin pour apprécier Virgile ou Ovide. Il s'est exercé à les traduire. Ses fonctions auprès de Marguerite, ses relations avec Budé, Dolet, Rabelais ont élargi sa culture. Pendant son exil à Ferrare il découvre Martial, dont il traduit ou imite les épigrammes, il fréquente des poètes pétrarquistes. Lorsqu'il se met à traduire les *Psaumes,* il a recours aux conseils de l'hébraïsant Vatable. Sans être humaniste lui-même, il a donc des goûts d'humaniste.

C'est lui qui semble avoir publié le premier sonnet français. Il en écrivit une dizaine. Dans sa traduction des *Psaumes,* il utilise quarante et une combinaisons strophiques différentes. Ronsard a emprunté au psautier de Marot la plupart de ses rythmes lyriques.

MAROT POÈTE DE COUR

La cour du roi a été sa « maîtresse d'école ». En effet, il a réglé son goût sur celui des princes et des grandes dames qu'il y côtoyait et il a de la sorte appris à leur plaire.

Sans doute les poèmes de circonstance, complaintes, épitaphes, épithalames, que ses fonctions l'obligeaient à composer, ne sont pás le meilleur de son œuvre. Mais dès qu'il peut traiter un sujet sérieux sur le mode plaisant *(Au roi pour le délivrer de prison, Au roi du temps de son exil à Ferrare),* sa grâce est inimitable. Le genre de l'épître, qui est la convention même, devient chez lui une merveille de finesse. Il n'est pas moins expert à tourner un compliment. Il donne à l'expression de l'amour le ton du madrigal. Peut-être a-t-il éprouvé pour Anne d'Alençon un peu plus qu'une amitié tendre. Mais dans les vers qu'il lui adresse, il dose si habilement la familiarité et le respect que tout cela paraît n'être qu'un « élégant badinage ».

LA RELIGION DE MAROT

Il supportait mal les contraintes, qu'elles fussent philosophiques ou morales. Comme sa protectrice Marguerite de Navarre, comme les humanistes dont il était l'ami, il a rêvé d'une religion plus tolérante. Il s'est insurgé contre le dogmatisme des théologiens. Cette attitude le rendit suspect dans l'affaire des placards, où il semble pourtant n'avoir joué aucun rôle. Pour se justifier, il affirme n'être pas « luthériste ». Mais il ne dit pas qu'il est bon catholique.

Sa traduction des *Psaumes,* sa fuite à Genève le montrent sérieusement engagé dans le parti de la Réforme. Mais alors qu'il aspirait à une libération intellectuelle, il ne trouve que méfiance et rigueur. Il achève sa vie sans avoir pu se fixer.

Calvin Jean **(1509-1564)**

Né à Noyon, en Picardie. Solide formation d'humaniste.

1533 : son évangélisme fait scandale. Calvin s'enfuit.

1536 : *L'Institution chrétienne* (en latin).

1541 : après huit ans de vie errante, se fixe à Genève. *L'Institution chrétienne* (traduction française faite par Calvin lui-même).

LA DOCTRINE DE CALVIN

Calvin estime que, par l'effet du péché originel, nous sommes tous corrompus. Il ne reconnaît à l'homme aucune possibilité d'assurer son salut par ses propres moyens. Seules la grâce divine et la prédestination peuvent le sauver. Nous devons accepter cette iniquité apparente, et louer la bonté de Dieu, puisqu'il permet à certains d'entre nous, malgré le vice initial de notre nature, d'obtenir le salut.

Calvin ne fit jamais la moindre concession sur cette position doctrinale qui lui aliéna les évangéliques aussi bien que les catholiques.

L'ART DE CALVIN

Logicien rigoureux, pressant, il développe ses idées avec une brièveté dont il tirait orgueil. Il veut convaincre et, pour cela, il se place à un point de vue essentiellement humain. Il n'est pas indifférent à la beauté du style. Il a donné deux versions françaises de *L'Institution chrétienne* (1541 et 1560). De l'une à l'autre, il améliore et rajeunit son langage, qui est plus proche de nous que celui de beaucoup d'autres écrivains du XVIe siècle.

2 - L'épanouissement de la Renaissance

Formation d'une littérature humaniste

Au milieu du XVIe siècle, va s'accomplir, sous l'influence d'un humanisme ramené à des préoccupations essentiellement profanes, une sorte de révolution littéraire.

Ce mouvement avait été amorcé par une importante **littérature néo-latine.** Aristocrates de tempérament, désireux de se faire comprendre de l'Europe lettrée, beaucoup de vrais écrivains avaient adopté le latin comme mode préféré d'expression. Tels sont, entre autres, Salmon Macrin, Michel de L'Hospital, Buchanan, Marc-Antoine Muret.

Vers le milieu du siècle, le préjugé défavorable qui s'attachait à l'usage de la langue vulgaire s'atténue enfin. C'est en français que s'expriment les humanistes de la génération née aux alentours de 1530, Étienne Pasquier, Claude Fauchet, Henri Estienne. On admet de plus en plus la nécessité des traductions. Encouragé par François 1er, Jacques Amyot entreprend de mettre Plutarque en français. Mais les *Vies des hommes illustres* ne paraîtront qu'en 1559, et les *Œuvres morales* seulement en 1572. Ces traductions atteignent un large public. Les esprits raisonnables comme les esprits romanesques y trouvent leur plaisir et des leçons à leur usage.

L'École lyonnaise

Dans cet effort vers une littérature humaniste, les écrivains de la Pléiade ont eu pour devanciers les poètes lyonnais : Maurice Scève, Pontus de Tyard (qui fut aussi l'un des sept de la Pléiade), Pernette du Guillet, Louise Labé (auteur de très beaux vers d'amour). Ils ne forment pas un groupe organisé, mais ils appartiennent au même milieu, ils éprouvent le même enthousiasme pour le néo-platonisme de Pétrarque. Le plus illustre est Maurice Scève, poète à l'imagination riche, à la syntaxe tourmentée, au style obscur. Dans les 449 dizaines de *Délie* (1544), il ne se borne pas à célébrer sur le mode pétrarquiste son amie Pernette du Guillet. Il sait évoquer la nature dans tout son mystère et il décrit avec une grande puissance suggestive le cadre familier de la cité lyonnaise.

Histoire de la Pléiade

L'école littéraire à laquelle fut donné tardivement le nom de Pléiade s'est formée peu à peu autour de Ronsard.

Ce poète semble avoir pris conscience de sa vocation en 1543, à la suite de conversations avec l'humaniste Jacques Peletier du Mans. Peu après, il se trouve amené à suivre avec Baïf et du Bellay l'enseignement de l'helléniste Dorat au collège de Coqueret, petit établissement de la montagne Sainte-Geneviève. Ce collège groupe une trentaine de jeunes gens enthousiastes des anciens. Dorat leur explique les Latins et les Grecs, avec une prédilection pour les poètes alexandrins, et développe en eux le désir d'exploiter littérairement toutes ces richesses. Ronsard et ses amis décident d'entreprendre cette grande œuvre. Ils donnent à leur association le nom modeste de **Brigade.**

La publication, en 1548, par Thomas Sebillet d'un *Art poétique* les inquiète. Sebillet ne va-t-il pas usurper le rôle qu'ils rêvent de jouer ? Ils précisent donc leur position dans **un manifeste** dont ils confient la rédaction à Du Bellay. Il est combatif et porte un nom célèbre. Il publie son œuvre sous un titre retentissant : *La Défense et illustration de la langue française.*

La Brigade ne tarde pas à faire des adeptes : l'écrivain lyonnais Pontus de Tyard, le poète marotique Guillaume Des Autels, puis tout un groupe issu du collège de Boncourt et formé à l'humanisme par Marc-Antoine Muret. Ce groupe, qui comprend Remy Belleau, Jodelle, Jean de La Péruse, porte un intérêt très vif à la rénovation du théâtre

Ronsard, chef de la nouvelle école, choisit, pour les associer plus étroitement à son œuvre, six de ses compagnons : du Bellay, Baïf, Pontus de Tyard, Des Autels, Jodelle, La Péruse. Parmi ces élus, des vides se produisent. Pour les combler, Ronsard fait appel successivement à Jacques Peletier, Remy Belleau, Dorat. Il ne paraît pas avoir songé avant 1556 à l'appellation de **Pléiade,** qui désigne proprement une constellation de sept astres et qui avait déjà été adoptée dans l'antiquité par un groupe de poètes alexandrins.

La doctrine de la Pléiade

Voici quels en sont les principes essentiels :

1. La langue française **peut égaler en dignité le latin et le grec,** à condition d'être « illustrée », c'est-à-dire enrichie. L'idée de créer des mots nouveaux est chère à Ronsard plus qu'à Du Bellay. On les empruntera au latin, au grec, au vieux français, aux dialectes provinciaux, à la langue des métiers. On en forgera par dérivation ou par composition. Du Bellay songe surtout à multiplier les « métaphores, allégories, comparaisons, similitudes ».

2. L'imitation doit être pratiquée systématiquement. On empruntera donc aux anciens, aux néo-latins, aux Italiens leurs idées, leurs sentiments, leurs procédés de développement. Les vieux auteurs français ne sauraient faire l'objet d'aucune imitation.

3. Les genres traditionnels, rondeau, ballade, virelai, chant-royal, farce, moralité, ne méritent pas d'être conservés. Il faut leur substituer les **genres cultivés par les anciens,** ode, élégie, épigramme, églogue, tragédie, comédie, ainsi que le sonnet, « docte et plaisante invention italienne ».

4. Le poète a besoin de recevoir **l'inspiration.** On ne la mérite qu'à force de travail et d'étude.

Très rigoureuse dans la *Défense,* la doctrine de la Pléiade, s'assouplira bientôt. Ronsard glissera de la poésie érudite vers une poésie plus facile et même vers la poésie de cour, se rapprochant ainsi des marotiques, naguère objet de ses dédains. Du Bellay se permettra d'écrire plusieurs recueils de vers latins.

Rénovation du théâtre

En 1548, les Confrères de la Passion se voient interdire la représentation des mystères et leur répertoire se borne désormais à des œuvres profanes. Aucun miracle postérieur à 1550 ne nous est parvenu, ce qui semble prouver que le genre était alors passé de mode. Le théâtre comique résiste plus longtemps : à la fin du siècle, la farce témoigne encore d'une grande vitalité.

Les nouvelles formes théâtrales qui surgissent, ont une origine savante. Des régents de collège, Buchanan, Muret, écrivent et font jouer par leurs élèves des pièces latines. Muret, au collège de Boncourt, forme ainsi de jeunes disciples enthousiastes, Jodelle, Belleau, La Péruse, auxquels on doit les **premiers essais de tragédie et de comédie** en langue française. Ils montent, en 1553, un spectacle comprenant une tragédie de Jodelle, *Cléopâtre captive,* et une comédie du même auteur, *Eugène.* La tragédie a l'air d'une « élégie dramatique », et la comédie d'une farce. Mais le roi assiste à la représentation et, pendant un temps, la renommée de Jodelle égale presque celle de Ronsard.

L'histoire de **la tragédie** au XVIe siècle montre combien les conceptions classiques sont lentes à se dégager. Sans doute, on voit apparaître déjà les sujets qui seront en faveur au siècle suivant : *Médée, Sophonisbe, La Mort de César.* Mais les sujets empruntés à la Bible et à la vie des saints restent nombreux. D'autre part, les auteurs ne parviennent pas à ramasser vigoureusement une action. Robert Garnier, le plus illustre dramaturge du temps, ne fait pas exception et son chef-d'œuvre, *Les Juives,* vaut surtout par la puissance du lyrisme biblique.

La comédie éprouve encore plus de difficultés que la tragédie à trouver sa voie. La manière des comiques latins est imitée par Jacques Grévin et par Remy Belleau. Mais les vrais maîtres sont les Italiens. *Le Négromant* de Jean de La Taille est une adaptation de l'Arioste. La plus célèbre des neuf comédies de Larivey, *Les Esprits,* suit de très près l'*Aridosio* de Lorenzo de Médicis (le Lorenzaccio de Musset). Ces œuvres accordent peu d'importance à la peinture des caractères, et ne comportent aucun enseignement moral.

A côté de la comédie, se développent deux genres d'origine italienne, la **pastorale dramatique** et la **tragi-comédie.** La première tragi-comédie écrite en français, *Bradamante,* est l'œuvre de Robert Garnier. Le sujet en est emprunté au *Roland furieux* de l'Arioste. Jusqu'à l'époque de Molière, pastorale dramatique et tragi-comédie feront à la comédie une sérieuse concurrence.

Du Bellay Joachim **(1522-1560)**

Appartient à une famille alors illustre. Orphelin dès l'enfance.
1547 : fait à Poitiers la connaissance de Ronsard.
1547-1549 : études au collège de Coqueret.
1549 : *La Défense et illustration de la langue française.*
1549 : *L'Olive.*
1550 : devient sourd à la suite d'une grave maladie.
1553-1557 : séjourne à Rome comme secrétaire de son cousin, le cardinal Jean du Bellay.
1558 : *Les Antiquités de Rome. Les Regrets. Divers jeux rustiques.*
1559 : *Le Poète courtisan.*

L'ÉLÉGIAQUE

Ni chef d'école, ni disciple, il a publié avant Ronsard un recueil de sonnets : *L'Olive.* Sans dédaigner la poésie strophique, il a surtout pratiqué le sonnet. Il y enferme une idée ou un sentiment, qu'il développe au moyen d'images et de formules, pour aboutir à un dernier vers particulièrement expressif. Olive semble être le prénom de la jeune femme qu'il célèbre et pour laquelle il éprouve des sentiments voilés par la subtilité du pétrarquisme, d'ailleurs exquis, dans lequel il se complaît. A Rome, il se compare à Ovide exilé. Nostalgique par tempérament, trop lucide pour se bercer d'illusions, il se laisse aller à ses regrets, il évoque avec mélancolie « la douceur angevine », les amis absents : tristesse poignante, à la fois simple et digne. Ses méditations sur les antiquités de Rome attestent son érudition, son goût pour l'histoire et l'archéologie. Elles participent aussi de l'élégie par leur tragique désenchantement.

LE SATIRIQUE

Ses dons d'observation, son intelligence malicieuse, la vivacité de ses réactions le prédisposaient à la polémique et à la satire. *La Défense* n'est pas exempte de naïveté, ni de mauvaise foi. Mais cela se perd dans un grand élan de conviction passionnée. Une fois ses élans retombés, du Bellay était capable de mouvements contraires. Cet imitateur de Pétrarque publie en 1553 une satire impitoyable *Contre les pétrarquistes.* A Rome il est le témoin d'intrigues et de scandales, qui lui inspirent des sonnets féroces. Il les introduira dans ses *Regrets,* au risque de déplaire à son protecteur, le cardinal. De retour en France, il s'en prend à l'ignorance et à l'arrivisme des poètes courtisans : cette satire, qui prend la forme d'un éloge moqueur, laisse voir l'amertume de l'homme de mérite déçu.

Ronsard Pierre de **(1524-1585)**

Vendômois. Cadet de famille noble.

Exerce des fonctions de page à la cour de France, puis en Ecosse et en Allemagne.

1542 : grave maladie qui le laisse sourd et incapable de suivre la carrière des armes à laquelle il se destinait.

1543 : se fait tonsurer au Mans. Y rencontre l'humaniste Jacques Peletier.

1543 : à Blois, dans un bal de la cour, est ébloui par la beauté de Cassandre Salviati.

1547-1549 : études au collège de Coqueret.

1550 : *Les quatre premiers livres des Odes.* 1552 : *Cinquième livre.*

1552 : *Les Amours* (183 sonnets, pour la plupart consacrés à Cassandre).

1555 : *Continuation des Amours.* 1556 : *Nouvelle continuation des Amours.* Ici l'inspiratrice est Marie Dupin.

1555-1556 : *Hymnes.*

1558 : aumônier du roi.

1558-1563 : *Discours.* 1572 : *La Franciade*

1574 : supplanté à la cour par Desportes. Se retire dans ses prieurés.

1576 : écrit l'élégie *Contre les bûcherons de la forêt de Gastine.*

1578 : *Sonnets pour Hélène.*

1585 : meurt dans son prieuré de Saint-Cosme.

LA POÉSIE ÉRUDITE

Ronsard a pour ambition d'opposer à la facilité des marotiques une poésie savante.

Il ne juge pas impossible d'acclimater en France le lyrisme de Pindare. Il en reprend la structure (strophe, antistrophe, épode). Pindare faisait l'éloge des vainqueurs aux jeux ; Ronsard fait celui des grands personnages du temps et il y entremêle des mythes anciens librement interprétés : ainsi l'*Ode à Michel de L'Hospital* (témoignage de reconnaissance envers l'homme qui prit sa défense devant la cour) raconte l'histoire des Muses, que L'Hospital aurait ramenées des cieux sur la terre. Après 1550, Ronsard n'écrira plus d'odes pindariques.

Son goût de la poésie savante le pousse aussi vers le pétrarquisme et le néoplatonisme. Il célèbre Cassandre comme Pétrarque célébrait Laure de Noves c'est-à-dire par le recours aux hyperboles, aux antithèses, aux allusions mythologiques, aux jeux de mots et d'images. Une passion jeune, une sensualité saine transparaissent à travers ce platonisme.

Ronsard ne pratiquera guère au-delà de 1553 l'imitation systématique de Pétrarque. Mais lorsqu'il chante les louanges d'Hélène, lorsqu'il s'attendrit sur la mort de Marie, il revient au pétrarquisme, un pétrarquisme rendu plus discret par l'expérience de la vie et la fréquentation de la cour.

Il lui arrive d'abuser de la mythologie. Il prend trop de plaisir à créer des mots tirés des langues anciennes : défauts d'humaniste, et, quoi qu'en dise Boileau, défauts mineurs.

LA POÉSIE FAMILIÈRE

Ronsard s'était exercé de bonne heure à l'imitation d'Horace. Lorsqu'il abandonne Cassandre pour Marie, il adopte délibérément le genre familier. Il ne peut pas célébrer la jeune paysanne de Bourgueil sur le même ton que la fière Italienne. Sa poésie reste nourrie de souvenirs littéraires, mais elle devient plus accessible. Les modèles préférés de Ronsard sont maintenant, en plus d'Horace, les poètes de l'*Anthologie,* le pseudo-Anacréon, les néo-latins.

Bien que Marie n'ait pas tenu dans sa vie poétique autant de place que Cassandre, elle lui a inspiré les œuvres où se révèle le mieux sa vraie nature, mélange de grâce souriante, de sensualité franche, de bon sens un peu rude et de naïf amour pour la beauté.

A cette forme d'inspiration se rattachent des pièces très diverses : odes amoureuses, évocations de la nature, imitations d'Anacréon, chansons à boire, « folâtries », et ses derniers vers, si émouvants.

LA GRANDE POÉSIE

Il avait une haute idée de son rôle et croyait que l'inspiration donne la connaissance des secrets divins. C'est pourquoi il a toujours aimé les grands sujets. Il semble s'en écarter, lorsqu'il abandonne l'ode pindarique. Il y revient bientôt avec les *Hymnes.* Il désigne sous ce nom des poèmes à rimes plates, en alexandrins, plus rarement en décasyllabes. Ce sont tantôt des éloges de grands personnages, tantôt des récits épiques, plus fréquemment des sortes de dissertations philosophiques ou morales. Le poète y expose sa conception du monde. On est frappé de son goût pour le bizarre, de l'intérêt qu'il porte aux superstitions, de son aptitude à s'émouvoir devant le mystère.

Ses fonctions quasi officielles, l'amènent à donner son avis sur les grands problèmes de la politique et de la religion. Tel est le sujet de ses *Discours.* Sous prétexte de conseiller le jeune roi, il définit les règles de la monarchie. Dans le conflit religieux, il prêche d'abord la réconciliation. La situation devenant plus tendue, il prend parti contre les protestants. Pamphlétaire vigoureux, il manie tour à tour l'invective et l'ironie. Mais en général, le ton reste noble. A travers ses violences même, on aperçoit un caractère généreux, et lorsqu'il se défend contre les attaques des protestants, on est ému par la sincérité de son accent.

Dès 1549 il fut tenté d'écrire une épopée. Il ne se mit à la tâche que poussé par les encouragements de Charles IX. Après la mort de ce roi, il laissa *La Franciade* inachevée.

3 - La Renaissance à l'épreuve des guerres de religion

Les positions religieuses

Entre la mort d'Henri II (1559) et la promulgation de l'Édit de Nantes (1598), la France est déchirée par les guerres de religion. La littérature se fait l'écho de cette crise.

1. Du côté catholique. – Ronsard, dans ses *Discours,* Jodelle, dans ses sonnets *contre les ministres de la nouvelle opinion,* font œuvre de polémistes, Ronsard avec dignité, Jodelle, qui était de tempérament excessif, en prêchant la haine et la violence. Monluc traite les protestants en ennemis, dans ses *Commentaires* comme dans son action militaire, mais il ne se préoccupe guère des questions de doctrine. Il professe qu'« il faut être cruel bien souvent pour venir à bout de son ennemi ». S'il le fut envers les protestants de Gascogne, c'était uniquement pour bien servir le roi. Dans le dernier quart du siècle, la piété théâtrale d'Henri III favorise le développement d'**une poésie catholique.** Desportes compose des *Poésies chrétiennes* et une traduction des *Psaumes.* Robert Garnier fait paraître en 1583 sa tragédie des *Juives,* qui met en scène la vengeance implacable de Dieu. Malherbe encore inconnu dédie à Henri III *Les Larmes de saint Pierre.*

2. Du côté protestant. – La Réforme a maintenant ses poètes, Théodore de Bèze, Guillaume du Bartas, Agrippa d'Aubigné, tous imprégnés d'**esprit biblique.** Théodore de Bèze achève la traduction des *Psaumes* commencée par Marot. Du Bartas et d'Aubigné ont l'un et l'autre combattu avec Henri de Navarre. Mais du Bartas est un écrivain plus chrétien que calviniste, et son épopée, *La Semaine,* trouvera de nombreux lecteurs parmi les catholiques. Jean de Sponde, qui grandit et vécut dans l'entourage d'Henri IV, est un mystique dont l'inspiration se partage entre l'amour charnel et l'amour divin et dont le style est chargé d'éléments baroques.

3. Pour une solution d'apaisement. – Avant que ne se forme le parti des « politiques », la conciliation est prônée par quelques esprits généreux. Michel de L'Hospital compose dans cette intention un *Mémoire sur la nécessité de mettre fin à la guerre civile* (1570). L'historien Étienne Pasquier, tout en déplorant la diversité des religions, n'admet pas que l'on tue par fanatisme. Cette chaîne d'hommes de bonne volonté se continue avec le chef protestant François de La Noue, avec le philosophe Jean Bodin, tellement au-dessus des querelles partisanes que l'on se demande à quelle religion il appartint vraiment, puis avec Guillaume Du Vair, magistrat éminent qui, après avoir tenté un rapprochement entre Henri III et la Ligue, finit par se rallier à Henri de Navarre. Les « politiques » sont alors devenus les véritables maîtres de la situation. Leurs sentiments (horreur du fanatisme, attachement à la légitimité, haine de l'envahisseur étranger, désir de retrouver avec la paix le bien-être perdu) s'expriment dans *La Satire Ménippée,* écrite en 1593 par sept bourgeois lettrés. Ce récit caricatural de la réunion des états généraux n'influa pas sur le cours des événements, car le parti de la Ligue, cible des auteurs, était déjà discrédité. Mais il eut un succès d'actualité considérable.

Nouveaux développements de l'humanisme

L'humanisme, originairement asservi aux textes, tend à s'en dégager et de philologique il devient philosophique. Il s'attaque à des problèmes que la guerre civile a fait surgir : celui de **l'organisation de l'État** et celui de **la vie morale.**

Le pouvoir remplit-il toujours bien son rôle ? Quels sont ses obligations et ses droits ? Est-il normal, est-il souhaitable qu'il dégénère en tyrannie ? Telles sont les questions que se pose Étienne de La Boétie dans son *Discours de la servitude volontaire* appelé aussi *Le Contr'un.* La thèse du jeune écrivain, c'est qu'il y a lâcheté dans l'acceptation de la tyrannie. Sans doute son livre serait-il moins célèbre, si Montaigne n'en avait fait l'éloge, et si les protestants ne l'avaient utilisé à leur profit. Étienne Pasquier, Jean Bodin reprennent ce problème de la souveraineté. Le premier soutient que « les peuples ne sont pas faits pour les rois, mais les rois pour les peuples ». Le second réfute le machiavélisme politique, auquel il oppose un pouvoir fondé sur le droit, c'est-à-dire sur la conformité aux grandes lois du monde et de l'homme.

En morale, les écrivains font appel pour se consoler du malheur des temps à un stoïcisme modernisé et christianisé. Cette doctrine a pour principal représentant Guillaume Du Vair, qui fut parlementaire et évêque. Elle a marqué de son influence Robert Garnier, Montaigne, Montchrestien, Malherbe.

L'inspiration légère

En réaction contre l'horreur des guerres religieuses, on voit fleurir une littérature consacrée à la joie de vivre.

Les thèmes élégiaques et amoureux envahissent **la poésie.** Vauquelin de la Fresnaye, Philippe Desportes, Jean Bertaut, Du Perron sont d'aimables poètes au talent facile, souvent incapables de réagir contre le maniérisme des Italiens, leurs modèles. Le plus réputé, Desportes, doit sa fortune à la protection des rois, Henri III, puis Henri IV. La clarté, l'aisance, l'harmonie de son style méritent mieux que les sévérités de Malherbe. D'Aubigné a sacrifié à cette mode de la poésie galante. Il y transporte sa véhémence naturelle, son goût des images excessives, des couleurs crues, de la surcharge.

La prose se tourne volontiers vers une forme de narration satirique ou simplement plaisante. Montaigne lui-même n'est pas exempt de gaillardise. Le maître du genre est Pierre de Bourdeille, seigneur de Brantôme. Après avoir mené joyeuse vie, Brantôme infirme et condamné à l'inaction, se met à raconter ses souvenirs. Bien que les titres de certaines de ses œuvres, *Vies des hommes illustres et des grands capitaines français et étrangers, Vies des dames illustres,* semblent parodier Plutarque, ce n'est pas un moraliste mais un conteur frivole, amateur d'anecdotes scandaleuses, au demeurant un excellent peintre de mœurs.

Montaigne Michel Eyquem, seigneur de **(1533-1592)**

Né au château de Montaigne en Périgord. Apprend le latin comme langue maternelle.

1540-1546 : pensionnaire au collège de Guyenne, à Bordeaux.

1554 : conseiller à la Cour des Aides de Périgueux.

1557 : conseiller au Parlement de Bordeaux. Se lie d'amitié avec La Boétie.

Entre 1559 et 1564 : va quatre fois à la cour. Se marie (1565). Se retire dans son château (1571).

1580 : *Essais* (livres I et II).

1580-1581 : long voyage (Paris, Suisse, Allemagne, Italie), dont il existe un *Journal.*

1581-1585 : maire de Bordeaux.

1588 : *Essais* (édition augmentée de nombreuses additions et d'un troisième livre. Un exemplaire annoté par lui et conservé à Bordeaux constitue la version définitive des *Essais.*)

SA PERSONNALITÉ

Il a voulu laisser pour ses « parents et amis » un portrait de lui-même.

Il manque d'assurance physique. Il est maladroit et par là même circonspect. Il déteste les soucis d'affaires. En face des problèmes familiaux, il se cuirasse d'indifférence. Il semble s'être préservé des tourments de la passion. S'il a eu des ambitions de courtisan, il les a vite abandonnées.

Le sentiment de ses devoirs sociaux tempère son égoïsme. Il fait grand cas de l'amitié, il apprécie les plaisirs de la conversation. Il a horreur de la cruauté. Comme maire de Bordeaux, il s'employa pendant quatre ans à protéger ses compatriotes contre les effets de la guerre civile.

Bien qu'il se plaigne d'avoir la compréhension « mousse et tardive » et la mémoire souvent défaillante, il est supérieurement intelligent. Sa curiosité d'esprit le pousse vers l'étude, qu'il fait servir à l'acquisition de la sagesse.

SA MÉTHODE

A l'origine, il entend par « essais » de simples exercices destinés à fixer ses idées. Grand amateur de lecture, comprenant aussi facilement le latin et l'italien que le français, moins bien le grec, il note les sentences ou les anecdotes qui l'ont frappé et il les commente. Ou encore il choisit une idée générale qu'il développe à l'aide d'exemples tirés de ses auteurs familiers.

Peu à peu, la pensée d'autrui cesse de lui servir de support. La matière essentielle de son livre III, écrit après son retour de voyage, est prise en lui-même.

Il n'y a aucun plan d'ensemble dans son ouvrage. Non pas qu'il soit incapable de traiter un sujet méthodiquement. L'*Apologie de Raymond Sebond* offre l'exemple d'un raisonnement rigoureux. Mais sa pensée préfère suivre une marche plus libre. Il ne considère pas ce qu'il écrit comme définitif. Il retouche constamment son livre, l'enrichit de citations et de commentaires. Ces additions alourdissent souvent le développement et comme, dans l'intervalle, sa pensée a évolué, l'ensemble n'est pas toujours parfaitement cohérent.

SA PHILOSOPHIE

Il ne faudrait pas se représenter Montaigne adoptant une philosophie, puis la rejetant pour en choisir une autre. A chaque nouvelle étape, sa pensée s'enrichit, trouve une formule de sagesse plus satisfaisante sans rien abandonner de ses positions antérieures.

Lorsqu'il se retire dans ses terres en 1571, ayant depuis peu perdu son père, il est obsédé par la pensée de la mort. Pour s'aguerrir contre elle, il a recours à ce stoïcisme dont La Boétie mourant lui avait fourni un si bel exemple. Il médite les leçons que lui offrent Plutarque, Sénèque, Epictète. Il se persuade que « philosopher c'est apprendre à mourir ».

A partir de 1573, la lecture de César et de Tacite, celle des *Œuvres morales* de Plutarque modifient l'orientation de sa pensée. Son sens critique acquiert une acuité singulière. Dans l'*Apologie de Raymond Sebond* écrite vers 1576, il fait le procès de la raison humaine. Il prend pour devise : « Que sais-je ? ».

Son voyage et ses années de gestion municipale lui enseignent que la vraie sagesse consiste à suivre la nature, à « savoir jouir loyalement de son être ».

Il se plie docilement aux règles de la religion établie. Il met à part tout ce qui est du domaine de la foi et là, faute de pouvoir expliquer, il se résigne à l'ignorance. Le mysticisme lui est étranger. Le fanatisme également. Au milieu des passions religieuses déchaînées, il incarne l'esprit de tolérance.

SA PÉDAGOGIE

Le but essentiel du programme très aristocratique présenté dans *L'Institution des enfants* est de rendre l'enfant « meilleur et plus sage ». Guidé par un précepteur plutôt habile que savant, il pratiquera le commerce des hommes sous toutes ses formes : conversation, voyage, lecture, et il devra en tirer des applications morales. Il étudiera « un peu de chaque chose ». Cette étude ne sera ni rébarbative, ni triste. Au total, l'enfant doit être traité avec « une sévère douceur ».

Les exercices physiques (course, lutte, danse, chasse, maniement des chevaux et des armes) constitueront une partie importante de l'éducation. « Ce n'est pas une âme, ce n'est pas un corps qu'on dresse, c'est un homme ».

SON INFLUENCE

Il eut de fervents disciples, en particulier Mlle de Gournay et Pierre Charron, qui, dans son traité *De la sagesse,* ramasse en un système cohérent toute la philosophie du maître.

Les *Essais* ont été pour les philosophes du XVIIe siècle une sorte de tremplin. Descartes et Pascal partent du scepticisme de Montaigne pour établir leurs certitudes. Mais bientôt les libertins annexent son livre à leur profit. Ils accordent à son scepticisme une importance démesurée. Cette interprétation des *Essais* a longtemps prévalu. En réalité, ce qui compte chez Montaigne, c'est beaucoup moins le côté négateur de sa pensée, que son effort pour élaborer un art de vivre.

D'Aubigné Théodore Agrippa **(1552-1630)**

Né à Pons.

1560 : devant les corps suppliciés des conjurés d'Amboise, son père lui fait jurer de les venger.

Grande précocité intellectuelle. Apprend le latin, le grec et l'hébreu. Après la mort de son père, va poursuivre sa formation à Genève. A pour maître Théodore de Bèze.

1567 : rejoint les combattants huguenots.

1570 : s'éprend de Diane Salviati. *Hécatombe à Diane* (sonnets).

1577 : blessé à Casteljaloux. Commence à dicter *Les Tragiques.*

1593 : mécontent de la conversion d'Henri IV, se retire dans sa place forte de Maillezais.

En 1616, paraissent *Les Tragiques* et la première partie de l'*Histoire universelle.*

1617 : *Les Aventures du baron de Faeneste.*

1620 : après la condamnation de l'*Histoire universelle,* se réfugie à Genève, où il termine sa vie.

1660 : *La Confession catholique du sieur de Sancy.*

UN VIOLENT

Cet écrivain est incapable de modération. Son amour malheureux pour Diane lui arrache des plaintes véhémentes. La haine farouche dont il poursuit les ennemis de Dieu ne s'exprime pas seulement dans son poème des *Tragiques,* mais dans *Les Aventures de Faeneste* et *La Confession de Sancy,* qui sont des pamphlets en prose.

Son imagination est habituellement portée vers tout ce qui inspire l'horreur ou l'épouvante. Déroulant le tableau des guerres, il insiste sur les épisodes les plus cruels. Derrière le masque des apparences, il aperçoit le grouillement des vices. Les images de la vengeance divine, les scènes d'apocalypse, les visions prophétiques lui viennent naturellement à l'esprit. Son évocation de la résurrection des morts est proprement hallucinante.

UN BAROQUE

La décoration baroque est souvent faite d'un amoncellement d'objets ou de statues qui semblent tenir miraculeusement en équilibre. Voici ce que donne chez d'Aubigné cette forme du baroque : « L'air n'est plus que rayons, tant il est semé d'anges. » L'extravagance des images est l'une des constantes du style baroque : « Quand vous auriez les vents collés sous vos aisselles », écrit d'Aubigné. Ou encore : « Il sort un glaive aigu de la bouche divine. »

XVIIe siècle

1 - L'âge baroque et préclassique

Le baroque

Le terme de baroque désigne originairement une **mode architecturale** qui, pour donner une plus grande impression de vie, utilise de préférence les lignes courbes et peuple les édifices d'une multitude d'ornements et de figures. L'art baroque est essentiellement un art du décor. L'illusion est son domaine : perspectives truquées, draperies simulées, guirlandes d'anges au milieu de nuages peints, rocailles qui semblent échapper aux lois de la pesanteur. Il est fait de formes qui se décomposent, s'évanouissent, passent les unes dans les autres.

Cet art s'est constitué lentement à partir de Michel-Ange, dans l'Italie du Nord et à Rome. Puis il s'est répandu dans toute l'Europe et en Amérique latine. Il a laissé de nombreux monuments : églises, palais, fontaines, autels, baldaquins, colonnades.

Au baroque dans l'architecture et la décoration correspond une mode littéraire caractérisée par le **complication** et le **bizarre.** Le baroque dans notre littérature a fleuri surtout au début du XVIIe siècle. Puis le classicisme l'a étouffé, sans toutefois l'anéantir.

Il a trouvé ses meilleures conditions d'épanouissement dans la **pastorale** et la **tragi-comédie,** genres romanesques, où les effets de surprise, les contrastes brutaux sont recherchés au détriment de la vraisemblance. Le théâtre classique se prête moins facilement à de tels jeux. Pourtant certaines **comédies** de Corneille, *L'Illusion comique, Le Menteur,* foisonnent d'éléments baroques. Après le déclin de la pastorale et de la tragi-comédie, les genres baroques par excellence seront les **ballets de cour,** les **pièces à machines,** l'**opéra.**

L'esprit précieux incline volontiers vers le baroque. Il lui doit son style maniéré, son goût de l'exagération romanesque. Le roman précieux suit la mode baroque au moins autant que la tradition des *Amadis.* Les moralistes classiques eux-mêmes, Pascal, La Rochefoucauld, lorsqu'ils montrent l'homme dissimulé sous un masque d'insincérité, subissent l'influence diffuse de la pensée baroque.

L'Hôtel de Rambouillet

Si la littérature française parvint à éviter la plupart des excès de la mode baroque, elle en est redevable à l'Hôtel de Rambouillet, où, tout en suivant cette mode, on sut l'appliquer avec mesure.

En 1608, Catherine de Vivonne, marquise de Rambouillet, entreprit d'attirer chez elle l'élite de la société parisienne. Par réaction contre les façons grossières de la cour, elle exigea de ses hôtes la politesse des mœurs, la distinction des manières et du langage.

La phase de croissance de l'hôtel de Rambouillet dure jusque vers 1630. Pendant cette période, les personnages les plus marquants reçus dans la fameuse chambre bleue sont Richelieu, le cardinal de La Valette, la princesse de Montmorency, et, du côté des écrivains, Malherbe, Racan, Gombauld, Vaugelas, Chapelain, Balzac, le cavalier Marin. De 1630 à 1648, l'hôtel de Rambouillet traverse la période la plus éclatante de son histoire. Aux côtés de « l'incomparable Arthénice », paraissent bientôt ses filles, dont l'aînée Julie est fort admirée et se plaît à l'être. Voiture est devenu « l'âme du rond ». Tous les grands seigneurs qui vont bientôt participer à la Fronde comptent parmi les familiers de la marquise. Le clan des écrivains se renouvelle : Scudéry, Mairet, Ménage, l'abbé Cotin sont fort assidus, Rotrou et Corneille le sont moins. En juillet 1645, Julie épouse le duc de Montausier. Puis surviennent les troubles de la Fronde, coïncidant avec la mort de Voiture (1648). Dès lors commence pour le cercle de la marquise une phase de déclin.

L'Hôtel de Rambouillet n'a jamais été une réunion de pédants. Les jeux de société, la musique, les bals y entretiennent une atmosphère de plaisir. Des intrigues amoureuses s'y nouent. Mais les divertissements y prennent volontiers un tour intellectuel. On essaie de résoudre des problèmes de langage. On se livre à des controverses de casuistique amoureuse.

On discute des mérites comparés de certaines œuvres. On joue des pièces de théâtre. Desmarets vient lire ses *Visionnaires,* Chapelain sa *Pucelle,* Corneille son *Polyeucte.* Tous les talents poétiques de la maison s'unissent pour composer *La Guirlande de Julie* (1641).

L'esprit précieux

Le terme de « précieux » apparaît pour la première fois en 1654. Mais la réalité qu'il recouvre existait depuis longtemps. La préciosité ressuscite en effet l'esprit courtois. Elle est, en même temps, un phénomène social propre au XVIIe siècle, une tentative des femmes pour conquérir leur indépendance, pour lutter contre l'habitude que l'on avait alors de les marier sans leur assentiment. Elles adoptent une tactique ingénieuse : se dérober devant le mariage et même devant l'amour, imposer à ceux qui veulent les conquérir l'épreuve de la patience et du dévouement, en somme **sublimer l'amour.**

Parallèlement, le goût de l'affectation s'introduit dans le langage. Diverses influences étrangères contribuent à développer ce goût : **l'euphuisme,** maniérisme du style, mode anglaise qui doit son nom à un roman de John Lyly, *Euphues* (1579) ; **le gongorisme** dont le maître est un poète cordouan, grand amateur de métaphores savantes, Gongora ; **le concettisme** caractérisé par l'abus des concetti ou pointes, et dont le grand propagateur fut Giambattista Marino, « le cavalier Marin ».

Il existe des néologismes précieux, dont certains se sont perdus (débrutaliser, importamment, soupireur), tandis que d'autres (bravoure, anonyme, s'encanailler, pommadé, enthousiasmer, incontestable) sont restés dans le langage. Mais la préciosité a créé peu de mots. En revanche, elle a forgé avec les mots existants bon nombre de locutions nouvelles. Au lieu de « se marier », on dit « donner dans l'amour permis » ; au lieu de « ne pas comprendre », on dit « avoir l'intelligence épaisse ». On emprunte des métaphores à la guerre, à l'escrime, à l'équitation, à la chasse, au jeu, à la musique, aux modes. Assurément ce langage manque de naturel. Mais les métaphores risibles, les périphrases solennelles, comme celles dont se moque Molière, n'ont jamais été d'un usage courant.

Les genres littéraires vers lesquels se porte la préférence des écrivains précieux, sont **la poésie légère et galante, l'épître.** Voiture règne sur cette littérature frivole. Il a pour émules Malleville, Godeau, Gombauld, Colletet. Il se méfie de Benserade, le plus doué de ses confrères, et s'emploie à le détourner de l'Hôtel de Rambouillet.

L'esprit précieux a produit l'*Astrée* et toute une série de romans fort prolixes, dont les plus célèbres, pour la première moitié, du XVIIe siècle sont *Polexandre* de

Gomberville, *Cassandre* et *Cléopâtre* de La Calprenède, *Ibrahim ou l'Illustre Bassa* de Georges et Madeleine de Scudéry.

Le courant réaliste et burlesque

Parallèlement se développe une littérature gaie qui prend pour modèle l'Italien Berni et le roman picaresque espagnol, ainsi nommé parce qu'il met en scène des « picaros », ou vagabonds. Elle est souvent qualifiée de **burlesque,** transposition de l'adjectif italien « burlesco », qui signifie bouffon.

En poésie, le grand écrivain satirique et réaliste des premières années du siècle est Mathurin Régnier. D'autres poètes satiriques, Sigogne, Motin, Berthelot, ont laissé quelque renom. Mais ils sont plus bohèmes, moins artistes.

Après Mathurin Régnier, la poésie réaliste fait davantage appel à la fantaisie : outrances baroques, inventions fantastiques ou macabres. Dans les vers de Saint-Amant passe quelquefois un frisson de terreur superstitieuse. Ce poète est d'ailleurs un vrai lyrique à l'inspiration vigoureuse et variée. Théophile Gautier le range, ainsi que certains autres (Théophile de Viau, Colletet), parmi les « grotesques ». Appellation à moitié exacte : ces poètes sont de libres esprits, dont les audaces de pensée trouvent dans la littérature burlesque un exutoire commode.

En prose, apparaissent des tendances analogues. *L'Histoire comique de Francion* de Charles Sorel est un vaste roman picaresque, d'une verve irrésistible, qui sous ses airs de moquerie, préconise le libre épanouissement de l'individu selon la seule loi de la nature.

Les libertins

Le début du XVIIe siècle voit éclater une **crise d'incrédulité.** L'idée se répand que l'univers n'est pas régi par Dieu, mais par une force aveugle. A la « cabale libertine » appartiennent Colletet, Charles Sorel, Maynard (le disciple favori de Malherbe), Boisrobert, Tristan l'Hermite, Théophile de Viau (tous trois transfuges du protestantisme et liés d'amitié).

Théophile de Viau se reconnaît lui-même comme le chef de cette « cabale ». Libertin de mœurs autant que de pensée, il est banni en 1619, puis jugé par contumace, condamné au bûcher et brûlé en effigie. Il est arrêté dans des circonstances dramatiques et détenu vingt-cinq mois. Sa peine est commuée en bannissement perpétuel, mais il meurt en 1626, peu après sa sortie de prison.

Le sort fait à Théophile incite les libertins à la prudence. S'abstenant désormais d'afficher l'immoralité, d'associer l'art burlesque au libertinage, ils se consacrent à la recherche philosophique. Bien qu'ils soient unis par certains liens d'amitié et qu'ils aient l'occasion de se rencontrer dans des cercles lettrés comme celui des frères Dupuy, ils n'ont pas de doctrine commune. Gassendi, savant si réputé qu'il fut sollicité pour diriger l'éducation du jeune Louis XIV, charge que d'ailleurs il refusa, élabore un système fondé sur une interprétation moderne de l'atomisme épicurien ; en morale, il professe une sagesse indulgente, ennemie de la superstition, et de la sottise. Guy Patin, Le Mothe le Vayer, Naudé, plus téméraires que Gassendi, sont avec lui les principaux représentants du « libertinage érudit ».

Le cercle des frères Dupuy disparaît vers 1655. La pensée libertine va désormais trouver refuge chez certains grands seigneurs : Gaston d'Orléans, Condé, Conti, la princesse Palatine.

Les dévots

Le catholicisme n'est cependant pas sérieusement menacé. Après la crise qu'il a traversée au XVIe siècle, il paraît même se consolider. Dans cette œuvre de **rénovation religieuse,** saint François de Sales joue un rôle éminent par sa prédication, ses lettres de direction spirituelle et son *Introduction à la vie dévote.* Ce prélat humaniste s'efforce, en son langage fleuri, de concilier la vie dévote et la vie mondaine. L'action des jésuites s'exerce dans le même sens. L'oratorien Bérulle et saint Vincent de Paul visent à développer l'esprit de charité.

Vers 1627, des religieux et des laïques se groupent en une association secrète, **la Compagnie du Saint-Sacrement,** qui se propose de ranimer la dévotion, de surveiller les mœurs et de soulager les infortunes. C'est avec cette « cabale des dévots » que Molière entrera en conflit à l'occasion de son *Tartuffe.* Louis XIV n'aime pas beaucoup la Compagnie du Saint-Sacrement. Elle ne pourra pas surmonter cette hostilité du monarque, et disparaîtra en 1668.

Signes précurseurs du classicisme

Au milieu de cette confusion, commence à se dégager la notion de ce qui sera le classicisme. Les « doctes » s'attachent à mettre de l'ordre dans le vocabulaire, à fixer la grammaire. Influencé par l'exemple de Malherbe, Vaugelas commence, dès 1620, à recueillir les éléments de ses *Remarques sur la langue française,* qui paraîtront seulement en 1647. Il distingue entre le bon usage, qui est celui de « la plus saine partie de la cour », et le mauvais usage, qui est l'usage populaire. Principe un peu simpliste, mais qui fonde la **théorie de la langue classique,** laquelle sera précisément celle d'une élite intellectuelle et mondaine.

Autre préoccupation des doctes : découvrir les lois éternelles de l'art. Malherbe donne les recettes sans lesquelles, selon lui, il est impossible de bien écrire en vers. Les règles de la tragédie et de la comédie vont s'imposer entre 1635 et 1640.

La création de **l'Académie française** (1634) correspond à ce besoin de réglementation. Cette assemblée, issue d'une initiative de Conrart officialisée par Richelieu, avait pour triple mission de fixer les règles du langage, de juger les livres exposés à son jugement et de fournir des modèles de style.

Vers la même date, surgit **le cartésianisme,** admirable méthode de pensée, qui a aidé le classicisme littéraire à prendre conscience de lui-même.

Incertitudes du théâtre

Au début du siècle, **la tragédie** est assez en faveur. Mais selon l'usage du XVIe siècle, elle est encombrée d'éléments lyriques et peu structurée. Telles sont les tragédies que nous ont laissées Montchrestien, aventurier huguenot, dramaturge d'occasion, et Alexandre Hardy, qui passe pour avoir composé environ sept cents pièces. *Pyrame et Thisbé* de Théophile (1621) offre déjà certains caractères de régularité classique. Pourtant, pendant les dix années suivantes la tragédie sera supplantée par la pastorale dramatique et la tragi-comédie.

La pastorale dramatique doit beaucoup à l'influence italienne et espagnole. Elle fait grand emploi des thèmes baroques : revirements amoureux, métamorphoses, scènes d'hallucination, interventions de magiciens. Sa vogue ne s'étendra guère au-delà du premier tiers du XVIIe siècle.

La tragi-comédie met plus de temps à s'imposer mais elle jouira d'une plus longue faveur. Ce genre composite, où le drame aboutit à un dénouement heureux, fait une large place au romanesque facile : travestissements, amours simulées, aventures tumultueuses et sanglantes, accès de folie. Corneille et les poètes tragiques de sa génération se sont essayés à la tragi-comédie. *Le Cid* est une tragi-comédie, la seule qui mérite le nom de chef-d'œuvre. Mais dès l'époque du *Cid,* la tragi-comédie tend à se dégager du baroque, pour ne plus devenir qu'une tragédie qui finit bien.

La résurrection de la tragédie est l'œuvre d'une équipe de dramaturges nés vers 1600 : Du Ryer, Mairet, Rotrou, Tristan l'Hermite, Corneille. La première tragédie selon les règles est la *Sophonisbe* de Mairet (1634).

La comédie est relativement délaissée. Elle produit cependant quelques œuvres marquantes. Molière, dans *Les Femmes savantes,* s'est inspiré de l'une d'entre elles : *Les Visionnaires* de Desmarets de Saint-Sorlin.

Malherbe François de **(1555-1628)**

Né à Caen.

1576 : suit en Provence le duc d'Angoulême.

1605 : présentation à la cour.

Fréquente l'Hôtel de Rambouillet. A pour disciples Maynard et Racan.

Principaux poèmes : *Les Larmes de saint Pierre* (1587), *Ode à Marie de Médicis* (1600), *Consolation à M. Du Périer* (1601), *Prière pour le roi Henri le Grand allant en Limousin* (1605), *Ode à la reine sur les heureux succès de sa régence* (1610), *Ode au roi Louis XIII allant châtier la rébellion des Rochelois* (1628).

SA DOCTRINE

Il n'a écrit aucun ouvrage théorique. Sa doctrine se dégage de ses propos recueillis par Racan et des annotations qu'il mit en marge des œuvres de Desportes.

Il condamne tout ce qui encombre et alourdit le vocabulaire : archaïsmes, latinismes, expressions empruntées aux langues étrangères, aux patois, aux techniques. Il s'applique à donner à chaque terme un seul sens parfaitement défini. Pour régler ces problèmes, il se fonde sur l'usage. Il tient le plus grand compte du parler populaire. Il proscrit toutefois les termes « sales et bas ».

Il réglemente aussi la versification. Il recommande l'emploi de certaines strophes, il en fixe le rythme. Il se montre très exigeant pour la césure et pour la rime. Il condamne l'hiatus, l'enjambement, les chevilles.

SON LYRISME

Il fut le maître du lyrisme formel. Son œuvre, fort mince, fait peu de place à la sensibilité mais ne manque pas de grandeur. Elle doit cette qualité à la rigueur de la forme, à la fermeté au moins apparente des convictions, au stoïcisme de la pensée, à une sorte de dureté exigeante, à une attitude pleine d'orgueil.

Il ne faut pas voir en ce poète un pur classique. Dans la mesure où il aime la surcharge, les métaphores, les ornements mythologiques, il se rattache à l'esthétique baroque.

D'Urfé Honoré **(1567-1625)**

Apparenté à la famille ducale de Savoie.

Elevé à la Bastie d'Urfé dans le Forez.

Fit une carrière de soldat et mourut en 1625 dans les rangs de l'armée savoyarde qui combattait les Génois.

Avait publié les trois premières parties de *L'Astrée* respectivement en 1607, 1610 et 1613.

Les parties IV et V furent mises au point et publiées par les soins de son secrétaire Balthazar Baro.

LA FANTAISIE DANS *L'ASTRÉE*

Comme ses devanciers italiens (Le Tasse, Guarini) et espagnols (Montemayor, Cervantes), d'Urfé met en scène des bergers dépourvus de toute rusticité, qui ne sont guère occupés que de leurs amours, et auxquels il prête des principes de conduite qui défient le bon sens : Astrée, croyant Céladon infidèle, s'obstine dans une rancune injustifiée ; Céladon, ne pouvant supporter cette disgrâce, tente de se noyer, puis s'exile, puis se travestit en femme pour ne pas être reconnu par Astrée, qui ne veut plus le voir. Comment admettre la fiction de cette élite de bergers, aux mœurs polies, au langage recherché, vivant à l'écart du monde ? A mesure que le récit s'avance, les éléments romanesques, combats, déguisements, reconnaissances, se multiplient. Une cinquantaine d'épisodes secondaires se greffent sur l'épisode principal.

LA VÉRITÉ DANS *L'ASTRÉE*

Le cadre (vallée du Lignon et monts du Forez) est dépeint avec une grande exactitude. Les personnages correspondent à des types réels. Pimandre, qui s'intéresse aux « antiquités de cette contrée », fait songer à quelque érudit local. Adamas « prince des druides » serait le portrait d'un évêque. Les nymphes sont des dames de la cour. Malheureusement, comme d'Urfé mélange les souvenirs des milieux différents dans lesquels il a vécu, Forez et Savoie, l'identification des personnages et des épisodes n'a pu jusqu'à présent se faire.

L'Astrée exalte le rêve romanesque. L'amour n'y inspire que de belles actions. Mais lorsque Céladon travesti en femme passe presque tout son temps enfermé dans une chambre avec deux ou trois jeunes filles toujours dévêtues, n'y a-t-il pas là un peu de sensualité trouble ? Dans ce roman, le premier grand roman français depuis le moyen âge, tout n'est donc pas innocence pure. Il n'en est que plus vrai.

Régnier Mathurin **(1573-1613)**

Né à Chartres. Neveu du poète Desportes.
Accompagne à Rome le cardinal de Joyeuse.
1609 : pourvu d'un canonicat à la cathédrale de Chartres.
Ses *Satires* (au nombre de 16) furent publiées de 1608 à 1613.

UN POÈTE BURLESQUE

En opposition au modernisme de Malherbe, il suit la tradition de Ronsard, celle de la liberté poétique. Il s'abandonne à l'outrance burlesque, et cela d'autant mieux qu'il a le sentiment profond de la sottise et de la dépravation humaines. Son portrait du pédant *(Satire X)* est une monstrueuse caricature. S'inspirant de *La Celestina* de Fernando de Rojas, il a créé le personnage de Macette, l'entremetteuse hypocrite, dont Molière se souviendra. Sa verve naturelle et drue a beau affecter la négligence :

elle est celle d'un homme cultivé, très au fait de toutes les ressources de la langue, nourri d'influences littéraires.

Descartes René **(1596-1650)**

Né à la Haye en Touraine.

Premières études chez les jésuites de La Flèche, puis formation juridique à Poitiers.

Officier dans l'armée hollandaise. C'est alors (1619) qu'il découvre le principe de sa méthode.

1626-1628 : séjour à Paris.

1637 : *Discours de la méthode.*

1647 : traduction française de deux de ses ouvrages d'abord écrits en latin *(Méditations, Principes de la philosophie).*

1649 : *Traité des passions de l'âme.*

1650 : se rend à Stockholm sur l'invitation de la reine Christine ; y meurt d'une pneumonie.

LA DOCTRINE DE DESCARTES

Il pense que la raison existe chez tous les hommes et qu'elle est apte à découvrir la vérité. Sa méthode consiste à progresser pas à pas, en déduisant les propositions les unes des autres. Toutefois, il fait également appel à l'intuition, particulièrement pour sa démonstration de l'existence de Dieu, qu'il fonde sur le sentiment de la perfection.

Le monde lui apparaît constitué de deux substances, la pensée et la matière. Chez l'être humain, ces deux substances sont associées, et l'âme peut agir sur le corps. Partout ailleurs, y compris chez l'animal, il n'y a que la matière. Celle-ci est soumise à des lois, que l'on peut découvrir *a priori.* En morale, Descartes fait confiance à notre libre-arbitre, qui « nous rend en quelque façon semblables à Dieu en nous faisant maîtres de nous-mêmes, pourvu que nous ne perdions point par lâcheté les droits qu'il nous donne ».

INFLUENCE DE DESCARTES

Les écrivains classiques lui doivent peu. D'ailleurs la grande vogue du cartésianisme se situe après 1660, c'est-à-dire à une époque où la doctrine classique est déjà constituée. Il existe alors une sorte de parti cartésien, qui se recrute surtout dans les salons et la bourgeoisie de robe. Sous l'action de la mode, certaines notions de la physique cartésienne deviennent familières au public cultivé : les tourbillons (mouvements circulatoires de la matière), les esprits animaux (éléments subtils du sang qui établissent la liaison entre l'âme et le corps), les animaux machines.

A la fin du XVIIe siècle, lorsque le mouvement libertin reprend vigueur, il s'appuie sur la doctrine de Descartes. Pourtant, Descartes est profondément religieux. Mais trop indifférent au christianisme historique, il s'élève à la notion d'un Dieu abstrait, dans lequel on ne reconnaît plus le Dieu de l'Eglise. C'est pourquoi Bayle, Fontenelle et leurs continuateurs utilisent le rationalisme cartésien comme une arme contre la religion révélée.

Balzac Jean-Louis Guez de **(1597-1654)**

Etudie à Leyde, où il est le condisciple de Théophile de Viau.

1619 : aide à l'évasion de Marie de Médicis.

De Rome, écrit des *Lettres* qui établissent sa réputation. Il en publie un premier recueil en 1624.

1631 : *Le Prince.* L'ouvrage déplaît à Richelieu.

Balzac, retiré en Charente, poursuit son activité d'épistolier.

1652 : *Socrate chrétien.*

1657 : *Entretiens ou Dissertations.*

1658 : *Aristippe ou De la cour.*

LE POLITIQUE ET LE MORALISTE

Son premier recueil de *Lettres* contient des maximes d'un machiavélisme inquiétant et semble mettre les rois au-dessus de la loi morale. Dans *Le Prince,* au contraire, il fixe comme limite aux droits du monarque les exigences morales du christianisme. Plus tard, il s'efforcera de concilier la sagesse antique avec la religion chrétienne. Il découvre chez les anciens un christianisme avant la lettre. Car il croit à l'universalité de la raison et dans la religion chrétienne, il attache plus d'importance à la tradition morale qu'au dogme.

LE MAITRE DE LA RHÉTORIQUE CLASSIQUE

Il a pour idéal le style majestueux et sobre des Romains de la belle époque. Comme Malherbe, dont il est le continuateur, il déteste la confusion que les écrivains de la Pléiade ont introduite dans la littérature et dans la langue. Mais il ne fait pas un cas excessif des règles et professe que « savoir l'art de plaire ne vaut pas tant que savoir plaire sans art ». Nerveux, sensible, il a laissé d'exquises descriptions de la nature. Il n'évite pas toujours l'emphase. Mais il a donné à la prose classique la forme oratoire dont elle ne se départira plus.

2 - La première génération classique

L'idéal du « généreux »

Sous Louis XIII, la noblesse, tout occupée de guerres, de complots, de duels, est prise d'un besoin effréné de grandeur héroïque, et c'est elle qui donne le ton. Les vertus bourgeoises sont méprisées. Un nouveau type de héros apparaît:le « généreux ». Mérite le nom de généreux celui qui est de bonne naissance et que guide la préoccupation constante de ne pas démentir son origine. « Ceux qui sont généreux, écrit Descartes, sont naturellement portés à faire de grandes choses et toutefois à ne rien entreprendre dont ils ne se sentent capables; ils sont entièrement maîtres de leurs passions, particulièrement des désirs, de la jalousie et de l'envie, et de la haine, et de la peur, et de la colère. »

Mais bien souvent le « généreux » ne sait pas s'en tenir à cette noble sagesse. L'orgueil s'empare de lui. Le point d'honneur devient sa règle d'action. Par individualisme aristocratique, il se place « hors de l'ordre commun ». Il recherche la difficulté ; l'extravagance. Tels sont la plupart des héros cornéliens. Comme les grands seigneurs de la Fronde, ils pratiquent un **héroïsme anarchique.**

Le jansénisme

La religion aussi se pénètre d'héroïsme. Le jansénisme aspire à la vertu intransigeante, à la pureté mystique. Son lieu d'élection en France fut un couvent de femmes situé dans la vallée de Chevreuse, l'abbaye de Port-Royal.

En 1608, la jeune abbesse de Port-Royal, Angélique Arnauld, entreprend de ramener son couvent à la stricte observation de la règle. Ainsi commence la célébrité de Port-Royal. Le site était malsain. En 1625, la communauté se transfère à Paris, tout en conservant sa maison des champs.

L'abbé de Saint-Cyran, devenu en 1635, le confesseur de Port-Royal, y introduit la doctrine de saint Augustin, telle que lui-même et son ami Jansen, évêque d'Ypres, la comprenaient. Selon cette doctrine exposée dans un ouvrage posthume de Jansen, l'*Augustinus* (1640), l'homme est incapable, sans la grâce, de résister à l'attrait du mal. Or Dieu n'accorde sa grâce qu'à des êtres prédestinés. Pourtant, l'homme conserve la responsabilité de ses actes, dans l'ignorance où il est des intentions de Dieu à son égard.

Les Jésuites s'étaient toujours opposés à cette doctrine. La publication de l'*Augustinus* envenima le débat. Il y eut à la cour, au Parlement, dans le clergé **un parti janséniste,** dont l'autorité la plus considérable fut un frère de la Mère Angélique, Antoine Arnauld, surnommé le grand Arnauld.

Les bâtiments désaffectés de Port-Royal des Champs avaient accueilli, dès 1637, des religieux et des laïcs désireux de vivre selon l'idéal janséniste. On les appela « les Solitaires » ou « les Messieurs » de Port-Royal. En 1648, la Mère Angélique avec une partie de ses religieuses réintégra l'abbaye. Les Messieurs s'installèrent alors dans une ferme voisine, Les Granges, consacrant l'essentiel de leur activité à l'enseignement. Plusieurs d'entre eux ont laissé un nom illustre : Arnauld d'Andilly, Antoine Le Maître, le grammairien Lancelot, le médecin Hamon, le moraliste Nicole.

L'histoire de Port-Royal est une suite de **persécutions** entrecoupées de trêves. En 1638, l'emprisonnement de Saint-Cyran avait amené la dispersion provisoire des Solitaires. En 1661, priées de signer un formulaire désavouant Jansen, les religieuses acceptent d'abord, puis se reprennent. En 1665, les réfractaires sont regroupées aux Champs, placées sous surveillance policière, privées des sacrements. Un nouveau formulaire, proposé en 1668 par le pape, assure jusqu'en 1679 la paix de l'Eglise. A cette date, Port-Royal de Paris se détache de la communauté janséniste. En 1705, la situation se gâte tout à fait, aboutissant à la dispersion définitive des religieuses (1709) et à la destruction des bâtiments (1712).

La pensée janséniste domine l'œuvre de Pascal. Elle a profondément marqué Racine. Son action s'est exercée sur plusieurs cercles mondains : celui de Mme de Sablé, celui de Mme de La Fayette. Chez Boileau, chez La Bruyère, chez Bossuet lui-même on trouve des traces de jansénisme.

Extension du mouvement précieux

Après les troubles de la Fronde, la vie de société refleurit. Le salon de Mlle de Scudéry éclipse tous les autres : celui de la Grande Mademoiselle, celui de Mme de Sablé, celui de Mme Scarron. Bien qu'elle ne soit plus jeune et qu'elle ait des mœurs irréprochables, Mlle de Scudéry s'intéresse excessivement aux questions de galanterie. Elle imagine avec ses hôtes du samedi la fameuse carte de Tendre, qui sera publiée en 1654 au tome premier de sa *Clélie.* Les « samedis de Sapho » prendront fin en 1661.

Les termes de précieux, précieuse et de préciosité surgissent dans le langage en 1654, pour désigner l'idéal mis à la mode par l'Hôtel de Rambouillet, idéal maintenant vulgarisé, mais fort discuté. La pièce de Molière, *Les Précieuses ridicules,* n'est pas une peinture objective de la société précieuse, mais une œuvre de polémique.

Les petits genres, stances, sonnets, chansons, impromptus, madrigaux sont toujours en faveur dans les cercles précieux et entretiennent la réputation de Gombauld, Godeau, Benserade, Sarasin.

C'est pendant et après la Fronde que **le roman d'aventures** connaît ses plus grands succès avec *Artamène ou le Grand Cyrus* et *Clélie, histoire romaine,* œuvres où Madeleine et Georges de Scudéry cherchent à représenter sous le voile de fictions historiques les hommes et les mœurs du temps.

Persistance du baroque et du burlesque

Le goût baroque apparaît dans la tragi-comédie, dans le roman, dans la poésie descriptive et galante, dans la tragédie cornélienne. Son domaine de choix est **l'épopée** soudainement remise à la mode. Elle utilise largement le merveilleux chrétien condamné par Boileau. Chacun veut produire son chef-d'œuvre : Saint-Amant *(Moïse sauvé),* Scudéry *(Alaric),* Godeau *(Saint-Paul),* Desmarets de Saint-Sorlin *(Clovis).* Il est possible que ces auteurs aient cherché à rivaliser avec la fameuse *Pucelle* de Chapelain. Mais ils ont surtout pour modèle *La Jérusalem délivrée* du Tasse, poème essentiellement baroque.

Le burlesque poursuit son œuvre de **dépoétisation.** Scarron et d'Assouci tournent en dérision les héros de la mythologie, le premier dans *Virgile travesti,* le second dans *Ovide en belle humeur* et dans *Le Ravissement de Proserpine.* Le roman burlesque prend le contre-pied du roman héroïque et galant. L'exemple de Charles Sorel, le plus illustre représentant du genre sous Louis XIII, est suivi par Scarron et par Furetière qui, dans son *Roman bourgeois* (1666), présente une satire pittoresque et vivante des gens de justice. La **verve satirique et bourgeoise** de Boileau participe du burlesque. Son *Lutrin* et une œuvre de parodie. Mais au lieu de rabaisser jusqu'à la vulgarité un sujet noble, Boileau amplifie jusqu'à l'épopée un sujet dérisoire : une dispute de chanoines.

Le classicisme avant 1660

En 1660, la doctrine classique n'est pas encore constituée. Elle résultera de la fusion de deux tendances déjà bien implantées. L'une est représentée par les doctes : Chapelain, Conrart, l'abbé d'Aubignac. Ces écrivains sont persuadés qu'il existe des règles générales de l'art et que ces règles peuvent se formuler. L'autre clan est celui des mondains. Ils sont ennemis du pédantisme. Parmi eux se fait jour l'idéal de l'honnête homme. Celui à qui cette notion doit d'avoir été définie, est un gentilhomme poitevin, Antoine Gombaud, chevalier de Méré, personnage sceptique et libertin, assez brillant pour avoir ébloui Pascal, qui se rendit compte auprès de lui de ce qu'est l'esprit de finesse. Selon Méré, l'honnête homme s'efforce de plaire par des qualités de tact et de bonne éducation, par son égalité d'humeur. Il excelle « en tout ce qui regarde les agréments et les bienséances de la vie ». Il possède toutes les vertus de sociabilité, la discrétion, l'aisance.

Faute d'avoir su concilier l'idéal des doctes et celui des mondains, les écrivains de la première génération classique n'ont pas encore le goût très sûr. Ils restent **influencés par la préciosité, le baroque, le burlesque.**

Les grands genres, tragédie, comédie, **ne parviennent pas à s'imposer,** ni même à se fixer. De 1648 à 1656, la tragédie subit une véritable éclipse. La comédie se détourne des modèles latins. Les auteurs à la mode, Scarron, Thomas Corneille, Boisrobert puisent leur inspiration chez les Espagnols : Lope de Vega, Tirso de Molina, Calderón.

Ce premier classicisme est plus **mondain** que le second : les écrivains cherchent à plaire aux gens du monde et les gens du monde se mêlent volontiers d'écrire. Si les études morales tiennent tant de place dans cette littérature, c'est parce que la société mondaine s'intéresse essentiellement à l'analyse de l'âme humaine.

La date de 1660 est habituellement prise pour marquer la limite des deux classicismes. Mais les interférences sont nombreuses. La carrière de Corneille se poursuit bien au-delà de 1660. Les *Maximes* de La Rochefoucauld paraissent après 1660 et pourtant cet écrivain appartient à la première génération classique par sa date de naissance, sa tournure d'esprit, sa conception de la vie et de l'honneur. Mme de Sévigné et Mme de La Fayette, si liées qu'elles aient été avec La Rochefoucauld et Retz ont une mentalité plus jeune et leur classicisme est plus pur. Mais Mme de Sévigné s'obstine à préférer Corneille à Racine. Les influences jansénistes se prolongent fort avant dans la littérature du siècle. L'héroïsme poussé jusqu'au renoncement n'est pas une exclusivité des premiers classiques : il triomphe dans *Bérénice* et dans *La Princesse de Clèves.*

Corneille Pierre **(1606-1684)**

Né à Rouen. Petite bourgeoisie. Aîné de sept enfants. Son frère Thomas sera aussi auteur dramatique.

Elève des jésuites. Avocat. Acquiert en 1628 deux offices d'avocat du roi, qu'il gardera jusqu'en 1650.

1629 : *Mélite* (comédie).

1631 : *Clitandre* (tragi-comédie).

1634 : *La Galerie du Palais, La Suivante* (comédies).

Fait partie vers 1635 d'une équipe de cinq écrivains animée par Richelieu.

1636 : *L'Illusion comique* (comédie). *Le Cid* (tragi-comédie). La querelle du *Cid* dure jusqu'en 1638.

1640 : *Horace, Cinna.* 1642 : *Polyeucte.* 1643 : *La Mort de Pompée.* 1645 : *Rodogune* (tragédies).

1643 : *Le Menteur* (comédie).

1647 : élu à l'Académie.

1651 : *Nicomède, Pertharite* (tragédies). Après l'échec de *Pertharite,* abandonne le théâtre et se retire à Rouen.

1659 : sous l'influence de Fouquet et de l'actrice Marquise Du Parc, reprend une carrière dramatique qui aura pour principales étapes *Œdipe* (1659), *Attila* (1667), *Tite et Bérénice* (1670), *Suréna* (1674).

1674 : supplanté par Racine, quitte définitivement le théâtre. Vieillesse pieuse dans une atmosphère familiale.

CORNEILLE AUTEUR COMIQUE

Corneille croit pouvoir faire rire sans l'intervention des personnages traditionnellement ridicules, valets, parasites, capitans, docteurs. Il ne les proscrit pas. Témoin son Matamore de *L'Illusion comique.* Mais il préfère des personnages vrais, de jeunes bourgeois comme lui, préoccupés de leurs affaires d'argent autant que de leurs amours. Il emprunte le sujet de *Mélite* à un épisode vécu, son propre amour pour une jeune fille de Rouen, Catherine Hue, qu'il ne put épouser parce qu'elle était d'une condition supérieure à la sienne.

Ces éléments de réalité créent une atmosphère qui est plutôt celle du drame bourgeois que de la comédie proprement dite. Corneille traduit avec sensibilité l'amertume de la jeune fille que l'on veut marier contre son gré. Plus que Molière, il insiste sur le côté douloureux de ce genre d'aventure. Il en fera bientôt des sujets de tragédie : Pauline aussi est une femme mal mariée.

Ce réalisme est toujours assorti de quelque extravagance. Dans *La Place Royale,* Alidor renonce à épouser Angélique, uniquement parce qu'elle est trop belle et qu'il l'aime trop. Rien ne plaît tant à Corneille que les jeux de l'illusion et de la surprise : personnages pris les uns pour les autres, impostures, malentendus, revirements. Dans *L'Illusion comique,* on ignore jusqu'à la fin où est la vérité, où sont les apparences. Tout ce théâtre est profondément pénétré d'influence baroque.

TECHNIQUE DE LA TRAGÉDIE CORNÉLIENNE

Ses premières pièces ne sont pas conformes à la règle des trois unités. A partir d'*Horace,* il l'adopte définitivement, quitte à l'assouplir par quelques facilités : unité de temps ne se limitant pas strictement à vingt-quatre heures ; unité de lieu étendue aux différents endroits d'un palais ou d'une ville.

Il éprouve parfois quelque embarras pour développer en cinq actes un thème dramatique. L'action d'*Horace* languit après la mort de Camille. Il adopte volontiers la structure dite « implexe », qui consiste à tresser ensemble plusieurs actions d'inégal intérêt. C'est ainsi qu'il entremêle à l'action principale du *Cid* le thème de la passion malheureuse que l'Infante éprouve pour Rodrigue.

Il n'admet pas la notion de vraisemblance prônée par Scudéry, Chapelain, d'Aubignac, Boileau. Il pense que l'auteur doit choisir des situations extraordinaires. Admiration, curiosité, surprise, enthousiasme constituent plus encore que la terreur et la pitié les ressorts de la tragédie cornélienne.

A mesure qu'il avance dans sa carrière, Corneille recherche davantage le classicisme de la forme. Il renonce successivement aux pointes, aux descriptions trop riches, aux récits pompeux.

Mais sa conception de l'art dramatique sera toujours très large. Il adopte, suivant le besoin, tous les tons, épique, sentencieux, lyrique, élégiaque, l'unité restant assurée par l'éloquence et la fermeté du style, et par ce don, qui lui est si particulier, d'enfermer dans les douze syllabes d'un vers quelque pensée forte.

HISTOIRE ET POLITIQUE CHEZ CORNEILLE

Il prend ses sujets dans l'histoire, particulièrement dans l'histoire romaine, choisissant de préférence les époques de décadence ou de crise, retenant des faits qu'il arrange à sa guise.

Il soutient que la dignité de la tragédie « demande quelque grand intérêt d'État ». L'amour tient une place dans ces intrigues, mais n'est jamais le thème essentiel. Corneille s'attache surtout à exposer le jeu des combinaisons politiques, les drames de l'ambition et de la raison d'Etat. Les problèmes qu'il traite sont ceux qui préoccupaient ses contemporains : les droits du roi, les devoirs du sujet, les obligations envers le pays. D'autre part, son œuvre est pleine d'allusions à l'actualité politique : les complots sous Louis XIII, les difficultés de la Régence, l'atmosphère de la Fronde, le règne des favoris et des ministres, le pouvoir personnel.

LA MORALE DE CORNEILLE

C'est une morale aristocratique, seulement valable pour une élite d'être bien nés et « généreux ». Elle n'est pas fondée sur les principes chrétiens de charité, d'humilité, d'abnégation, mais sur le culte de la personnalité.

C'est une morale héroïque. Elle invite l'homme à se vaincre lui-même, à faire un perpétuel effort de dépassement. Dans le vocabulaire cornélien, les mots gloire, estime, devoir, vertu, traduisent les différents aspects de cet idéal. Le héros cornélien est capable de passion, mais il n'aime que s'il estime. Son amour se fait l'auxiliaire de sa gloire.

C'est une morale anarchique. Sans doute le héros cornélien se conforme-t-il au code d'honneur de sa caste. Mais ce code préconise la révolte plutôt que la soumission. Rodrigue, Horace, Cinna, Polyeucte, Nicomède font éclater le cadre des lois. La nature des actes importe moins que leur signification héroïque. Certains crimes sont accompagnés d'une telle grandeur d'âme que, tout en les détestant, Corneille prétend qu'on peut admirer la source dont ils partent. Il est faux de dire qu'il peint les hommes « tels qu'ils devraient être ». Une société où tous les hommes prendraient modèle sur le héros cornélien, est proprement impensable.

Scarron Paul **(1610-1660)**

Libertin de vie et de pensée, ce qui ne l'empêche pas de devenir secrétaire de l'évêque du Mans, puis chanoine.

1638 : une grave maladie le rend difforme et impotent.

1640 : il vient vivre à Paris. Il publie *Le Typhon ou la Gigantomachie* (1644) ; *Jodelet ou le Maître valet* (1645) ; *Virgile travesti* (1648-1652) ; *Le Roman comique* (1651 et 1657).

1652 : épouse Françoise d'Aubigné (la future marquise de Maintenon). Leur maison est fréquentée par la société la plus brillante. Il est estimé pour sa générosité de caractère, son courage, sa belle humeur.

LE TYPE DE L'ÉCRIVAIN BURLESQUE

Scarron poète tourne en dérision dans *Le Typhon* et *Virgile travesti* une antiquité alors infiniment respectée. Auteur comique, il a créé un type de valet (dont Molière se souviendra), Jodelet, personnage goinfre, menteur, lâche et cynique, bouffon par l'excès même de sa trivialité.

Son grand titre de gloire est d'avoir écrit *Le Roman comique.* On y discerne la trace de modèles espagnols, mais Scarron s'inspire surtout de souvenirs personnels et l'on a pu identifier plusieurs de ses héros. La peinture des mœurs est exacte et sans indulgence. Ce roman, qui déroule avec une verve intarissable les aventures désopilantes d'une troupe de pauvres comédiens auxquels s'est mêlé le grotesque Ragotin, amoureux de l'actrice « la L'Etoile », est l'une des œuvres les plus gaies de notre littérature.

La Rochefoucauld François de Marsillac, duc de **(1613-1680)**

Ayant comploté contre Richelieu, il est emprisonné, puis exilé dans ses terres.

1648-1652 : il prend une part active à la Fronde.

1656 : après un second exil, il revient vivre à Paris. Fréquente Mme de Sablé, la famille Arnauld, Mme de Sévigné.

1658-1659 : il écrit la plus grande partie des *Maximes* (publiées en 1664 sous le titre : *Réflexions ou Sentences et maximes morales).*

1662 : *Mémoires* (publiés contre son gré et désavoués par lui).

A partir de 1665, il est le grand ami de Mme de La Fayette.

UNE MORALE DU DÉSENCHANTEMENT

Les maximes sont un genre précieux. Celles de La Rochefoucauld sont ordonnées autour de cette idée simpliste que « l'amour-propre », c'est-à-dire l'amour de soi est le mobile de tous nos actes. La générosité n'est qu'une ambition déguisée, la clémence des princes « une politique pour gagner l'affection des peuples », la modestie « le désir d'être loué deux fois ». La Rochefoucauld avait pu observer que la complexité des liens sociaux introduit inévitablement dans notre vie morale des considérations d'intérêt ou d'orgueil. Dans la fréquentation de Mme de la Fayette, de Mme de Sablé, des Arnauld, de l'oratorien Jacques Esprit, il s'était familiarisé avec la pensée janséniste. Il place au-dessus de tout « la parfaite honnêteté ». Il s'emploie donc à ôter son masque à la fausse sagesse. Il reste d'ailleurs persuadé que l'homme doit constamment travailler à se dépasser lui-même. Par là sa morale rejoint celle de Corneille.

Retz Paul de Gondi, cardinal de **(1613-1679)**

Sa famille est d'origine florentine.

1643 : devient sans vocation coadjuteur de l'archevêque de Paris.

Participe à la Fronde. Cherche à supplanter Mazarin. Cardinal en 1652. Arrêté sur l'ordre de Mazarin. Emprisonné à Vincennes, puis à Nantes. S'évade en 1654.

1662 : autorisé à rentrer en France. Réside le plus souvent dans son château de Commercy.

1673-1676 : met au point ses *Mémoires*. Ils comportent des lacunes. Furent publiés en 1717.

LE MÉMORIALISTE DE LA TURBULENCE

Dans ses *Mémoires* Retz raconte les aventures galantes de sa jeunesse, ses duels, ses succès de prédicateur, sa participation à un complot contre Richelieu, son rôle dans la Fronde, son accession au cardinalat, son emprisonnement, son évasion du château de Nantes, son influence sur le conclave qui élut en 1655, contre le vœu de Mazarin, le pape Alexandre VII. Le récit s'arrête à l'année 1655.

Naturellement porté vers l'action, peu accessible au scrupule, il adore l'intrigue. Il recherche moins son intérêt que sa gloire, ce qui lui confère, en face des événements, une sorte de détachement lucide. Il a des idées très justes sur les révolutions, l'inconstance de l'opinion, le rôle des chefs de partis. Il a compris que dans le drame de la Fronde c'était le peuple de Paris qui tenait la première place.

Il note le détail des événements avec une précision extrême. Il en dégage la signification sans feindre une impartialité dont il n'est pas capable. Il réserve à la psychologie une place importante. Ses portraits de La Rochefoucauld, Richelieu, Mazarin, Anne d'Autriche révèlent un don d'observation qui ne se laisse abuser par aucune considération de prestige.

Il est fort loin de la pureté classique. Il a un style tumultueux, plein d'audaces, ramassé, embrouillé comme à plaisir, émaillé de formules à l'emporte-pièce, qui fait ressortir son intelligence pénétrante et sa désinvolture de grand seigneur.

Pascal Blaise **(1623-1662)**

Enfance à Clermont-Ferrand.

1631 : la famille (Etienne Pascal et ses trois enfants, Gilberte, Blaise, Jacqueline) se transporte à Paris. Etienne y fréquente des savants.

1639 : Etienne envoyé à Rouen (commissaire pour l'impôt) y amène sa famille.

1646 : Etienne, malade, est soigné par des jansénistes. Ils initient la famille à leur doctrine.

1647 : Blaise vient vivre à Paris. Se livre à des travaux de physique.

1651-1654 : fréquente des mondains (Mme de Sablé, le duc de Roannez) et des libertins (Miton, le chevalier de Méré).

1652 : Jacqueline novice à Port-Royal.

23 novembre 1654 : nuit d'illumination. Il écrit : « Oubli du monde et de tout, hormis Dieu. »

1655 : *De l'esprit géométrique. Entretien de M. de Saci sur Epictète et Montaigne.*

L'absolution ayant été refusée au duc de Liancourt à cause de ses sympathies jansénistes, Arnauld engage une polémique pour laquelle il sollicite le concours de Pascal.

Janvier 1656-mars 1657 : publication en fascicules des *Provinciales* (18 lettres).

A sa mort, il laisse inachevé un ouvrage d'apologétique religieuse, les *Pensées.*

PASCAL POLÉMISTE

Les subtilités théologiques développées dans les premières *Provinciales* en rendent la lecture assez aride. Pourtant Pascal ne se pose pas en théologien. Il sait que sur ce terrain, il ne serait pas de force. C'est en logicien qu'il essaie de réfuter les thèses des Jésuites sur le problème de la grâce.

Dans le domaine moral, il est beaucoup plus à son aise. Une conviction puissante l'anime. Il rejette avec horreur l'idée d'une religion qui, par politique, se ferait accommodante.

Est-il toujours de bonne foi ? Assurément, il lui arrive de forcer un peu le sens des textes par la manière dont il découpe et assemble ses citations. Mais il se documente très scrupuleusement. On n'a relevé dans *Les Provinciales* qu'une douzaine d'erreurs, dont ses informateurs sont pour une part responsables.

Après la quatrième lettre, le ton change. La dialectique se tempère d'humour. Pascal s'amuse aux dépens des pères jésuites, utilise contre eux toutes les ressources du comique. Dans les lettres XI à XVI, l'indignation longtemps contenue éclate avec une éloquence fougueuse. Par-delà les spécialistes des questions religieuses, Pascal s'adresse aux gens du monde.

PASCAL APOLOGISTE

Les *Pensées* étant les fragments mal classés d'une œuvre inachevée, on est réduit aux hypothèses quant au plan que l'auteur aurait suivi. Probablement aurait-il commencé (en partant de Montaigne) par analyser la situation de l'homme perdu entre les deux infinis. Puis il aurait montré que l'explication de l'homme ne se trouve pas chez les philosophes, mais seulement dans le christianisme. Il aurait parlé enfin des moyens pratiques d'acquérir la foi.

Il ne se propose qu'une tâche limitée : secouer l'indifférence de ses amis libertins, Miton, Méré, les éveiller à l'inquiétude des choses divines. Pour ne pas les effaroucher, il se place à leur point de vue, il mène son argumentation sur un ton d'insistance amicale.

Pascal a été défini comme un « logicien passionné ». Logicien, il l'est par l'art de conduire son raisonnement de façon serrée jusqu'à une conclusion qui surgit avec une clarté éblouissante. Mais ce logicien, persuadé qu'il traite de questions essentielles et qu'il possède la vérité apporte dans sa démonstration sur un ton d'insistance une ardeur passionnée. Cette passion se manifeste par la véhémence du style, l'éclat des images, les effusions lyriques.

3 - La grande époque classique

La doctrine classique

Vers 1660, les principes de la doctrine classique ont déjà été définis par Chapelain, d'Aubignac, Corneille. Il reste à les rassembler. Ce sera l'œuvre de Boileau. Voici, avec le recul du temps, comment se présente à nous le classicisme :

1. Son domaine est celui de **la raison,** définie comme la faculté de comprendre et de mettre en formules claires ce que l'on a compris.

2. L'art classique admet que derrière le changement et l'accident, il existe une réalité stable, éternelle et par suite **un type absolu de beauté.** En ce sens, il est impersonnel et universel.

3. Il prétend **imiter la nature.** Il désigne par là non pas la réalité foisonnante, mais une réalité choisie, restreinte le plus souvent aux choses humaines et ne débordant pas le cadre du vraisemblable. Il entend par vraisemblable la forme logique et probable du vrai. Ce qui est extravagant ou monstrueux ne saurait entrer dans ce cadre étroit.

4. La règle du vraisemblable est complétée par celle des **bienséances.** Observer les bienséances signifie ne pas aller à l'encontre des idées communément admises, ne scandaliser le public ni intellectuellement, ni moralement. L'interdiction d'utiliser en poésie le merveilleux chrétien se rattache à ce principe.

5. Les règles des genres littéraires peuvent se formuler. Elles sont fondées sur la conception abstraite d'un goût idéal et sur l'autorité des anciens. Les théoriciens classiques ont édicté le principe de la distinction des genres, celui des trois unités (temps, lieu, action). Ils ont montré de quels éléments doit se composer le poème dramatique, quelle progression il doit suivre.

6. L'art doit tendre vers **une fin moralisatrice.** Certains écrivains prennent très au sérieux cette mission. D'autres font l'impression de tricher un peu. Est-il bien vrai, par exemple, comme l'affirment Corneille et Racine, que la tragédie sert à « la purgation des passions » dont elle offre le spectacle ?

7. Les anciens sont des modèles sur lesquels il convient d'avoir les yeux fixés. Mais à la différence des poètes de la Renaissance, les classiques admirent l'antiquité avec discernement et l'imitent avec modération.

Le public

Le classicisme a bénéficié de conditions extrêmement favorables à son développement.

Le public auquel s'adressent les écrivains est très restreint. Il comprend « la cour et la ville », c'est-à-dire la noblesse et la haute bourgeoisie, trois mille personnes environ, rassemblées presque toutes à Paris et à Versailles. Les écrivains ont besoin de l'appui de cette élite, car il n'existe aucune loi pour sauvegarder la propriété littéraire. Ils ne peuvent vivre que grâce aux libéralités du roi et des grands.

Le problème capital est de **plaire à ce public.** A d'autres époques, les écrivains se sont retranchés dans une solitude orgueilleuse, ou encore ils ont cherché le succès par le scandale. Chez les classiques rien de tel. La littérature est fondée sur un accord et presque sur une collaboration de l'écrivain et du public. Mais ce public se montre exigeant. Lorsqu'il est choqué dans ses convictions ou ses préjugés, il réagit avec vivacité. Sa mauvaise humeur fait le jeu d'une critique naturellement acerbe. Les difficultés rencontrées par Molière pour faire jouer son *Tartuffe* s'expliquent par l'inquiétude d'une opinion un peu trop rudement secouée.

Le monde littéraire

Il serait simpliste de se représenter les grands classiques, La Fontaine, Boileau, Molière, Racine, unis par une doctrine commune et se concertant pour faire régner dans la littérature les principes de *L'Art poétique.* Boileau fut lié d'amitié avec Molière et plus encore avec Racine. Mais dès 1665, Molière et Racine étaient brouillés. Quant à La Fontaine, il semble n'avoir entretenu avec les trois autres écrivains que des rapports intermittents.

D'autre part, même en cette époque où règne le besoin d'unité, la vie littéraire est traversée de **cabales** et de **conflits.** Racine soutient contre les partisans de Corneille un long combat. Les précieuses, les prudes, les pédants se liguent contre Molière à l'occasion de *L'École des femmes.* Des alliances se nouent, puis se dénouent au gré des circonstances. Boileau débuta sous la protection de Chapelain, Cotin, d'Aubignac, avant de leur devenir hostile. *L'Art poétique* est une œuvre de polémique autant que de doctrine.

Le prestige des grands classiques ne doit pas faire oublier les **écrivains** qui vécurent dans leur ombre : Maucroix, poète galant et l'érudit Huet, tous deux très liés avec La Fontaine ; le libertin Chapelle, qui fut le meilleur ami de Molière ; Leclerc, Thomas Corneille, Pradon, dramaturges inégaux ; Boursault et Montfleury, médiocres rivaux de Molière ; Quinault, d'abord auteur de comédies, puis de tragi-comédies romanesques, puis de tragédies, et finalement de livrets d'opéra mis en musique par Lulli.

Littérature et religion

Le phénomène religieux tient dans la vie sociale assez d'importance pour influencer fortement la littérature. On l'a vu à propos du jansénisme. Le développement de l'éloquence sacrée en est une autre preuve. Elle devient avec Bossuet l'une des formes les plus achevées de l'art classique. Si parfois on sembla lui préférer Bourdaloue, c'est que les occasions qu'il eut de se faire entendre à Paris devinrent assez rares après 1670. Et puis Bourdaloue satisfaisait le goût du public pour l'analyse morale. Fléchier et Mascaron, qui appartiennent à la même génération que Bourdaloue et Bossuet avaient fréquenté la société précieuse. L'éloquence de Fléchier en a gardé la trace, tandis que la manière de Mascaron se caractérise par une rigueur presque janséniste. A la fin du siècle, le prédicateur le plus en renom fut un oratorien, Massillon. Il avait un talent facile et une propension au pathétique. Il prononça, en 1715, l'oraison funèbre de Louis XIV.

C'est à un autre oratorien, Malebranche, que l'on doit le système philosophique le plus important que la France ait connu depuis Descartes. Partant du cartésianisme, Malebranche conçoit l'univers comme un système d'idées logiquement ordonnées, ayant leur existence en Dieu, lequel est aussi le maître de tout mouvement et de toute action. Arnauld et Bossuet combattirent ce penseur qui dénaturait le catholicisme en l'intellectualisant à l'excès.

Théâtres et comédiens

Sous Louis XIII, des **bateleurs** sans installation fixe, Tabarin, Mondor, Bruscambille ont fait la joie du public parisien. En province circulaient des troupes de comédiens souvent formées à Paris. Elles jouaient surtout la pastorale et la tragi-comédie. Elles menaient une vie difficile, dont on peut se faire une idée d'après *Le Roman comique* de Scarron.

Il existait aussi des troupes régulières. La plus ancienne, qui avait pris la suite des Confrères de la Passion, se dénommait déjà « Troupe des Comédiens du Roi », lorsqu'elle s'installa, en 1628, à l'Hôtel de Bourgogne. Molière a critiqué le débit ampoulé des « grands comédiens ». Mais il y eut parmi eux d'excellents acteurs : Bellerose, Floridor, Montfleury, la Champmeslé. Lorsqu'ils donnaient la tragédie, le spectacle se terminait ordinairement par une farce. C'est là que triomphaient Gros-Guillaume, Gauthier-Garguille, Turlupin.

Le théâtre du Marais leur faisait une sérieuse concurrence. Cette troupe fondée en 1600 eut pour principal animateur le tragédien Mondory. C'est elle qui créa *Le Cid.*

Un troisième théâtre, celui des **comédiens italiens,** fondé sur l'initiative de Catherine de Médicis, était resté très en faveur. Les acteurs italiens jouaient dans leur langue. Ils représentaient le plus souvent des personnages conventionnels : Pierrot, Arlequin, Polichinelle, Pantalon. Selon l'usage de la commedia dell'arte, ils improvisaient sur un simple canevas.

Molière **vint, en 1658, se fixer à Paris.** A ses côtés, travaillèrent Du Parc, surnommé Gros-René, Thérèse Du Parc qui passa ensuite à l'Hôtel de Bourgogne, Armande Béjart, qu'il épousa en 1662, La Grange, qui fut l'orateur de la troupe, Baron. A la mort de Molière, ses acteurs fusionnèrent avec ceux du Marais. La compagnie ainsi formée vint s'installer à l'Hôtel Guénegaud. Quelques années plus tard, Louis XIV réunit en une seule troupe les comédiens de l'Hôtel de Bourgogne et ceux de l'Hôtel Guénegaud. Ainsi naquit **la Comédie-Française.**

En 1661, Fouquet offrit à Louis XIV une fête, dont la principale attraction fut un divertissement composé par Molière, *Les Fâcheux.* Intéressé par cette initiative, le roi fit représenter pour les fêtes de la cour des **comédies-ballets,** spectacles somptueux, mélés de musique et de danse. Molière composa quatorze comédies-ballets.

La Fontaine Jean de **(1621-1695)**

Naissance et enfance à Château-Thierry. Après des études de théologie, puis de droit, revient à Château-Thierry comme maître des eaux et forêts.

1658 : *Adonis.* Présentation à Fouquet, pour lequel il écrit *Le Songe de Vaux* (1658) et l'*Elégie aux Nymphes de Vaux* (1661).

1664 : gentilhomme servant de la duchesse d'Orléans.

1665 : *Contes et nouvelles en vers.*

1668 : *Fables* (livres I à VI).

1669 : *Les Amours de Psyché et de Cupidon.*

1672 : mort de la duchesse d'Orléans. Trouve asile chez Mme de la Sablière.

1678 : *Fables* (livres VII à XI).

1684 : reçu à l'Académie, le roi ayant cessé de s'opposer à son admission.

1687 : *Epître à Huet.*

1693 : mort de Mme de la Sablière. Se retire chez ses amis d'Hervart. Achève une vie, jusque là dissolue, dans des sentiments de grande piété.

1694 : *Fables* (livre XII).

SON ŒUVRE EN DEHORS DES *FABLES*

Il a gardé certaines affinités avec les écrivains de la génération précédente. On discerne dans *Adonis, Le Songe de Vaux, Psyché* un goût du décor, un luxe d'images, qui les rattachent au baroque. Cette persistance d'une forme d'art, alors dépassée, explique le peu de succès qu'ont rencontré ces œuvres.

L'Élégie aux Nymphes de Vaux révèle un poète sensible, capable d'exprimer en termes délicats une émotion vraie.

Conteur grivois, La Fontaine s'est tout d'abord proposé d'imiter l'Arioste et Boccace. Puis élargissant son inspiration, il s'adresse à d'autres modèles : Rabelais, Machiavel, l'Arétin. Les *Contes,* sévèrement jugés par Louis XIV, ont reçu du public un accueil plutôt favorable. Musset en fait encore un vif éloge. Nous n'aimons plus cette œuvre que nous jugeons artificielle et dépourvue de valeur humaine.

L'INSPIRATION DES *FABLES*

Le premier recueil semble avoir été conçu à l'origine comme une simple adaptation de Phèdre. Dans les livres V et VI les fables tirées d'Ésope deviennent plus nombreuses. Chez Mme de la Sablière, La Fontaine rencontre le philosophe et orientaliste Bernier, qui attire son attention sur *Le Livre des lumières* de l'Indien Pilpay. Le second recueil des *Fables* contient beaucoup d'emprunts à Pilpay, auteur diffus que La Fontaine condense, alors qu'il étoffait les récits trop secs de Phèdre ou d'Ésope.

Du point de vue des thèmes traités, chacun des trois recueils a son caractère propre. Le premier, dédié au Dauphin, vise à enseigner par le moyen d'anecdotes simples une morale pour la jeunesse. Le second, beaucoup plus riche, contient une image de la vie à la cour, des allusions à la politique extérieure du règne, à l'évolution des sciences, à la philosophie gassendiste. Le livre XII révèle « la vieillesse d'une âme inquiète ».

Il ne faut pas attribuer à La Fontaine la compétence d'un naturaliste. De même, il ne faut pas exagérer la place que tient dans les *Fables* la peinture des mœurs et de la société. Ce qui l'intéresse surtout, c'est de mettre en situation ses personnages et d'analyser leurs sentiments.

L'ART DES *FABLES*

Mme de Bouillon prétendait que La Fontaine, qu'elle appelait pour cette raison le fablier, produisait ses fables aussi naturellement que le pommier produit des pommes. La comparaison n'est pas exacte. L'art de La Fontaine consiste à rechercher, au prix d'une grande ingéniosité, l'expression la plus pittoresque et la plus forte, tant dans le langage courant que dans l'arsenal des archaïsmes, des locutions populaires, des termes savants. Art d'ailleurs très sobre : quelques mots suffisent pour évoquer les aspects de la nature, les attitudes ou les silhouettes des animaux et des hommes. Même discrétion dans la peinture du monde moral : sans effort apparent d'analyse, le fond des âmes nous est découvert par un petit nombre de traits révélateurs. L'emploi du vers libre aide à ce résultat. Tout cela se conjugue avec une bonhomie souriante, qui pourrait faire prendre pour de la naïveté ce qui est finesse malicieuse et sens exquis de la parodie.

La Fontaine a lui-même défini son œuvre comme « une ample comédie à cent actes divers ». Chaque fable considérée isolément fait songer à une courte pièce par la place importante qu'y tient le dialogue et par l'enchaînement rigoureux des épisodes, en tout point comparables à l'exposition, aux péripéties et au dénouement d'une comédie.

LA MORALE DES *FABLES*

De très vives critiques ont été adressées à la morale des *Fables.* Lamartine la trouve « dure, froide, égoïste ». Elle admet trop facilement la flatterie, l'hypocrisie, toutes les petites lâchetés par lesquelles l'homme assure sa tranquillité. Elle ne s'émeut guère de la misère ou de la peine d'autrui. C'est que La Fontaine est un moraliste sans prétention. Il ne se croit pas le droit de prêcher les grands sentiments. Il est trop conscient de sa propre imperfection, trop persuadé de l'irrémédiable faiblesse humaine. Il doute que l'on puisse amender les caractères. Mais on peut donner aux hommes quelques conseils, pour tâcher de les rendre plus raisonnables et plus heureux.

Il ne s'aventure pas dans le domaine de la religion. Probablement cet homme cultivé, admirateur et à certains égards disciple de Gassendi, avait-il adopté au fond de lui-même certains principes des libertins : soumission aux lois, aux usages, et secrète indépendance de la pensée ; recherche du bonheur dans une vie conforme à la nature, exempte d'ambition, de cupidité, de jalousie. Cette sagesse modeste eut pour effet de le tenir éloigné du grand principe chrétien de charité. Mais sa haute idée de l'amitié, sa fidélité à Fouquet disgracié prouvent qu'il n'avait pas le cœur sec.

Molière Jean-Baptiste Poquelin, dit **(1622-1673)**

Son père est marchand tapissier du roi. Sa mère meurt en 1632. Elève des jésuites (collège de Clermont). Ebauche des études de droit.

1643 : ayant fait la connaissance d'une famille de comédiens, les Béjart, il fonde avec eux l'Illustre-Théâtre et prend le nom de Molière. 1645 : l'Illustre-Théâtre fait faillite. Molière entre dans la troupe nomade de Charles Dufresne. Il en deviendra le directeur. Revient à Paris en 1658.

1659 : *Les Précieuses ridicules.*

1661 : *Les Fâcheux* (comédie-ballet).

1662 : épouse Armande Béjart. *L'Ecole des femmes.* Polémiques. *Critique de l'Ecole des femmes* (1663).

1664 : au cours de fêtes données à Versailles *(Les Plaisirs de l'Ile enchantée),* la troupe de Molière joue plusieurs pièces, dont le *Tartuffe* (en trois actes). La « cabale des dévôts » fait interdire la pièce. Nous n'en connaissons qu'un remaniement en cinq actes, joué en 1669.

1665 : *Dom Juan.* 1666 : *Le Misanthrope, Le Médecin malgré lui.*

1666-1667 : écrit pour un divertissement royal *(Le Ballet des Muses) Mélicerte, La Pastorale comique, Le Sicilien.*

1668 : *Amphitryon, L'Avare.* 1670 : *Le Bourgeois gentilhomme.* 1671 : *Les Fourberies de Scapin, Psyché* (comédie-ballet, en collaboration avec Corneille et Quinault). 1672 : *Les Femmes savantes.* 1673 : meurt à l'issue de la quatrième représentation du *Malade imaginaire.*

STRUCTURE DES COMÉDIES DE MOLIÈRE

Molière bâtit ses pièces avec des éléments qu'il lui arrive d'emprunter sans le moindre scrupule soit à la comédie ancienne ou italienne, soit à ses prédécesseurs immédiats (Rotrou, Boisrobert, Scarron, Cyrano de Bergerac, Desmarets de Saint-Sorlin). Il se contente parfois, comme dans *Le Misanthrope* ou *Le Bourgeois gentilhomme,* de sujets fort minces.

L'action suit une marche capricieuse avec des incidents et rebondissements qui peuvent paraître un peu gratuits, mais qui donnent une impression de vie intense. Molière n'a pas la superstition des règles. Il les considère comme de simples recettes dictées par le bons sens.

Chez lui, le dénouement n'est pas l'aboutissement nécessaire d'une action psychologique. Tantôt la pièce se termine par une reconnaissance *(L'Avare),* tantôt par l'intervention miraculeuse d'un « deus ex machina » *(Tartuffe, Dom Juan, Amphitryon).*

COMIQUE ET VÉRITÉ

Molière emprunte à la farce le comique de gestes (coups de bâton, soufflets, poursuites, roulement d'yeux, grimaces). Ressortissent également à la farce les calembours, les coq-à-l'âne, les incorrections de langage et même la répétition à demi-consciente d'expressions révélatrices : « le pauvre homme » *(Tartuffe),* « sans dot » *(L'Avare),* « je ne dis pas cela » *(Le Misanthrope).*

Les situations comiques (Orgon caché sous la table pendant que Tartuffe courtise sa femme, Vadius et Trissotin passant des congratulations aux injures, Argan contrefaisant le mort) résultent du développement normal des caractères. Les ayant ainsi rendues plausibles, Molière les exploite jusqu'au bout avec une virtuosité extrême.

Les difformités morales, lorsqu'elles sont suffisamment accusées, peuvent entraîner un comportement qui paraît extravagant à l'homme normal et qui fait rire, comme toute discordance et toute bizarrerie. Arnolphe, Tartuffe, Alceste sont comiques en eux-mêmes. Il suffit de les présenter sous un certain jour pour que ce comique éclate. Mais Dom Juan, Elmire, Célimène ne sont pas comiques. Leur jeu contribue à mettre en valeur les personnages qui le sont.

Le fond des sujets n'est pas toujours gai. Des pièces comme *L'École des femmes, Le Misanthrope* retracent des échecs. Les travers, dont l'aspect extérieur nous divertit, ont des effets destructeurs. Mais il ne faut pas s'exagérer, comme le font, après Musset, certains metteurs en scène contemporains, le tragique de Molière. Le principal but de Molière a toujours été de « faire rire les honnêtes gens ».

Par le biais du comique, il cherche à saisir la vérité humaine. Mais si le comique était permanent, il manquerait de vraisemblance. C'est pourquoi Molière peint les êtres dans toute la complexité de leur nature, n'hésitant pas à montrer leurs côtés attendrissants (Arnolphe, Alceste) ou odieux (Dom Juan, Tartuffe). A cette peinture des individus il joint celle des milieux, essentiellement la bourgeoisie, quelquefois *(Les Fâcheux, Le Misanthrope)* la noblesse. Il estime que l'homme ne se révèle vraiment que dans son cadre familial et social.

LA PHILOSOPHIE DE MOLIÈRE

Esprit peu religieux, Molière comprend mal les rigueurs de la dévotion. Il déteste l'ascétisme. Il fait confiance à la nature. Il fut certainement touché par l'influence de

Gassendi et de la pensée libertine. Jusqu'à quel point ? Toute réponse à cette question serait téméraire.

Il conçoit le rôle du moraliste avec autant d'indulgence que de bon sens. « Je ne sais, dit-il, s'il n'est pas mieux de travailler à rectifier et adoucir les passions des hommes que de vouloir les retrancher entièrement. »

Il s'est beaucoup préoccupé des problèmes d'éducation, particulièrement de l'éducation des filles. Il aime la jeunesse. Il n'admet pas qu'on l'étouffe sous des contraintes absurdes. L'amour sincère a toute sa sympathie. Mais il le veut raisonnable et tenant compte de la convenance des conditions, des caractères et des âges.

Il demande à l'homme la franchise envers lui-même comme envers les autres. En considération de cette qualité, il passe sur beaucoup de défauts : la médiocrité de Chrysale, l'irritabilité d'Alceste. Il est impitoyable pour le pédantisme des faux savants, la pruderie des coquettes sur le retour, le mensonge des médecins ignorants, la prétention des petits marquis et des bourgeois enrichis. Lui-même a donné l'exemple de la droiture. Sa carrière s'est déroulée sans reniement, sans compromission.

LE STYLE DE MOLIÈRE

Molière écrivain a parfois été jugé sévèrement. Voici ce que dit Fénelon : « En pensant bien, il parle souvent mal ; il se sert des phrases les plus forcées et les moins naturelles. » Reconnaissons que Molière n'est pas toujours à l'aise dans le maniement des notions abstraites, que ses métaphores manquent de cohérence, que ses phrases sont parfois lourdes, encombrées de conjonctions. Mais son style est un style de théâtre. Il offre le mérite d'une exceptionnelle variété. Chaque personnage s'exprime de la façon la plus conforme à sa condition et à son caractère : Chrysale emploie des proverbes, des locutions populaires, des archaïsmes ; Alceste trahit sa misanthropie par l'outrance de ses propos, sa véhémence passionnée ; Tartuffe est tout pénétré d'onction sacerdotale. Notre époque, très laxiste en fait de langage, admet mal les reproches dont le style de Molière a pu être l'objet.

Sévigné Marie de Rabutin-Chantal, marquise de **(1626-1696)**

Orpheline à sept ans. Elevée dans sa famille maternelle, les Coulanges. Enfance heureuse. Excellente formation intellectuelle, à laquelle participent Chapelain et Ménage.

1644 : mariage avec Henri de Sévigné, qui fut un mauvais époux. En 1651, il est tué en duel, lui laissant deux enfants. Dans les années qui suivent son veuvage, elle mène une vie très mondaine.

1671 : sa fille, qui a épousé en 1669 le comte de Grignan, va le rejoindre en Provence. Nombreuses lettres de Mme de Sévigné à sa fille (deux par semaine). Autres correspondants : Bussy-Rabutin, Philippe de Coulanges, Pomponne, Retz, La Rochefoucauld, Mme de La Fayette.

Séjours au château des Rochers (près de Vitré), à Vichy, à Bourbon-l'Archambault, à Grignan (où elle meurt).

SA PERSONNALITÉ

Sa bonne humeur est l'expression d'une nature saine, parfaitement équilibrée

L'Hôtel de Rambouillet l'a marquée de son influence sans lui déformer l'esprit. Elle aime les romans, elle admire Mlle de Scudéry. Mais son imagination seule est romanesque. Elle semble avoir réussi à se préserver des pièges de la passion.

Ses dehors souriants recouvrent une conception assez grave de la vie. Elle est attirée par le jansénisme. Pascal et Nicole la ravissent. Elle aime la méditation, les pensées fortes. A mesure qu'elle avance en âge, elle apprécie de plus en plus les livres sérieux : morale, histoire et même théologie.

SON TÉMOIGNAGE

Mise par sa situation mondaine en mesure d'être bien renseignée, elle renseigne à son tour ses correspondants. Elle relate les événements qui passionnent la cour et la ville : procès de Fouquet, mariage manqué de la Grande Mademoiselle, passage du Rhin, mort de Turenne, exécution de la Brinvilliers, disgrâce de Pomponne, mort de Louvois. La province lui fournit des sujets de reportage : réunion des états de Bretagne, thérapeutique en usage à Vichy, vie au château de Grignan. Ses lettres restituent également le climat intellectuel et moral de l'époque. On y discerne l'écho des grands débats littéraires, l'action en profondeur du jansénisme, l'intérêt suscité par la philosophie de Descartes, par celle de Malebranche, le malaise d'une noblesse qui n'est pas guérie de la Fronde.

SON ART

Ses lettres sont non pas méditées, ni construites, mais agencées en vue de l'effet à produire : coquetterie littéraire qui n'altère en rien leur spontanéité. Cette femme charmante ne déguise pas plus son style qu'elle ne déguise ses sentiments. Elle raconte les choses comme elle les voit, mais elle les voit en artiste. En passant par son imagination, les scènes de la vie deviennent des tableaux harmonieux, les paysages prennent un aspect stylisé, et pourtant tout reste vrai. Bien qu'elle ait été élevée dans la société précieuse, elle possède un sens très sûr de l'ordre, de l'équilibre, de la beauté classique.

La Fayette Marie-Madeleine Pioche de la Vergne, comtesse de **(1634-1693)**

Parente par alliance de Mme de Sévigné.

Fréquente la société précieuse. Est l'élève du savant Ménage. 1655 : épouse le comte de La Fayette. Vivra le plus souvent séparée de lui. Dame d'honneur d'Henriette d'Angleterre.

Sa société comprend Mme de Sablé, Mme de Sévigné, Retz, La Rochefoucauld (avec lequel elle entretient une longue liaison) et des hommes de lettres.

Elle publie anonymement *La Princesse de Montpensier* (1662) et *La Princesse de Clèves* (1678), et, sous le nom de Segrais, *Zaïde* (1669-1671).

Après la mort de La Rochefoucauld (1680) et celle du comte de La Fayette (1683), elle mène une vie retirée.

LA PRINCESSE DE CLÈVES

Ce roman raconte l'histoire d'une jeune femme, la princesse de Clèves, qui éprouve pour le duc de Nemours une passion partagée. Elle veut rester irréprochable.

Pour mieux se défendre, elle avoue à son mari le trouble qu'elle ressent. Torturé par la jalousie, M. de Clèves tombe malade et meurt. Même veuve elle ne se croit pas libre. Elle n'épousera pas Nemours.

Cet honneur si exigeant rappelle la tragédie cornélienne, avec un fondement moral plus solide. Il demande des sacrifices sans compensation. Mme de Clèves n'a même pas les consolations du mysticisme. On dirait qu'elle est étrangère à la pensée de Dieu. Du jansénisme, dont elle a subi l'influence, Mme de La Fayette n'aurait-elle donc retenu que le côté désolant et cette pratique de l'autocontrainte, qui n'est guère dans les mœurs aristocratiques d'alors ?

L'action se déroule sous les règnes d'Henri II et François II. Mme de La Fayette s'était documentée sur cette époque. Son roman contient les portraits d'Henri II, Catherine de Médicis, Marie Stuart, Diane de Poitiers et des allusions aux événements d'alors. Sur ce fond historique se surajoute une image des mœurs et des intrigues que Mme de La Fayette avait pu observer dans l'entourage d'Henriette d'Angleterre.

Bien que l'œuvre soit courte et ramassée, elle est construite selon la technique du roman précieux : épisodes secondaires intercalés dans le récit principal, procédés d'exposition un peu simplistes, comme celui qui consiste à faire surprendre une conversation par un personnage intéressé à la connaître. La place tenue par les problèmes de casuistique amoureuse, la conception d'un amour hautement intellectualisé attestent aussi la persistance de la tradition précieuse.

Mme de La Fayette s'applique à rendre sensible la montée lente des passions, leur paroxysme, l'apaisement qui suit les grandes crises. Elle ne se fait d'ailleurs pas d'illusions sur la vraie nature de l'amour, volonté de possession qui tend vers la cruauté, puissance destructrice, dont la loi est de porter en elle les principes de son propre anéantissement. Elle croit à la fatalité de l'amour, à sa tyrannie. Par là, elle rejoint Racine.

Bossuet Jacques-Bénigne **(1627-1704)**

Né à Dijon. Famille de magistrats.

1652-1659 : archidiacre à Metz. *Panégyriques de saint François d'Assise* (1652), *de saint Bernard* (1653), *de saint Paul* (1659). *Sermon sur la loi de Dieu* (1653). *Réfutation du catéchisme* (protestant) *de Paul Ferry* (1655).

1659-1669 : prédicateur à Paris. *Sermon sur l'éminente dignité des pauvres* (1659). *Sermon sur la parole de Dieu* (1661). *Sermons sur l'ambition, sur la mort* (Carême du Louvre, 1662. C'est la première fois qu'il prêche devant le roi). *Oraison funèbre d'Anne d'Autriche* (1667, perdue). *Oraison funèbre d'Henriette de France* (1669).

1669 : évêque de Condom (sans obligation de résidence). *Oraison funèbre d'Henriette d'Angleterre* (1670).

1670-1680 : précepteur du dauphin. *Traité de la connaissance de Dieu et de soi-même* (d'inspiration cartésienne, 1677). *Discours sur l'histoire universelle* (1678).

1681 : évêque de Meaux. *Discours sur l'unité de l'Eglise* (1681). *Oraison funèbre d'Anne de Gonzague* (1685). *Oraison funèbre de Condé* (1687). *Histoire des variations des Eglises protestantes* (1688). *Maximes et réflexions sur la comédie* (1694). Polémique avec Fénelon (à propos du quiétisme, 1697-1698).

LA DOCTRINE DE BOSSUET

Bossuet explique le dogme rarement en théologien, presque toujours en interprète passionné des volontés de Dieu. Il conçoit Dieu comme une providence qui règle l'ordre du monde selon un plan harmonieux, dont notre esprit ne peut saisir les détails. Tous les biens terrestres sont sans valeur. Dieu fait preuve envers les hommes d'une justice impitoyable, mais s'il les frappe, c'est pour mieux les sauver.

Après s'être tenu à l'écart des systèmes philosophiques, Bossuet se rallie, vers 1670, au cartésianisme qu'il comprend comme une explication de Dieu et de l'âme et non comme une philosophie de la raison. Plus tard, découvrant que la doctrine de Malebranche peut favoriser certaines déviations du christianisme, il rompt avec Malebranche et, à travers lui, avec un certain cartésianisme.

Il a sur la misère de notre nature la même opinion que les jansénistes. Bien qu'il réprouve leur doctrine de la grâce et qu'il leur ait été, au début, franchement hostile, il considère que ce sont eux et non les jésuites qui représentent le véritable esprit du christianisme. Il entretient des relations d'estime et même d'amitié avec leurs chefs, Arnauld, Nicole. Il souhaite une réconciliation des catholiques à l'intérieur d'une Eglise soustraite à l'influence des jésuites.

En politique, il n'admet ni le droit naturel, ni la notion de liberté. Il estime que les tentatives de progrès social sont contraires à l'ordre. Il justifie l'esclavage et la conquête. Il fonde l'autorité royale sur la volonté divine. Il place l'Eglise au-dessus du pouvoir civil.

BOSSUET CONTROVERSISTE

Sa controverse avec les protestants est de ton modéré. Il oppose aux variations de leurs Eglises, l'unité et l'immutabilité du catholicisme. Il n'a jamais désespéré de les convaincre.

Dans la querelle du quiétisme, il emploie le sarcasme, la violence. Il n'est pas toujours de bonne foi. On le sent irrité d'être tenu en échec par Fénelon, esprit assez fin pour échapper aux raisonnements dans lesquels il prétend l'enfermer.

BOSSUET ORATEUR

De tous les sermons que Bossuet prononça, seulement deux cents nous sont parvenus. Ce sont de simples ébauches. A l'inverse de Bourdaloue et de Massillon, il n'apprenait pas son texte par cœur. Le souvenir de ce qu'il avait écrit suffisait à guider son inspiration. Lorsqu'il fut devenu évêque de Meaux, il se dispensa même de ce travail préliminaire.

Ses sermons ont toujours comme point de départ une citation de l'Écriture. L'exorde est coupé par un *Ave*, que récite l'assistance. Après cette prière, l'orateur pose son sujet, puis annonce son plan. L'argumentation est développée en deux points, rarement en trois. Le discours se termine par une exhortation solennelle, accompagnée de paroles d'espoir.

Bossuet a prononcé onze oraisons funèbres, entièrement écrites et lues. Il en fait une autre forme de la prédication. Il tire de la vie du défunt, présentée aussi véridiquement que le lui permettent les convenances, un symbole ou un exemple, prétextes à une leçon de morale chrétienne.

Sa théorie de l'éloquence religieuse s'est formée par l'expérience. Ses premiers sermons portent la marque de sa formation de théologien. Bientôt l'exemple de Vincent de Paul lui apprend que la véritable éloquence est celle qui réussit à toucher les âmes sans recourir aux séductions de l'art. Il s'oblige à développer des idées simples. Il recherche la communication directe avec son auditoire, prévoit ses objections possibles et donne les réponses les plus capables de le convaincre.

Une double émotion l'anime : celle de l'homme qui laisse échapper des plaintes, des reproches, des cris de douleur ; celle du prêtre, que la contemplation des vérités éternelles et la méditation sur les textes sacrés élèvent au-dessus de lui-même. Il possède une merveilleuse connaissance de la Bible, des Pères grecs (Origène, Grégoire de Nazianze, saint Jean Chrysostome), des Pères latins (Tertullien, saint Augustin). Il leur emprunte des citations et des images dont la poésie s'harmonise avec son lyrisme personnel.

BOSSUET HISTORIEN

L'œuvre historique de Bossuet obéit au souci, très rare à cette époque, de ne rapporter que des faits d'une authenticité certaine. On le voit par la comparaison de son *Histoire des variations des Églises protestantes* avec les ouvrages écrits antérieurement sur le protestantisme. Il se renseigne le mieux possible. Ses *Oraisons funèbres* ont été composées à l'aide de témoignages ou de documents authentiques : un mémoire de Mme de Motteville sur Henriette de France ; le récit, fait par le chanoine Feuillet, de la mort de Madame ; les lettres de la princesse Palatine ; la relation de la bataille de Rocroi laissée par La Moussaie.

Suivant une tradition constante dans l'Église, sa narration s'oriente toujours vers une philosophie de l'histoire. Tous les événements lui paraissent réglés par la Providence pour préparer le triomphe de Dieu et assurer la suprématie de son Église.

Boileau Nicolas, dit Boileau-Despréaux **(1636-1711)**

Quinzième enfant d'un greffier au Parlement de Paris. Introduit par son frère Gilles dans le monde littéraire (Chapelain). Se lie avec des libertins, avec Molière.

1666 : *Satires I à VII.*

A partir de 1667 : fréquente assidûment la docte société du président Lamoignon.

1668 : *Satires VIII et IX.* 1674 : *L'Art poétique, Epîtres I à IV.* 1674-1683 : *Le Lutrin.*

1677 : historiographe du roi.

1683 : *Epîtres V à IX.*

1684 : élection à l'Académie.

1693 : *Ode sur la prise de Namur.* 1694 : *Satire X* (contre les femmes), *Réflexions sur Longin* (contre Charles Perrault et les modernes). 1698 : *Epître XII (Sur l'amour de Dieu.* D'inspiration janséniste).

A partir de 1705, vit retiré dans son logement du cloître Notre-Dame. Polémique contre les jésuites *(Satire XII).*

LE SATIRIQUE

Toute son œuvre est pénétrée d'esprit satirique. On pourrait le croire téméraire. En réalité, il ne sait pas maîtriser son penchant à la médisance. Sa verve malicieuse lui a causé du tort. Le duc de Richelieu et surtout le duc de Montausier, ami de Chapelain et protecteur de Quinault, lui ont témoigné une hostilité tenace.

La sincérité de Boileau n'est pas douteuse. Pourtant au début, il a beaucoup varié, partageant le sentiment des coteries auxquelles il a successivement appartenu. Il s'est brouillé avec Chapelain pour des raisons d'intérêt assez mesquines. Les circonstances l'avaient d'abord rangé dans le parti opposé à Corneille ; il n'a pas tardé à revenir sur ses préventions envers le vieux poète. Mais il est resté intraitable à l'égard de ceux qu'il considérait comme les ennemis du bon goût : emphatiques, précieux et burlesques.

LA CONSCIENCE DU CLASSICISME

La doctrine classique existait avant lui. Les règles de la tragédie avaient été formulées par Chapelain et plus récemment par l'abbé d'Aubignac. Ce même d'Aubignac et quelques autres avaient posé certains grands principes : imiter la nature dans les limites de la vraisemblance et des bienséances ; s'inspirer des anciens ; éviter les excès de la préciosité et du burlesque ; tendre vers la grandeur sans tomber dans l'emphase.

Boileau reprend ces idées et comme il s'adresse à un large public, il débarrasse la doctrine de toute sa gangue de pédantisme. Mais il ne parvient pas à lui donner une cohésion suffisante : par exemple, la recherche du naturel ne peut absolument pas se concilier avec l'utilisation, que pourtant il préconise, des ornements de la fable.

La portée de *L'Art poétique* fut assez restreinte. Il fixe un usage. Il ne paraît pas avoir joué un rôle déterminant dans l'évolution de la littérature classique.

LE POÈTE

Méré, qui n'aimait guère Boileau, disait de lui : « Ce Boileau est un bon versificateur ; il choisit bien ses épithètes. » Cet éloge dédaigneux est assez juste. Boileau possède le don de la formule heureuse, le sens du mouvement et du rythme. Mais son imagination est sèche. Il écrit laborieusement. Il a pourtant voulu, comme Malherbe, auquel il ressemble, s'essayer au lyrisme. Son *Ode sur la prise de Namur,* en son temps si vantée, ne présente guère que des qualités formelles. C'est un poème bien rythmé, éloquent, mais pauvre de sentiment et de pensée.

L'observation réaliste et le genre descriptif conviennent mieux au talent de Boileau. Dans les satires dites bourgeoises (I, III, VI), dans *Le Lutrin,* il évoque avec verve des scènes ridicules, des personnages grotesques. Ses descriptions de la nature (le paysage de Haute-Isle, son jardin d'Auteuil) sont spirituelles, agréables. Elles ont longtemps passé pour des modèles du genre.

Sa poésie réserve une place importante aux notions morales. Il a subi les influences successives du cartésianisme, des libertins, des jansénistes. La plus forte et la plus durable, celle qui s'accorde le mieux avec sa rigidité intellectuelle et morale, son pessimisme, est l'influence janséniste.

Racine Jean **(1639-1699)**

Orphelin à trois ans. Recueilli par ses grands-parents paternels acquis aux idées jansénistes. Reçoit l'essentiel de sa formation aux « petites écoles » de Port-Royal (1651-1653) et à l'école janséniste des Granges (1655-1658).

1661 : séjour à Uzès, chez son oncle, le vicaire général Sconin, dans l'espoir d'obtenir un bénéfice ecclésiastique.

La Thébaïde (1664). _Alexandre le Grand_ (1665).

1666 : _Lettre à l'auteur des Hérésies imaginaire_ (le janséniste Nicole). Cette lettre marque sa rupture avec Port-Royal.

1667 : _Andromaque._ Liaison avec la Du Parc. Se brouille avec Molière. 1668 : _Les Plaideurs_ (comédie à laquelle collaborèrent peut-être Boileau et Furetière). 1669 : _Britannicus_ (peu de succès). Suivent : _Bérénice_ (1670, jouée par la Champmeslé), _Bajazet_ (1672, qui se déroule en Turquie au XVIIe siècle), _Mithridate_ (1673), _Iphigénie_ (1674, grand succès), _Phèdre_ (1677).

1677 : affecté par la cabale de _Phèdre_ (à laquelle ses ennemis avaient opposé une pièce de Pradon sur le même sujet) et par sa rupture avec la Champmeslé, il abandonne le théâtre pour se consacrer à ses nouvelles fonctions d'historiographe du roi. Il se marie (il aura sept enfants) et se réconcilie avec Port-Royal.

Esther (1689), _Athalie_ (1691) : tragédies bibliques écrites à la demande de Mme de Maintenon.

Son zèle janséniste lui vaut une semi-disgrâce.

Se fait inhumer au pied de la tombe de M. Hamon, son ancien maître de Port-Royal.

LA TECHNIQUE DE RACINE

Les pièces de Racine sont bâties selon une logique rigoureuse : une crise choisie près de sa fin, des péripéties qui réduisent de plus en plus le nombre des solutions possibles et qui mènent l'action, non sans coups de théâtre, vers un dénouement inéluctable. Peu d'événements, « peu de matière ». C'est le jeu des sentiments qui règle le drame et qui, presque à lui seul, inspire au spectateur l'émotion tragique, faite de terreur et de pitié.

Racine emprunte à l'antiquité la plupart de ses sujets. Il professe la fidélité à l'histoire ou à la légende. Pourtant, il se croit le droit de modifier au profit de la vraisemblance certains détails, de « rectifier les mœurs d'un personnage, surtout s'il n'est pas connu ».

L'UNIVERS DE RACINE

C'est un univers cruel, régi par une double fatalité : l'une extérieure, qui est le fait des événements et des dieux ; l'autre, celle de la passion, sorte de malédiction que l'on porte en soi. Les héros raciniens ne connaissent le bonheur qu'à titre exceptionnel et pendant de courts instants. Après quoi, les souffrances et les deuils s'accumulent. On retrouve partout chez Racine la conception janséniste d'un monde voué au malheur, enlaidi par le péché.

Les personnages de Racine sont des imaginatifs qui règlent leur vie en fonction de leur rêve. De là vient leur faiblesse. A de rares exceptions près, ils ne savent pas résister à leurs désirs. Aucune règle morale n'est assez forte pour les retenir. Ils ignorent le principe chrétien de charité. Ils sont capables de sentiments généreux. Mais la passion les rend égoïstes et brutaux. Leur terrible volonté de jouissance les conduit parfois jusqu'au crime, tout en leur laissant le sentiment de leur déchéance et l'angoisse du remords.

L'ART DE RACINE

Racine se contente d'un vocabulaire restreint, d'expressions simples, de termes abstraits. Son style « rase la prose ». Mais il est d'une extrême distinction, précisément parce qu'il se refuse aux effets faciles et voyants. Il correspond à un besoin profond d'ordre, de proportion, d'équilibre.

Cet art est aussi vigoureux qu'il est sobre. Malgré quelques concessions à la mode précieuse, Racine se méfie de la tragédie galante et il en évite la fadeur. « Tous les héros, écrit-il ironiquement, ne sont pas faits pour être des Céladons. » On l'a appelé « le tendre Racine ». Mais rien n'est moins tendre au sens banal du mot que l'atmosphère passionnelle de son théâtre, ces sentiments dont la violence, difficilement contenue sous la politesse des mœurs et du langage, éclate à chaque instant par un mot féroce ou froidement ironique, un reproche cinglant. S'il a parfois des accents élégiaques, c'est parce que la passion comporte des pauses permettant des retours sur soi.

La poésie racinienne tient à la puissance évocatrice d'images complaisamment développées : images attendrissantes (le rapt de Junie, Ariane abandonnée) ; images d'horreur (la dernière nuit de Troie, la mort d'Hippolyte) ; images de cauchemar (Minos aux enfers). Elle tient aussi aux effets d'harmonie, à la musique du vers, musique discrète, qui devient pathétique dans les moments où s'épanchent la tendresse amoureuse, le regret du bonheur perdu.

4 - La crise du classicisme

Premiers signes de déclin

Le classicisme ne représentait qu'un **équilibre provisoire et fragile.** Le processus de désagrégation commence dès 1673 avec la mort de Molière. Quatre ans plus tard, Racine abandonne le théâtre. En 1680, à la mort de La Rochefoucauld, Mme de La Fayette renonce à toute activité littéraire. A cette date, Boileau et La Fontaine ont produit l'essentiel de leur œuvre. Bossuet continuera encore longtemps de régner sur l'Église de France. Mais c'est en 1687 qu'il prononce sa dernière oraison funèbre et l'écrivain s'efface de plus en plus derrière le théologien et le polémiste.

L'imitation des grands classiques et l'observation des règles paralysent l'inspiration des jeunes écrivains. D'où la médiocrité des tragédies de Campistron ou de La Grange-Chancel et des comédies de Montfleury fils ou de Baron. Toutefois la comédie fait un effort pour se renouveler. Dans *Le Chevalier à la mode* et *Les Bourgeoises de qualité* (Dancourt), de même que dans *Le Joueur* (Regnard), l'étude des mœurs se substitue à celle des caractères.

La critique des institutions

La Bruyère présente cette critique de façon encore hésitante. Il respecte la hiérarchie sociale et l'ordre établi. Pourtant son livre exprime sinon la revendication, du moins la plainte de l'homme de mérite déçu. La pensée de Fénelon va plus loin que celle de La Bruyère. Sa *Lettre à Louis XIV* est un pamphlet d'une remarquable clairvoyance. Dans *Télémaque,* il propose des solutions pratiques. Deux autres ouvrages célèbres répondent à des soucis du même ordre : *Le Détail de la France* de Boisguillebert et le *Projet d'une dîme royale* de Vauban. Ils critiquent l'administration et les finances royales en se fondant sur des observations soigneusement recueillies. La noblesse joue un rôle important dans cette offensive contre les institutions, offensive d'ailleurs modérée en comparaison du violent réquisitoire que dressera plus tard dans ses *Mémoires* un courtisan aigri, le duc de Saint-Simon.

Réveil de l'esprit libertin

Aux environs de 1680, l'esprit libertin, naguère dissimulé sous le masque de l'érudition philosophique, reprend son vrai visage. Ninon de Lenclos dans son salon, le grand prieur de Vendôme dans son palais du Temple réunissent autour d'eux une société affranchie qui ne songe qu'au plaisir. Deux poètes légers, l'abbé de Chaulieu et le marquis de La Fare, font l'ornement de ces réunions joyeuses.

Pendant ce temps, Saint-Evremond, grand seigneur libertin, amateur de vie mondaine, de lecture et de musique, achève en Angleterre, où il s'est exilé, sa longue existence. Il s'était spirituellement moqué d'un certain catholicisme naïf dans une œuvre que Bayle, en 1685, publie anonymement : *Conversation du maréchal d'Hocquincourt avec le Père Canaye.*

Bayle lui-même et Fontenelle sont, à beaucoup d'égards, les héritiers de la pensée libertine. Partant du cartésianisme, ils posent les fondements d'une **doctrine rationaliste** qui s'épanouira dans l'*Encyclopédie* et qui dominera tout le XVIIIe siècle.

Les défenseurs de la tradition voient clairement le danger. Déjà Bossuet, mettant à profit un exemple illustre, la conversion de la princesse Palatine, avait dénoncé la scandaleuse erreur des libertins. A son tour, La Bruyère, dans son chapitre *Des esprits forts,* s'applique à les confondre.

L'affaire du quiétisme

On désigne du nom de quiétisme une doctrine tendant à **interpréter le catholicisme dans un sens mystique.** Cette doctrine, fondée sur l'enseignement de sainte Thérèse d'Avila, eut en France une propagandiste zélée en la personne de Mme Guyon, qui écrivit, entre autres ouvrages de dévotion, *Le Moyen court et très facile de faire oraison* (1689). La forme la plus élevée du culte lui paraît être l'oraison, dans laquelle l'âme abandonne les formes rationnelles de pensée pour se perdre dans le « pur amour ».

La piété de Mme Guyon lui valut l'estime de personnages influents, tels que Mme de Maintenon et Fénelon, qui laissèrent ses idées se répandre dans la pieuse maison de Saint-Cyr : imprudence qui entraîna bientôt des réactions hostiles. Mme Guyon sollicita d'elle-même un examen de ses écrits. Bossuet voulut bien avec quelques autres prélats, dont Fénelon, procéder à cet examen. Mais la solution de compromis adoptée par cette commission ne donna pas satisfaction à Fénelon. Désirant éviter à Mme Guyon un sort injuste et se sentant personnellement menacé par Bossuet, naguère son maître et son ami, il publia, en 1697, l'*Explication des maximes des saints.* Dès lors, ce fut entre les deux prélats une lutte ouverte. La cour de Rome fut alertée par Louis XIV. Finalement, après de longues intrigues, les *Maximes des saints* furent condamnées (12 mars 1699). Fénelon se soumit. Mme Guyon, qui avait été mise en état d'arrestation dès la fin de 1695, ne recouvra la liberté qu'en 1703.

Querelle des anciens et des modernes

Descartes et Pascal avaient déjà soutenu que l'humanité, comme les individus, « s'instruit sans cesse dans son progrès ». L'emploi du merveilleux chrétien dans les épopées écrites aux environs de 1660 apparaît comme une manifestation d'indépendance à l'égard du dogme littéraire qui prescrit l'imitation des anciens.

Une vingtaine d'années plus tard, une initiative consistant à rédiger en français et non en latin, les inscriptions destinées aux tableaux de Lebrun exposés dans la galerie de Versailles fut jugée scandaleuse et, sur l'intervention de Boileau, le français fut remplacé par le latin.

Charles Perrault, le futur auteur des *Contes,* reprit la question dans son poème sur *Le Siècle de Louis le Grand,* lu devant l'Académie le 27 janvier 1687. Il y soutenait que les modernes ne sont **nullement inférieurs aux anciens.** Boileau, La Fontaine, Racine, La Bruyère et les écrivains érudits, Ménage, Huet, Dacier, prirent position contre cette thèse. Du côté de Perrault se rangèrent Fontenelle, la plupart des académiciens, le public féminin et *Le Mercure galant.* Au poème de Perrault, La Fontaine riposta par son *Épître à Huet* (1687). L'année suivante, parurent deux ouvrages favorables aux modernes, l'un de Fontenelle, l'autre de Perrault. L'élection de Fontenelle à l'Académie, puis celle de La Bruyère fournirent l'occasion aux deux partis de se manifester à nouveau avec éclat. Boileau intervint par *ses Réflexions sur Longin,* puis par la *Satire X,* où il s'en prenait aux femmes trop bien disposées en faveur des modernes. Perrault répondit par une *Apologie des femmes.* La polémique avait pris un tel degré d'âpreté que le grand Arnauld jugea bon de s'interposer. Il réussit non pas à réconcilier les adversaires, mais à les calmer. Le conflit rebondit en 1713. La Motte-Houdar venait de publier, d'après une traduction de Mme Dacier, une adaptation en vers de l'*Iliade,* qu'il réduisait de vingt-quatre chants à douze. Mme Dacier protesta. La Motte voulut se justifier. Fénelon, sollicité de donner son avis, le fit dans sa *Lettre à l'Académie* avec modération, en laissant voir sa préférence pour les anciens, mais sans condamner la thèse des modernes. Pratiquement, c'étaient **les modernes** qui remportaient la victoire, une victoire lourde de conséquences.

La Bruyère Jean de **(1645-1696)**

Aîné de huit enfants. Etudie le droit.

1673 : ayant hérité d'un oncle, il achète une charge de trésorier des finances dans la généralité de Caen.

1684 : sur la recommandation de Bossuet, il devient précepteur du jeune duc de Bourbon, petit-fils de Condé.

1686 : son préceptorat terminé, il reste chez les Condé comme « gentilhomme de M. le duc ».

1688 : *Les Caractères de Théophraste, traduits du grec, avec les Caractères ou les Mœurs de ce siècle* (sans nom d'auteur). Neuf éditions de 1688 à 1696. Entre-temps l'ouvrage (16 chapitres) triplera de volume.

1693 : élection à l'Académie.

UN HONNÊTE HOMME ÉPRIS DE SAGESSE

On ne connaît à peu près rien de sa vie intime. A travers son livre, on le devine tourmenté de justice, pénétré du sentiment de sa valeur personnelle, déçu dans ses ambitions, peut-être dans ses amours, plutôt misanthrope mais tendre et généreux, en somme « un Alceste bourgeois » qui a été capable d'écrire cette belle phrase : « Il n'y a pour l'homme qu'un vrai malheur, qui est de se trouver en faute et d'avoir quelque chose à se reprocher. »

LA BRUYÈRE MORALISTE ET CRITIQUE SOCIAL

A l'origine, *Les Caractères* étaient un recueil de réflexions morales destinées à montrer la faiblesse et les contradictions de notre nature. A ces remarques l'auteur a plus tard ajouté des portraits. Il n'a pas bonne opinion des hommes. Pourtant, il croit possible de les améliorer. Il formule cette règle : « On ne doit parler, on ne doit écrire que pour l'instruction. » Il enseigne qu'il faut préférer la médiocrité au succès acquis par l'injustice et l'arrogance, chercher le bonheur dans les satisfactions altruistes et dans le travail intellectuel. Philosophe chrétien, il condamne vigoureusement le libertinage des « esprits forts ».

Il a beaucoup emprunté à la réalité. Des listes de « clefs », tantôt exactes, tantôt hypothétiques ou fausses ont été mises en circulation presque dès la publication des *Caractères.* La Bruyère a vainement protesté contre cette interprétation donnée à son ouvrage.

En effet, les individus ne l'intéressent que dans la mesure où ils représentent les mœurs du siècle. De cette peinture des mœurs il glisse à la critique des institutions. Il dénonce l'usurpation des titres nobiliaires, les charges attribuées selon la faveur, le triomphe de l'argent, l'idolâtrie envers le roi, l'inutile cruauté des guerres.

Ce critique clairvoyant, souvent amer, reste très conformiste. Il admire sincèrement la royauté et respecte la noblesse. Mais son mépris des fausses valeurs, son besoin de justice préludent déjà aux audaces des philosophes.

L'ART DE LA BRUYÈRE

Il soigne ses effets, recherche les termes expressifs, les images pittoresques, les conclusions imprévues. Il varie sans cesse la forme de son développement (maximes, dissertations, portraits, anecdotes, scènes de comédie, énigmes) et le ton (ironique, amer, indigné, passionné, attendri). Il a parfois recours à la période oratoire. Mais il préfère le style rapide, nerveux, les phrases courtes.

Il excelle surtout dans le portrait. Il découvre dans les apparences extérieures le détail caractéristique (geste, attitude, expression de physionomie, particularité du costume), qui révèle l'être intime.

Fénelon François de Salignac de la Mothe **(1651-1715)**

De noblesse périgourdine. Se fait prêtre par vocation. 1678 : supérieur des Nouvelles Catholiques. 1685-1687 : missions en Saintonge pour la conversion des protestants. Ecrit un *Traité de l'éducation des filles* (publié en 1687) et des *Dialogues sur l'éloquence* (publiés en 1718).

1688 : rencontre Mme Guyon, qui lui révèle le quiétisme.

1689 : protégé par les ducs de Chevreuse et de Beauvillier, par Mme de Maintenon, par Bossuet, il devient précepteur du duc de Bourgogne.

1693 : *Lettre à Louis XIV* (réquisitoire qui ne fut pas mis sous les yeux du roi).

1695 : archevêque de Cambrai.

1697 : *Explication des maximes des saints* (début de sa polémique avec Bossuet sur le quiétisme).

1699 : condamnation du quiétisme. La publication de *Télémaque* (faite contre son gré) mécontente le roi et achève sa disgrâce.

1711 : *Tables de Chaulnes* (plan de gouvernement).

1714 : *Lettre à l'Académie.*

SA POSITION RELIGIEUSE

Le quiétisme attira Fénelon parce qu'il lui offrait le moyen de saisir directement la présence d'un Dieu qu'il était possible d'aimer sans calcul, avec l'exaltation d'un amour total. Il trouvait le quiétisme conforme au véritable esprit du catholicisme, alors que le jansénisme lui paraissait s'en éloigner.

Contrairement à ce que prévoyait Bossuet, Fénelon s'inclina sans discuter, lorsqu'il apprit sa condamnation à Rome. Mais au fond de lui-même, il continua de penser qu'il était dans le vrai. Il ne renia jamais Mme Guyon, la « chère mère ». Il s'efforça de réduire l'influence de Bossuet, avec l'aide des jésuites. Par l'intermédiaire du Père Le Tellier, lorsque celui-ci eut été nommé confesseur du roi, son influence occulte devint considérable. La mort le surprit, au moment où le nouveau règne allait lui fournir l'occasion d'une revanche éclatante.

SA POSITION POLITIQUE

Il estime que la politique doit être subordonnée à la morale entendue au sens chrétien, que le souverain doit se soumettre à la loi et ne jamais s'abriter derrière la raison d'État. Pour limiter les excès de l'absolutisme, il conviendrait de créer auprès du roi un pouvoir modérateur. Cette fonction serait assumée par la noblesse non pas dans un esprit d'opposition, mais pour le service du roi et pour le bien de tous. Les conflits internationaux devraient être réglés par un arbitrage et non par la guerre.

Celui que Louis XIV appelait « le bel esprit le plus chimérique de mon royaume », ne manquait pas de sens pratique, puisqu'il s'est même préoccupé des moyens d'accroître la productivité de l'agriculture et du commerce. Son projet de gouvernement connu sous le nom de *Tables de Chaulnes* est extrêmement précis. Ambitieux, Fénelon le fut sans doute, mais avec le sentiment d'une mission qui lui incombait.

Les théoriciens politiques du XVIIIe siècle ont trouvé chez lui le principe du droit naturel et celui de l'utilité publique.

SA POSITION LITTÉRAIRE

Il apprécie dans le style « une beauté simple, facile, claire et négligée en apparence ». Il a donné le modèle d'une prose fluide dont l'influence s'est exercée sur la littérature de sentiment.

Sa *Lettre à l'Académie* est un ouvrage capital, où le classicisme se livre à une sorte d'examen de conscience et entrevoit certaines possibilités de rénovation. La place que Fénelon accorde à la sensibilité, sa conception d'une comédie psychologique et moralisatrice, l'idée assez nouvelle qu'il se fait des devoirs de l'historien, voilà autant de suggestions qui seront bientôt exploitées. Sur tous ces points, cet esprit pénétré de culture classique est vraiment moderne.

Saint-Simon Louis de Rouvroy, duc de **(1675-1755)**

1702 : déçu de ne pas dépasser le grade de maître de camp, il quitte l'armée et vient à la cour.

Sous la Régence, il accepte une ambassade en Espagne.

1723 : il se retire de la cour.

1739-1751 : il met en forme les notes qu'il avait accumulées de 1691 à 1723. Ses *Mémoires* ne paraîtront qu'en 1829.

LE CHRONIQUEUR PASSIONNÉ D'UN GRAND RÈGNE FINISSANT

Saint-Simon est abondamment renseigné, mais il ne contrôle pas ses sources. Tout entier à ses passions et à ses préjugés il manque de largeur de vues. Il prend au sérieux des faits aussi insignifiants que les querelles de préséance. Il donne aux grands événements des explications mesquines. Il est animé d'une haine méprisante contre le régime sous lequel il s'est senti incompris, contre le souverain, son entourage « de roture et de vile bourgeoisie », et celle qu'il appelle « la Scarron ».

Aussi bien les portraits individuels (Fénelon, la duchesse de Bourgogne), que les scènes historiques (la mort du grand dauphin), prennent sous sa plume un relief saisissant. Derrière les apparences, il excelle à découvrir les sentiments inavoués, les drames cachés.

Son style est plein d'archaïsmes, de néologismes, de termes vulgaires, de métaphores étranges et puissantes, de phrases enchevêtrées : style admirable de richesse et de vie.

XVIIIe siècle

1 - Survivance et altération du classicisme

La poésie entravée

Les principes de la versification française avaient été vivement critiqués par La Motte-Houdar, plus modérément par Fénelon. Malgré ces avertissements, aucune nouveauté ne se fait jour. Le XVIIIe siècle présente cette singularité d'être à la fois subjugué par le prestige de la poésie et incapable d'atteindre à la poésie véritable.

L'épopée est délaissée. Il faut être audacieux comme le jeune Voltaire pour aborder ce genre ingrat. Mais le succès de sa *Henriade* ne le satisfait qu'à moitié. Il répète avec son ami Malézieu : « Les Français n'ont pas la tête épique. »

Le lyrisme d'apparat n'a pas évolué depuis Malherbe. Il développe dans des strophes bien rythmées des lieux communs de morale et des sujets de circonstance. Les titres sont par eux-mêmes suffisamment parlants : *A la Fortune, Sur l'aveuglement des hommes du siècle* (J.-B. Rousseau), *Ode sur la mort de J.-B. Rousseau* (Le Franc de Pompignan), *Ode au vaisseau Le Vengeur* (Ecouchard-Lebrun). Le public s'accommode assez bien de ce lyrisme formel. Ecouchard-Lebrun reçoit le surnom aussi flatteur que peu justifié de Lebrun-Pindare.

La poésie légère a fait les délices du XVIIIe siècle. Tout homme de goût, toute femme un peu cultivée se mêlent d'écrire en vers. Voltaire, poète léger, se proclame disciple de Chaulieu. Par-delà Chaulieu, il rejoint Benserade et Voiture.

Rien ne répond mieux aux tendances de ce siècle raisonneur que **le discours en vers,** variante de la satire et de l'épître telles que les concevait Boileau. Voltaire écrit des *Discours sur l'homme,* un *Poème sur la loi naturelle.* Il arrive que le discours en vers s'étende jusqu'à devenir un poème en plusieurs chants. Louis Racine, second fils de Jean Racine est l'auteur de deux poèmes de cette sorte, fort édifiants : *La Grâce, La Religion.*

Evolution timide du théâtre

La tragédie garde son prestige. Une multitude d'auteurs s'y essaient, mais leur production est médiocre. Selon le mot cruel de Victor Hugo, « sur le Racine mort le Campistron pullule ». Bien que l'imitation soit ici le principe essentiel, quelques innovations sont suggérées ou pratiquées. La Motte-Houdar rêve d'une tragédie affranchie des règles et l'abbé Trublet d'une tragédie en prose. Les tragédies de Crébillon *(Atrée et Thyeste, Rhadamiste et Zénobie)* sont fondées sur l'horreur. Celles de Voltaire font une place à la philosophie. La proportion des sujets pris dans l'histoire moderne tend à s'accroître. En voici quelques exemples : *Inès de Castro* (La Motte-Houdar), *Gustave Vasa* (Piron), *Adélaïde Du Guesclin* et *Tancrède* (Voltaire).

La comédie continue d'évoluer vers l'étude des mœurs. Elle hésite entre le comique proprement dit (Regnard, Dufresny), la satire (Dancourt, Le Sage) ou la morale (Destouches, Gresset). Parfois c'est surtout à l'intrigue que les auteurs semblent donner leurs soins. Aussi distingue-t-on entre **comédie d'intrigue** *(Le Légataire universel* de Regnard) et **comédie de mœurs** *(Turcaret* de Le Sage). Mais en dehors de quelques cas extrêmes, la discrimination est difficile à établir : les deux éléments ne vont guère l'un sans l'autre et c'est seulement le dosage qui diffère.

Un seul auteur comique a su, tout en restant classique par son goût de l'analyse, renouveler la tradition. C'est Marivaux. Il a transformé la comédie en un genre éminemment poétique. Il est le plus grand dramaturge de son temps.

Heureux développements du genre romanesque

Peu à peu le roman va prendre dans notre littérature la place que tenait antérieurement la tragédie. L'anglomanie, les goûts du public féminin contribuent à le mettre en faveur. D'autre part, les auteurs se sentent à leur aise dans ce genre pour lequel il n'existe pas de règles. Ils gardent cependant les yeux fixés sur leurs devanciers du siècle précédent et, comme eux, ils mêlent diversement, selon leur humeur, récit d'aventures, analyse des caractères, peinture sociale.

La facilité d'invention est un de leurs traits dominants. Ils imaginent des aventures aux multiples rebondissements. La rigueur de la composition leur importe assez peu. La plupart de leurs romans sont longs, diffus, encombrés de digressions, de récits secondaires qui s'intercalent dans le récit principal. Toutefois, si leur technique continue d'être celle des écrivains précieux, ils cèdent moins volontiers à l'extravagance romanesque.

A mesure que le roman gagne en dignité littéraire, il accorde à **l'analyse** une place de plus en plus importante. Mme de Tencin imite *La Princesse de Clèves* aussi bien dans les *Mémoires du comte de Comminges* que dans *Les Malheurs de l'amour.* Mais la forme d'analyse qu'aimait Mme de La Fayette et qui ne laissait rien d'inexpliqué, tend à faire place maintenant à une psychologie moins soucieuse de logique. Marivaux prête à ses personnages des sentiments ambigus. Plutôt que de les enfermer dans le cadre d'une définition donnée une fois pour toutes, il tâche de les faire vivre devant nous, avec leurs incertitudes et leurs contradictions.

La peinture des mœurs s'insinue partout, tantôt colorée de fantaisie picaresque, comme chez Le Sage, tantôt plus proche de la réalité quotidienne. Marivaux fait évoluer dans des milieux populaires et bourgeois des personnages tout ordinaires : une lingère, un fils de famille, un vieux séducteur, une religieuse, un domestique, une coquette, un financier. Sa *Vie de Marianne* n'est pas seulement un excellent roman. C'est un document de premier ordre sur les mœurs du temps et particulièrement sur la condition féminine.

Le Sage Alain René **(1668-1747)**

Ce fils d'un avocat breton, devenu orphelin, est ruiné par son tuteur. Marié à une femme sans fortune, chargé de famille, il se fait écrivain pour gagner sa vie.

Un roman, *Le Diable boiteux* (1707), et une comédie, *Turcaret* (1709), le rendent célèbre.

Il a écrit plusieurs autres romans *(Histoire de Gil Blas de Santillane, Les Aventures de M. Robert Chevalier, dit de Beauchêne, capitaine de flibustiers dans la Nouvelle-France, Le Bachelier de Salamanque)* et une centaine de pièces.

Ayant mené une vie rangée, il termine ses jours près de l'un de ses fils, chanoine à Boulogne-sur-Mer.

TURCARET, COMÉDIE DE MŒURS

Le héros de cette comédie est un ancien laquais devenu financier. Il courtise une baronne. Les présents qu'elle lui arrache passent entre les mains d'un jeune chevalier, qui est lui-même pillé par son valet, Frontin. « Cela fait un ricochet de fourberies le plus plaisant du monde. » Turcaret se ruine, est emprisonné pour dettes. Frontin s'écrie : « Voici le règne de M. Turcaret fini, le mien va commencer. »

Bien que Le Sage considère la littérature comme un simple divertissement et bien qu'il n'ait pas l'esprit moralisateur, son *Turcaret* laisse une impression amère. Cette comédie prélude aux audaces de Beaumarchais.

LES ROMANS DE LE SAGE

Il donne à ses personnages un travestissement le plus souvent espagnol et il adopte volontiers les types du roman picaresque : déclassés, coureurs d'aventures. Mais derrière la fiction, on reconnaît sans peine la société française du temps : ministres, seigneurs, prêtres, financiers, médecins, comédiens, gens du peuple. Doué d'une imagination féconde, il prend plaisir à suivre ses personnages dans les aventures qu'il leur prête et il nous fait partager ce plaisir toujours assaisonné de quelque malice. Il ne croit guère à la vertu. Mais il considère les hommes avec indulgence. Ses personnages, même les moins recommandables, ont un côté bon enfant, comme s'il leur cherchait par principe des circonstances atténuantes.

Marivaux Pierre Carlet de Chamblain de **(1688-1763)**

Descend de magistrats normands. Enfance à Riom et à Limoges.

Fréquente le salon de Mme de Lambert. Ruiné par la banqueroute de Law (1720). Intense activité littéraire. Connaîtrait cependant la gêne sans l'appui de Mme de Tencin. Sa femme étant morte et sa fille s'étant faite religieuse, il passe sa vieillesse près d'une vieille demoiselle et meurt presque oublié.

Auteur de 32 pièces dont 27 comédies, parmi lesquelles *La Surprise de l'amour* (1722), *La Double inconstance* (1723), *Le Jeu de l'amour et du hasard* (1730), *L'Ecole des mères* (1732), *La Mère confidente* (1735), *Les Fausses Confidences* (1736), *L'Epreuve* (1740), *Le Préjugé vaincu* (1746). Ses interprètes préférés sont les comédiens italiens et particulièrement la célèbre Silvia.

Romans : *La Vie de Marianne* (1731-1741), *Le Paysan parvenu* (1735-1736). Il les laissa inachevés.

UN THÉATRE DE L'AMOUR JEUNE

On rencontre chez lui tantôt la pure fantaisie, tantôt l'intention moralisatrice ou satirique, tantôt le pathétique bourgeois. Mais il a trouvé sa formule la plus heureuse dans quelques comédies purement psychologiques.

Ce théâtre n'est pas comique à proprement parler. L'amour est l'objet essentiel de son étude : non pas l'amour qui fait souffrir, mais celui qui rend l'âme légère, l'amour jeune, à la fois hardi et ingénu, qui se heurte à des difficultés passagères souvent créées par lui. L'action est constituée par l'enchaînement des épisodes qui mènent au triomphe de l'amour. Elle se déroule d'un mouvement régulier à travers des complications sentimentales que les personnages ne paraissent nullement pressés de dénouer. Une fois les obstacles aplanis, une fois les cœurs mis à l'unisson, la pièce est terminée.

En surface, tout est pur divertissement, mais cette irréalité charmante recouvre des sentiments justes et des caractères vrais. Le terme de marivaudage pourrait prêter à confusion. Les personnages de Marivaux ne bornent pas leur jeu à des minauderies galantes. Ce sont des amants qui tremblent de n'être pas aimés comme ils le veulent et qui risquent leur amour en voulant trop s'assurer de lui.

DES ROMANS D'AVENTURES ET DE MŒURS

Bien qu'il ait raillé le roman précieux, Marivaux en adopte la technique. Le récit, coupé de digressions et de commentaires, suit une marche lente et sinueuse. Aucun souci de construction régulière. Seule la personne du héros ou de l'héroïne crée une certaine unité.

Marivaux met ses personnages en présence de leur destin, un destin dont ils ne sont pas les maîtres, mais qu'ils subissent, essayant seulement de sauvegarder à travers les épisodes d'une vie mouvementée leur bonheur ou leur dignité. Les circonstances leur permettent ainsi de s'affirmer, nous les découvrent peu à peu. Cette image du destin s'accorde avec la manière du romancier, son laisser-aller aimable, son goût pour les peintures de mœurs, sa candeur sans illusions, son pathétique modéré. Marianne est l'une de ces héroïnes, si fréquentes dans la littérature du XVIIIe siècle, sur lesquelles s'abattent les malheurs. Mais à l'inverse de ce qui se passe pour Manon et pour Julie, ses affaires ne se gâtent jamais irrémédiablement. Et elle a autrement de personnalité que la Justine du marquis de Sade.

2 - Essor de la philosophie

Sciences et littérature

Le XVIIIe siècle voit se transformer profondément les méthodes d'investigation scientifique. Le rationalisme cartésien est remplacé par une **philosophie de l'expérience,** dont les maîtres sont trois penseurs anglais, Bacon, Locke, Newton. Ce changement de méthode permet aux sciences d'accomplir d'immenses progrès. Newton découvre la gravitation universelle. On constate que la terre est aplatie aux pôles. On trouve l'explication du phénomène des marées. On réussit à calculer la trajectoire des comètes. Dans un domaine plus pratique, on invente le thermomètre, on perfectionne la machine à vapeur, on définit les propriétés du courant électrique, on met au point « l'insertion de la petite vérole », première forme de la vaccination.

Mais l'esprit scientifique ne règne pas encore dans toute sa rigueur. **On s'improvise savant** sans formation préalable. Montesquieu, jeune magistrat au Parlement de Guyenne, compose des mémoires *Sur les causes de l'écho, Sur les maladies des glandes rénales, Sur le flux et le reflux de la mer.* Il rédige des *Observations sur l'histoire naturelle* centrées autour du problème de la génétique. A Cirey, Voltaire s'installe un laboratoire ; il entreprend des recherches sur le feu et réalise des expériences qu'il décrit dans un mémoire adressé à l'Académie des sciences. Diderot étudie l'anatomie, la physiologie, la chimie, l'histoire naturelle. Rousseau, plus modestement, se passionne pour la botanique.

La littérature se met au service de la science, qu'elle entreprend de **vulgariser.** L'abbé Pluche est le type de ces vulgarisateurs au talent facile. Son livre, *Le Spectacle de la nature* (1732) eut une quinzaine d'éditions, fut traduit dans plusieurs langues, inspira J.-J. Rousseau lui-même. L'*Histoire naturelle* de Buffon et l'*Encyclopédie* réaliseront plus étroitement encore cette union de la littérature et de la science. André Chénier mettra son ambition à célébrer sur le mode épique les découvertes des savants modernes.

Les problèmes de l'homme

Le XVII e siècle avait surtout étudié l'âme humaine. Le XVIIIe cherche à promouvoir une philosophie de l'homme fondée sur la loi naturelle. On s'accorde à reconnaître à la loi naturelle un caractère d'universalité. Mais les définitions que l'on en donne sont embarrassées. Il faudra le puissant génie de Montesquieu pour élucider cette notion essentielle, et créer un système juridique sur lequel nous vivons encore. La morale se détache de la religion. Elle tend à se fonder sur la bonté de l'homme, sur l'obéissance à la loi de nature, sur l'instinct qui nous porte au bonheur. Elle exalte des vertus jusqu'alors méconnues : la tolérance, la bienfaisance. Le courageux et infortuné Vauvenargues exalte l'action, lorsqu'elle tend à l'héroïsme, et professe qu'« il faut vivre comme si l'on ne devait jamais mourir ». En politique, la pensée spéculative se permet de grandes audaces. Dès la fin du XVIIe siècle, Locke avait fait une critique serrée de la monarchie de droit divin. On recherche maintenant si l'autorité ne pourrait pas avoir un autre principe, par exemple l'existence d'un **contrat idéal** entre le souverain et le peuple.

Le problème social ne se pose pas encore avec acuité. D'abord parce que les déshérités ne songent pas à revendiquer. Ensuite parce qu'ils sont trop mal connus de ceux qui pourraient se préoccuper de leur sort. La notion d'égalité se fait jour peu à peu. Mais elle reste très théorique.

Les salons de 1700 à 1750

Le préjugé qui s'attachait aux « femmes savantes » s'est dissipé. Les salons ne sont plus seulement des cercles mondains. **Ils font la réputation et la carrière des écrivains.** Pendant la première moitié du siècle, trois de ces salons ont joui d'un prestige considérable : celui de la duchesse du Maine, celui de la marquise de Lambert et celui de Mme de Tencin.

Anne Louise de Bourbon, duchesse du Maine, rassemble autour d'elle, dès 1699, en son château de Sceaux, une véritable cour. Elle y organise des réceptions brillantes agrémentées de fêtes nocturnes. Elle aime à s'entourer d'écrivains non-conformistes : Chaulieu, La Fare, Fontenelle, La Motte-Houdar. Elle accueille Voltaire, qui débute à peine dans la carrière des lettres. A Sceaux, le libertinage intellectuel est en faveur. Les fêtes de **la cour de Sceaux** s'interrompent en 1718, lorsque la duchesse est emprisonnée pour avoir comploté contre le Régent, et reprennent, mais avec moins d'éclat, en 1720, après sa sortie de la Bastille.

La marquise de Lambert, dont le salon atteint sa pleine célébrité vers 1710, reprend **la tradition précieuse** en l'adaptant à son époque. Sous la Régence, elle s'efforce de réagir contre l'immoralité régnante et le ton de vulgarité qui en est la conséquence. Elle a des jours de réception différents pour les gens de lettres et les gens de qualité. Elle est résolument favorable aux modernes. Montesquieu, l'abbé de Saint-Pierre, La Motte-Houdar, Fontenelle, la duchesse du Maine comptent parmi ses familiers. Les autres grands salons littéraires et philosophiques du siècle se formeront sur le modèle du sien.

Mme de Tencin, après une jeunesse turbulente, ouvre, en 1726, un salon qui ne connaîtra tout son éclat qu'une fois disparue Mme de Lambert (1733). C'est une femme habile, sachant admirablement manœuvrer. Marivaux lui doit son élection à l'Académie. Sa société ne comprend pas seulement les anciens familiers de Mme de Lambert, mais de jeunes écrivains à l'esprit novateur, Duclos, Helvétius, Marmontel, et quelques étrangers, lord Bolingbroke, lord Chesterfield. Son salon prend ainsi une figure **cosmopolite et philosophique.**

Les cafés. Le Club de l'Entresol

La vie de salon implique des servitudes. Pour les libres réunions entre hommes, les cafés conviennent mieux.

L'usage de boire du café s'est introduit en France dans la seconde moitié du XVIIe siècle. Les auberges de jadis, la Croix-Blanche, où se réunissaient, vers 1663, Molière et ses amis libertins, le Mouton-Blanc, la Croix-de-Lorraine, sont peu à peu supplantées par les cafés. Dès 1715, on en compte trois cents, dont les plus célèbres, situés dans le quartier du Pont-Neuf, sont le café Procope, le café de la veuve Laurent, le café Gradot. On y échange des nouvelles. On y discute de politique, de philosophie, de littérature. Dans la suite, le café le plus en vogue sera **La Régence,** place du Palais-Royal. Diderot s'y rendait assidûment. Il en évoque l'atmosphère dans *Le Neveu de Rameau.*

Le Club de l'Entresol est un cercle à l'anglaise fondé vers 1720 par l'abbé Alary. Les réunions ont lieu chaque samedi dans l'entresol de l'abbé, place Vendôme. Elles se passent à commenter les événements du jour, à entendre des communications sur des problèmes de politique, d'administration, de diplomatie. Elles ne groupent jamais beaucoup plus d'une vingtaine de personnes, des hommes jeunes, qui se connaissent assez pour parler librement sans crainte de se compromettre. L'été, on va aux Tuileries, où l'on se promène en discutant. L'animateur du club est le pittoresque abbé de Saint-Pierre. Il foisonne en idées ingénieuses : *Projet de paix perpétuelle, Projet pour perfectionner le commerce en France, Questions sur l'éducation des collèges, Projet pour rendre les chemins praticables en hiver, Projet pour perfectionner la médecine, Projet pour rendre les spectacles plus utiles à l'État.* Le cardinal Fleury met fin, **en 1731,** à l'activité de ce club jugé subversif.

Montesquieu Charles-Louis de Secondat, baron de **(1689-1755)**

Né au château de la Brède.

Conseiller au Parlement de Bordeaux (1714), puis président (1716). Rédige pour l'Académie de Bordeaux des mémoires scientifiques.

1721 : *Lettres persanes.*

Fréquente les milieux littéraires parisiens (Mme de Lambert, le Club de l'Entresol) et, en 1726, abandonne sa charge.

1728-1731 : voyages à travers l'Europe. Se lie d'amitié avec lord Chesterfield.

1731 : se retire à la Brède.

1734 : *Considérations sur les causes de la grandeur des Romains et de leur décadence.*

1740 : atteint d'une double cataracte.

1748 : *De l'esprit des lois* (l'ouvrage eut un grand succès, mais fut l'objet de très vives attaques).

***Cahiers :* rédigés entre 1716 et 1755, publiés en 1941.**

SA CRITIQUE DES MŒURS ET SA PHILOSOPHIE MORALE

Dans les *Lettres persanes,* il fait décrire par des étrangers la société de son temps. Ce procédé lui permet de montrer la vie collective sous ses principaux aspects (la cour, les salons, les théâtres, les cafés, le monde littéraire, les foules parisiennes), et de dessiner des types caractéristiques. Il est sévère pour les Français, leurs institutions, leur genre de vie. Cette critique souvent audacieuse, qui n'épargne ni l'Eglise, ni le roi, se tempère d'humour et de gaieté.

Car tout en étant réaliste et sceptique, voire pessimiste, il aspire à une sagesse sereine dominée par ce grand principe que nous devons nous accommoder à la vie. « Ce n'est point à cette vie à s'accommoder à nous. » Il n'a cessé de faire effort pour acquérir cette sagesse faite de modération, de prudence, comportant quelque égoïsme, mais un égoïsme courageux, que l'on a pu qualifier de sacré, qui seul pouvait lui permettre de réaliser son œuvre et qui n'exclut nullement un altruisme raisonnable.

SA PENSÉE POLITIQUE

Bien qu'il présente ses idées en exposant successivement les principes généraux, puis leurs conséquences, son argumentation est fondée sur des faits d'expérience. Le souci de la réalité concrète apparaît dès cette déclaration liminaire : « Les lois sont les rapports nécessaires qui dérivent de la nature des choses. » Il n'a pas inventé la théorie selon laquelle les climats déterminent les caractères des différents peuples. Mais c'est à lui qu'elle doit sa fortune. Il constate d'ailleurs que les lois ne sont pas forcément bonnes du fait qu'elles résultent de causes naturelles. Parfois elles ne concordent pas avec les droits de la conscience. Si l'on veut qu'elles se modifient dans le sens de la justice éternelle, il faut éclairer les esprits. C'est ce qu'il a tenté de faire : animé par un profond respect de la personne humaine, il s'élève contre la rigueur des lois pénales, la torture, l'intolérance religieuse, l'esclavage.

Il distingue trois formes de gouvernement. Chacun de ces gouvernements repose sur un principe différent : le *despotique* sur la crainte, le *monarchique* sur l'honneur, le *républicain* sur la vertu, c'est-à-dire le sens civique. Aucun régime ne peut survivre à l'altération de son principe. Ses préférences vont à la monarchie modérée. Il admire la constitution anglaise, qui sauvegarde les libertés individuelles. Il affirme la nécessité d'une séparation des pouvoirs législatif, exécutif et judiciaire. Les « pouvoirs intermédiaires », clergé, noblesse, parlements, lui paraissent constituer un frein d'une part à l'arbitraire, d'autre part à l'anarchie.

L'importance de *L'Esprit des lois* est considérable. Aucune autre œuvre n'a exercé une influence aussi forte sur les institutions de la France moderne.

3 - Luttes et triomphe de la philosophie

Les salons philosophiques

Dans la seconde moitié du siècle, l'influence des salons sur la vie intellectuelle devient prépondérante. Les philosophes y prennent conscience de la force et de l'importance de leur parti. Mais les nécessités de la vie mondaine empêchent les maîtresses de maison d'adopter des positions trop tranchées. Mme Geoffrin détourne la conversation, lorsque, devant elle, on aborde certains sujets de politique ou de religion.

Cette Mme Geoffrin est une riche bourgeoise qui aime la vie intellectuelle, sans avoir elle-même de très grands dons d'esprit. Elle reçoit des artistes (Soufflot, Falconet, Vernet, Boucher, La Tour), des gens de lettres (Marivaux, Montesquieu, Voltaire, Helvétius, d'Alembert), des étrangers (le romancier Horace Walpote, l'abbé Galiani, le philosophe Hume, le prince Poniatowski). Elle est autoritaire, mais respectée pour son tact et sa prudence. Elle pousse la serviabilité jusqu'à faire l'avance de trois cent mille livres à l'*Encyclopédie* en difficulté.

Contemporaine à peu près de Mme Geoffrin, la marquise du Deffand avait mené une jeunesse libertine. Son salon ne fut d'abord qu'un lieu de réunion pour gens du monde. S'étant prise d'amitié pour d'Alembert, elle attire chez elle, à partir de 1747, des écrivains et des philosophes : Fontenelle, Montesquieu, Marmontel, Marivaux. En 1752, elle devient aveugle et s'adjoint comme lectrice sa nièce, Julie de Lespinasse. La destinée sentimentale de Mme du Deffand est surprenante : cette femme désabusée connut sur ses vieux jours la disgrâce d'aimer d'un amour absurde Horace Walpole, qui avait vingt ans de moins qu'elle.

Julie de Lespinasse était fine, séduisante. Chez elle, se continuaient les entretiens commencés chez Mme du Deffand. Celle-ci, l'ayant appris, renvoya sa lectrice. Mlle de Lespinasse ouvrit alors, en 1764, un salon dont on a dit qu'il fut le « laboratoire de l'*Encyclopédie* ». Condorcet, Marmontel et surtout d'Alembert subirent le charme de cette jeune femme passionnée, qui mourut d'un chagrin d'amour.

D'autres maisons accueillirent également les encyclopédistes : celle du philosophe matérialiste Helvétius, celle du riche baron d'Holbach, celle de Mme d'Epinay, celle de Mme Necker.

Publication de l'Encyclopédie

La première idée de l'*Encyclopédie* ou *Dictionnaire raisonné des sciences, des arts et des métiers* revient au libraire Le Breton. Il ne songeait d'abord qu'à publier une traduction de l'ouvrage de Chambers paru à Londres en 1727, *Cyclopedia or Universal Dictionary of the arts and sciences.* Il avait fait l'essai malheureux de plusieurs collaborateurs et s'était déjà persuadé qu'il fallait non pas traduire mais adapter le travail de Chambers, quand il fut mis en rapports avec Diderot, lequel s'enthousiasma pour le projet et lui donna plus d'ampleur. Le privilège pour la publication de l'*Encyclopédie* fut accordé en 1746. Le *Prospectus,* rédigé par Diderot, fut lancé en novembre

1750, et le premier volume, présenté par d'Alembert dans un *Discours préliminaire,* parut en juillet 1751.

Les **audaces religieuses** de l'ouvrage ne tardèrent pas à provoquer des réactions hostiles. Le Conseil d'Etat décida le 7 février 1752 de supprimer les deux volumes déjà parus. Les philosophes avaient de puissants protecteurs : d'Argenson, Malesherbes, Mme de Pompadour. La publication reprit. Entre 1753 et 1757, parurent les tomes III à VII.

En 1757, s'ouvre une période pleine de difficultés. La publication par Helvétius, en 1758, d'un ouvrage d'inspiration matérialiste, *De l'esprit,* déchaîne le scandale. Le privilège de l'*Encyclopédie* est révoqué et la vente des volumes parus est interdite. D'Alembert abandonne l'entreprise, bientôt suivi par Duclos et Marmontel.

Pourtant le travail se poursuit clandestinement. En 1765, paraissent les tomes VIII à XVII accompagnés de cinq volumes de planches. Six autres volumes de planches sont publiés en 1772.

Diderot avait été l'animateur de toute l'entreprise. Personnellement, il avait écrit plus de mille articles. Jusqu'en 1759, d'Alembert dirigea la partie mathématique et scientifique de l'ouvrage. Lorsqu'il se fut retiré, Diderot se fit aider par le chevalier de Jaucourt. Les grands écrivains, Montesquieu, Voltaire, Rousseau, n'apportèrent à l'*Encyclopédie* qu'une collaboration occasionnelle. L'équipe des encyclopédistes est surtout constituée d'écrivains de second ordre ayant chacun leur spécialité : Helvétius et Condillac la philosophie, Morellet la théologie, l'abbé Raynal, Condorcet, Mably les doctrines politiques, d'Holbach la chimie et la minéralogie, Daubenton les sciences naturelles.

Le succès de l'*Encyclopédie* s'explique par son double but : **vulgariser la science** et les techniques ; procéder à une **critique des institutions.** Cette critique vise principalement la doctrine de l'Eglise, les excès de l'autorité, les abus sociaux. Elle est le plus souvent présentée de façon indirecte grâce à des allusions déguisées, un système habile de renvois, une outrance dans l'éloge, une fausse naïveté. En politique, les audaces de l'ouvrage sont moindres qu'en philosophie.

L'*Encyclopédie* eut un tirage important pour l'époque, mais qui nous paraît dérisoire : 4 225 exemplaires.

La pensée philosophique

Ni l'*Encyclopédie,* ni les œuvres de Voltaire ou de Rousseau ne contiennent une théorie d'ensemble expliquant l'univers et la place de l'homme dans cet univers. Mais certains de leurs contemporains ont cherché cette explication. Condillac, s'inspirant de Locke, montre que toutes les formes de la pensée individuelle et sociale dérivent de l'expérience des sens. Sur cette doctrine d'une importance capitale, Helvétius et d'Holbach fondent **une philosophie matérialiste.** Helvétius nie l'existence de l'esprit en tant que substance et s'efforce de définir une morale de l'intérêt. Le baron d'Holbach est franchement athée. Sa doctrine, dont il a puisé les éléments dans la chimie et la minéralogie, est simpliste. S'il a pu être considéré en son temps comme le principal représentant de la pensée matérialiste, c'est que Diderot, qui doit à la pratique de la biologie l'audace de ses hypothèses et la prudence de ses conclusions, attachait peu d'importance à ses propres ouvrages philosophiques et ne prit même pas la peine de les publier.

La pensée politique hésite entre deux méthodes : raisonner sur les faits *(L'Esprit des lois),* raisonner sur des notions abstraites *(Le Contrat social).* Les deux méthodes sont employées indifféremment par Mably et par l'abbé Raynal. Mais aucune conclusion pratique ne ressort des écrits de ces deux penseurs. Mably, fortement impressionné par l'exemple de Sparte, rêve d'une république austère, où le droit de propriété serait très limité. Raynal déclame contre la tyrannie. Ils se méfient l'un et l'autre de la multitude. En somme, il n'existe aucun programme précis de réformes institutionnelles. Mais on souhaite ardemment une amélioration de la condition humaine.

Ce souhait s'exprime jusque dans la littérature d'imagination. Les deux principaux romans de Marmontel, *Bélisaire* et *Les Incas,* renferment, le premier un éloge de la tolérance, le second un réquisitoire contre l'esclavage.

Plus que la politique, **l'économie** attire les esprits positifs. D'Alembert voit dans « les arts mécaniques » le principal facteur du progrès et cherche à les réhabiliter. Gournay préconise la liberté du commerce : « Laissez faire, laissez passer. » Quesnay insiste davantage sur la nécessité de développer l'agriculture. Il est le maître des **« physiocrates »,** groupe auquel appartiennent Parmentier, Mirabeau (le père de l'orateur), Turgot. Leur programme tend à élever le niveau de vie par une meilleure répartition des impôts, l'abolition de la corvée, l'aide aux indigents, une production agricole plus abondante, des voies de communication plus nombreuses, la libre circulation des blés.

Les adversaires des philosophes

Il ne faudrait pas se figurer les philosophes d'une part, les bien-pensants de l'autre, formant deux blocs homogènes, caractérisés le premier par un libéralisme irréprochable, le second par un traditionalisme aveugle. A l'intérieur du clan philosophique, on constate un certain conformisme doctrinal, quelque étroitesse de vues. Quant au parti de la tradition, il sait à l'occasion se montrer compréhensif. Malesherbes, directeur de la librairie, protège en cachette les écrivains qu'il est officiellement chargé de poursuivre. Il saura même gagner la confiance de Rousseau persécuté.

Pourtant les écrivains sont exposés à de réels dangers. Les interdictions prononcées contre certains écrits sont assorties de peines d'emprisonnement et les auteurs qui veulent préserver leur liberté n'ont plus alors qu'une ressource : la fuite à l'étranger.

Périodiquement la situation se tend. En 1749, Diderot est emprisonné pour sa *Lettre sur les aveugles.* En 1752, ce n'est pas seulement l'*Encyclopédie* qui est mise en cause. Buffon, inquiété pour sa *Théorie de la terre,* publie, au tome IV de son *Histoire naturelle,* une lettre à la Faculté de théologie, où il fait acte de soumission.

Le scandale provoqué en 1758 par la publication du livre d'Helvétius, *De l'esprit,* dure encore, lorsque paraît l'*Émile* de Rousseau. L'ouvrage est condamné. Le philosophe, décrété de prise de corps, se réfugie en Suisse. En 1781, l'*Histoire philosophique et politique des établissements et du commerce des Européens dans les deux Indes* est brûlée par la main du bourreau. Son auteur, l'abbé Raynal, est obligé de s'exiler en Belgique. Cependant l'opinion se passionne pour cet ouvrage pleins d'aperçus originaux sur l'histoire et d'attaques très vives contre le fanatisme et la tyrannie.

L'Église, constamment en éveil orchestre la campagne menée contre les encyclopédistes par divers périodiques : le *Journal de Trévoux,* organe des Jésuites, *Les Nouvelles ecclésiastiques,* d'inspiration janséniste, *L'Année littéraire* de Fréron.

Voltaire François-Marie Arouet, dit **(1694-1778)**

Dernier enfant d'un riche notaire. Etudes chez les Jésuites. Fréquente la haute société libertine. Emprisonné à la Bastille pour une satire sur le règne de Louis XIV.

1718 : *Œdipe* (tragédie).

A la suite d'une altercation avec le chevalier de Rohan, doit s'exiler en Angleterre (1726-1729).

***La Henriade* (épopée, 1728). *Histoire de Charles XII* (1731). *Zaïre* (tragédie, 1732). *Lettres philosophiques* (1734, condamnées par le Parlement).**

1734-1744 : partage la vie de Mme du Châtelet au château de Cirey. *Discours sur l'homme (1738). Mahomet, Mérope* (tragédies, 1741 et 1743).

1744-1747 : retour à Paris. Carrière de courtisan. Disgrâce. *Zadig* (conte, 1747).

1750-1753 : à la cour de Berlin. Se brouille avec Frédéric II. *Le Siècle de Louis XIV* (1751). *Micromégas* (conte, 1752).

1755 : installation aux Délices (près de Genève). *Essai sur les mœurs* (1756). *Poème sur le désastre de Lisbonne* (1756). *Candide* (conte, 1759).

1760 : se fixe à Ferney. Il y vit entouré d'une véritable cour. *Dictionnaire philosophique* (1764). *L'Ingénu, La Princesse de Babylone, L'Homme aux quarante écus* (contes). *Irène* (1778, tragédie). Meurt à Paris, où il s'est rendu pour la représentation d'*Irène*, un triomphe.

VOLTAIRE POÈTE

Il eut l'ambition de fournir à la France l'épopée qui lui manquait. Sa *Henriade* put faire illusion à un public abusé par un faux sentiment de la beauté classique. En réalité, par tous les souvenirs d'Homère et de Virgile qu'elle renferme, par les procédés traditionnels qu'elle utilise (allégories, songes, prédictions, apparitions et interventions des dieux), c'est une œuvre artificielle et scolaire. Elle n'a d'autre originalité que de préluder à la propagande philosophique en portant condamnation contre le fanatisme.

Passionné de théâtre, Voltaire a inauguré sa carrière par une tragédie, *Œdipe*, et il l'a terminée par une autre tragédie, *Irène*. Il se propose, comme Corneille et Racine, de peindre la nature humaine. Mais il manque de pénétration psychologique, particulièrement dans l'analyse de l'âme féminine, et ses pièces donnent l'impression d'un déroulement monotone. Il se comporte en novateur par son goût de l'histoire moderne (les croisades, la guerre de Cent ans) et des contrées exotiques (Judée, Pérou, Arabie, Assyrie, Chine), qu'il met en rapports avec l'Europe chrétienne. Secondé par de grands acteurs, Lekain, la Clairon, il accroît l'importance du décor, de la mise en scène. L'influence de Shakespeare n'est pas étrangère à ces transformations.

La poésie lui paraît être le mode d'expression le plus capable d'illustrer la pensée philosophique ou logique. C'est pourquoi il compose des satires, des épîtres, des discours en vers. Sans doute la froideur raisonneuse des *Discours sur l'homme* offre pour nous peu d'attraits. Mais il y a dans le *Poème sur le désastre de Lisbonne* une éloquence soutenue, une émotion vraie. Tout compte fait, cela vaut bien ces stances, madrigaux, épigrammes où l'on veut voir la grande réussite de Voltaire poète et qui ne sont guère que des jeux d'esprit.

VOLTAIRE HISTORIEN

Il suit une méthode rigoureuse, du moins pour l'époque. Il se renseigne auprès de témoins directs : compagnons de Charles XII, survivants du siècle de Louis XIV. Il se réfère aux sources écrites : correspondances, rapports d'ambassadeurs, mémoires imprimés ou inédits. Il contrôle la chronologie, fait la critique des témoignages. Mais il lui arrive de présenter des faits d'ailleurs authentiques sous un jour tendancieux.

Il élargit le domaine de l'histoire : non plus seulement les événements militaires et diplomatiques, mais la civilisation tout entière (industrie, agriculture, commerce, finances, institutions, religion, beaux-arts, modes de vie).

Il fait servir l'histoire à la propagande philosophique. Alors que Bossuet voit partout l'action de la Providence et que Montesquieu croit à une logique interne des événements, Voltaire estime que c'est le hasard qui règle le monde. Il admet toutefois que l'effet du hasard peut être corrigé par l'action des grands hommes. D'autre part, il lui semble que le monde tend confusément vers la civilisation, non pas suivant une progression continue, mais avec des retours en arrière. Il distingue des siècles privilégiés : celui de Périclès, celui d'Auguste, celui des Médicis, celui de Louis XIV.

Il traite l'histoire en œuvre d'art. Il affirme la nécessité de ne retenir que les détails significatifs, les « anecdotes intéressantes ». Il s'applique à rendre le lecteur anxieux de ce qui va suivre. « Il faut, dit-il, une exposition, un nœud et un dénouement dans une histoire comme dans une tragédie. » Son *Charles XII* est un modèle particulièrement réussi d'histoire narrative.

VOLTAIRE CONTEUR

La plupart des contes de Voltaire se développent autour d'un thème central quelquefois précisé par un sous-titre : *Zadig ou la Destinée, Candide ou l'Optimisme.* Lorsque le sous-titre manque, le thème central n'en existe pas moins : pour *Micromégas,* c'est celui de la relativité, pour *L'Homme aux quarante écus* celui de la richesse. Quelques idées reviennent avec insistance : négation de la Providence, rôle prépondérant du hasard, médiocrité de l'homme, méfaits du fanatisme.

La composition est désinvolte, dédaigneuse de l'unité, mais toujours soucieuse d'éviter les descriptions, les analyses, les commentaires. L'auteur fait alterner les aventures romanesques et les épisodes de vie familière. Il se plaît à nous dépayser, puis à nous ramener à notre point de départ. Les personnages s'agitent, parlent, silhouettes prestes. Le récit est plein de sous-entendus malicieux. Il s'y mêle parfois une nuance d'attendrissement ou d'indignation. Sans jamais s'appesantir sur le détail, il sait rendre lumineux ses sentiments et sa pensée. Dans ces œuvres suprêmement intelligentes, le style classique, enfin dégagé de sa gangue de rhétorique, atteint la perfection.

LA PENSÉE DE VOLTAIRE

Les convictions philosophiques de Voltaire se sont formées de bonne heure et n'ont guère changé.

Il est violemment hostile aux systèmes métaphysiques, car ils reposent sur des hypothèses incontrôlables. Ils font naître la discorde et le fanatisme, ôtent le repos de l'esprit et détournent les hommes de la vraie vie. Il s'est surtout insurgé contre la doctrine de la Providence et l'optimisme qu'elle suppose. Il est persuadé non pas que tout est mal, mais que le mal l'emporte sur le bien.

Il croit sincèrement à l'existence de Dieu conçu comme un être de raison qui ne se mêle pas des petites affaires des hommes. Au fond de toutes les religions, si on les dépouille de leurs aspects accidentels, se retrouve ce même Dieu abstrait que peuvent adorer tous les hommes et qui leur impose à tous les mêmes lois morales.

C'est dans la vie sociale que l'on prend conscience de ces lois. L'homme de bien est celui qui, tout en jouissant avec modération des plaisirs de la vie, collabore à l'œuvre de civilisation définie par ces quelques principes : lutter contre les grands fléaux de l'humanité, guerres, persécutions, famines ; améliorer la condition humaine sous le double rapport du bien-être et de la justice ; développer les sciences et les arts.

En politique, les conceptions de Voltaire sont assez simplistes. La masse lui inspire une défiance instinctive. Il a longtemps rêvé d'un prince ami des lumières, traitant humainement ses sujets et capable de les rendre heureux. Ses déceptions de courtisan inclinent sa préférence vers la monarchie constitutionnelle anglaise.

LES LUTTES DE VOLTAIRE

Ses intentions combatives apparaissent non seulement dans ses ouvrages philosophiques, mais jusque dans *La Henriade* et dans certaines de ses tragédies : *Mahomet, L'Orphelin de la Chine, Les Guèbres ou la Tolérance.* Il a lancé sous le couvert de l'anonymat ou sous des signatures fantaisistes d'innombrables pamphlets. Il ne cesse de harceler ses adversaires : Fréron, Le Franc de Pompignan, Trublet, Wolf, Palissot, les jésuites du *Journal de Trévoux.*

Sa haine de l'intolérance, ainsi qu'un besoin sincère de justice, l'amènent à se poser en redresseur de torts.

En 1756, il essaie de défendre l'amiral Byng, accusé de trahison par les Anglais. Son intervention est vaine.

En 1761, le protestant Calas est soupçonné d'avoir assassiné son fils sur le point de se convertir. Malgré ses dénégations, il est condamné et subit à Toulouse le supplice de la roue. Voltaire, après une campagne de libelles, obtient la révision du procès et la réhabilition de Calas (1765).

Un autre protestant, Sirven, est accusé en 1762 du meurtre de sa fille. En fait la jeune fille, tiraillée entre des influences religieuses contraires, avait perdu la raison et s'était jetée dans un puits. Condamné par contumace à la pendaison, Sirven se réfugie avec sa famille auprès de Voltaire qui réussit, en 1771, à lui faire rendre justice.

Dans l'affaire du chevalier de La Barre, Voltaire se trouve indirectement mis en cause. Ce jeune homme, accusé d'avoir saccagé une croix, possédait un exemplaire du *Dictionnaire philosophique.* Condamné à mort, il est décapité et son corps est brûlé en même temps que le livre de Voltaire. Il ne sera pas possible à Voltaire d'obtenir la révision du procès.

En 1770, un habitant d'Arras, Montbailli, est exécuté pour avoir tué sa mère. Voltaire établit l'innocence de Montbailli *(La Méprise d'Arras,* 1771).

De même, il fait réhabiliter, en 1778, Lally-Tollendal, gouverneur des Indes française qui avait été, deux ans plus tôt, accusé de trahison et décapité.

VOLTAIRE ET ROUSSEAU

Ils étaient peu faits pour s'entendre. Leurs rapports d'abord courtois, mais distants, se détériorèrent à la suite de la publication de l'article *Genève* dans l'*Encyclopédie.* Rousseau pensait en effet que cet article était inspiré par Voltaire et qu'à travers l'austérité genevoise c'étaient ses propres conceptions morales qui étaient attaquées. Il se sentit à nouveau visé dans *Candide.* Il refusa l'asile que Voltaire lui offrait après la condamnation d'*Emile.* Il ne croyait pas à sa sincérité. Il le soupçonnait même d'avoir provoqué contre lui les rigueurs des magistrats genevois. Il le prit à partie dans ses *Lettres de la montagne.* Alors Voltaire perdit patience. Rousseau ne fut plus pour lui qu'un « sombre énergumène », « le plus méchant coquin qui ait jamais déshonoré la littérature ». Dans la circonstance il manque de charité envers un homme qu'il savait traqué, malheureux et sans défense.

RAYONNEMENT DE VOLTAIRE

C'est après 1750 que Voltaire s'est imposé comme philosophe. Sa popularité dès lors ne cesse de croître. Prodigieusement actif, d'une intelligence rapide et sûre, il possède un sens aigu de l'actualité. Bien qu'il soit resté longtemps éloigné de Paris, il règle les mouvements de l'opinion par ses innombrables publications, par les campagnes retentissantes qu'il dirige.

Il est en relations épistolaires avec tout ce que l'Europe compte de gens distingués : souverains, hommes politiques, philosophes, écrivains, savants, artistes. Il n'est pas rare qu'il écrive vingt lettres par jour. De cette énorme correspondance il nous reste environ dix mille lettres. Elles sont d'une grande variété, traversées quelquefois de sentiments vifs, mais toujours rédigées avec un tact exquis.

Buffon Georges-Louis Leclerc, comte de **(1707-1788)**

Né au château de Montbard, en Bourgogne.

1730 : ayant tué un homme en duel, juge prudent de s'éloigner. Voyage en France, en Italie, en Suisse, en Angleterre.

1739 : intendant du Jardin du roi.

1753 : *Discours sur le style* (lui tient lieu de discours de réception à l'Académie).

1772 : créé comte par Louis XV.

L'*Histoire naturelle* comprend : *Théorie de la terre, Histoire naturelle de l'homme* (3 vol., 1749), *Histoire naturelle des quadrupèdes ovipares* (12 vol., 1753-1767), *Histoire naturelle des oiseaux* (9 vol., 1770-1783), *Traité des époques de la nature* (1778), *Histoire naturelle des minéraux* (5 vol., 1783-1788). Après la mort de Buffon, l'œuvre fut achevée par Lacépède.

LA MÉTHODE DE BUFFON

Tous les travaux de Buffon reposent sur la méthode expérimentale. Il condamne l'esprit de système, les classifications arbitraires comme celle de Linné. Il s'astreint à une observation minutieuse des animaux et des végétaux. Il utilise le microscope, il pratique la dissection. Au Jardin du roi, il dispose d'une documentation exceptionnelle, faite des communications que lui envoient les savants de tous les pays. Il groupe les faits afin, dit-il, de se « donner des idées ».

Il s'entoure de collaborateurs choisis avec soin. Il charge Daubenton de la description anatomique des animaux. A Guéneau de Montbeillard, puis à l'abbé Bexon il confie les monographies d'oiseaux, à Guyton de Morveau et à Faujas de Saint-Fond l'étude des minéraux. Il se réserve ce qu'il considère comme le côté noble et le couronnement du labeur scientifique : exposer des vues d'ensemble à partir de la réalité observée. C'est là surtout que se manifeste son goût d'une composition rigoureuse et d'un style noble visant à n'employer que les termes les plus généraux et tendant irrésistiblement à l'éloquence. « Grand phrasier », peut-être. Mais ses scrupules d'écrivain sont une des marques de sa probité d'esprit.

LES THÉORIES DE BUFFON

Les vues d'ensemble de Buffon sont exposées en tête de ses ouvrages. La *Théorie de la terre* (1749) et *Les Époques de la nature* (1778) développent plus spécialement ses hypothèses sur la formation et la structure du monde. Entre ces deux dates, sa pensée a beaucoup évolué.

Lorsqu'il forme le plan de son *Histoire naturelle,* il est encore attaché à certaines notions traditionnelles : fixité des espèces, place centrale de l'homme dans l'univers, existence de causes finales.

Au cours de ses recherches, il constate la disparition ou la dégénérescence de certaines espèces. Il en vient ainsi à l'idée de ce que l'on a appelé depuis le transformisme. Il ne s'engage dans cette hypothèse qu'avec prudence. L'évolution lui semble s'être faite dans le sens de l'altération et non dans celui du perfectionnement. Il continue de croire à la fixité de l'espèce humaine et des autres espèces nobles. Il n'en est pas moins obligé d'abandonner la théorie des causes finales, puisque les modifications survenues s'expliquent non plus par la soumission à un ordre préétabli, mais par de nouvelles conditions physiques.

Dans *Les Époques de la nature,* il s'efforce, par un puissant effort d'imagination, de retracer l'histoire de la terre. Son idée d'une division en sept époques peut sembler naïve. Mais jamais encore les origines de la terre n'avaient été l'objet d'une étude aussi sérieuse. D'autre part cette œuvre évoque, avec un sens de la grandeur qui fait songer à Lucrèce, les convulsions premières du globe, son peuplement par les espèces vivantes, la dramatique existence des premiers hommes.

Bien que les philosophes, à l'écart desquels il se tenait par vanité aristocratique, lui aient fait grise mine tout en s'inspirant de lui à l'occasion, il rejette comme eux les explications théologiques au profit des explications rationnelles. C'est pourquoi la *Théorie de la terre* et *Les Époques de la nature* ont été dénoncées comme contraires à l'orthodoxie.

Malgré ses intuitions géniales, Buffon n'a apporté à la science aucune découverte essentielle. On peut le définir comme un naturaliste philosophe doublé d'un poète de la nature.

Diderot Denis **(1713-1784)**

Fils d'un coutelier de Langres. Trop indépendant au gré de sa famille, qui lui coupe les vivres. Jeunesse besogneuse.

1741 : *Essai sur le mérite et la vertu.*

1743 : épouse une lingère.

1746 : le libraire Le Breton lui confie la direction de l'*Encyclopédie.* Cette tâche l'occupera jusqu'en 1772.

1748 : *Les Bijoux indiscrets.*

1749 : *Lettre sur les aveugles à l'usage de ceux qui voient.* Emprisonné à Vincennes, où Rousseau vient le voir.

1756 : début de sa longue liaison avec Sophie Volland.

1757 : *Le Fils naturel.* 1758 : *Le Père de famille* (drames).

1758 : se brouille avec Rousseau. Appartient à ce que Rousseau appelle « la coterie holbachique ». Reçu chez Mme Geoffrin, Mme d'Epinay, Mme Helvétius. Son meilleur ami est Grimm.

1759-1781 : ***Salons.***
1773 : ***Les Deux Amis de Bourbonne.***
1773-1774 : séjourne à Saint-Pétersbourg à la cour de Catherine II.
Termine sa vie dans une certaine aisance.
Ouvrages posthumes : ***La Religieuse, Le Neveu de Rameau, Entretien entre d'Alembert et Diderot, Le Rêve de d'Alembert, Suite de l'entretien, Supplément au voyage de Bougainville, Paradoxe sur le comédien, Jacques le Fataliste.***

LE PHILOSOPHE

La pensée de Diderot se présente comme une suite de propos en l'air et de rêves. Elle suit une logique qui est moins celle du raisonnement que de l'intuition.

Ce qui le préoccupe, c'est de découvrir grâce aux sciences biologiques les secrets de la vie et de la pensée. Il n'aperçoit pas de séparation entre les différents règnes de la nature : « Tout animal est plus ou moins homme ; tout minéral est plus ou moins une plante ; toute plante est plus ou moins animal. » Il en conclut qu'il n'y a dans le monde qu'un seul principe, la matière, constituée de molécules dont les combinaisons innombrables forment la diversité des corps. Ces molécules sont en perpétuel mouvement. La pensée n'est qu'un jeu de forces matérielles.

Cette philosophie matérialiste le conduit à nier la notion d'une volonté individuelle capable de se déterminer par un libre choix. Il soutient *(Jacques le Fataliste)* que, dans l'absolu, le vice et la vertu n'existent pas. Mais il admet une morale pratique. Si l'homme recherche son propre bonheur et répugne à l'ascétisme, il possède aussi l'instinct social qui réprime son égoïsme. Une bonne organisation sociale peut développer en lui des sentiments généreux, l'amener à trouver des joies dans la pratique du bien.

LE DRAMATURGE

Il reproche à la tragédie de manquer de naturel et à la comédie de recourir à des procédés trop bouffons pour que la leçon puisse porter. Il est le créateur d'un genre intermédiaire, le drame bourgeois, qui choisit ses sujets dans la vie quotidienne et qui substitue à l'étude des caractères celle des liens familiaux et sociaux. Le décor, le costume, le langage doivent donner l'illusion de la réalité. Pour mieux agir sur la sensibilité, l'acteur doit calculer tous ses effets, ce qui lui interdit, au moment où il joue, d'éprouver profondément les émotions qu'il exprime. Lorsque les situations atteignent leur paroxysme, la parole est entrecoupée de cris, de soupirs, de silences. Peu de coups de théâtre, mais des tableaux pathétiques. Ce drame a des prétentions moralisatrices. Il combat l'injustice, l'intolérance, les préjugés. Il donne des exemples de vertu bourgeoise.

Les pièces de Diderot sont gâtées par l'abus de la déclation, les intentions édifiantes, un débordement de sensibilité. Mais elles ont ouvert la voie à la comédie réaliste.

LE CONTEUR

Le genre de récit qu'il affectionne tient le milieu entre le conte et le dialogue philosophique. Il écrivait ces ouvrages pour fixer des pensées fugitives. Il n'en a publié que deux : *Les Bijoux indiscrets* et *Les Deux Amis de Bourbonne.* Pourtant c'est là que se révèle sa personnalité profonde.

Il n'a pas grand souci de la composition. Il saute d'un sujet à l'autre, selon le hasard de l'inspiration. Il n'est à son aise que dans l'improvisation, avec les outrances et les effusions qu'elle permet. Il s'abandonne à ses enthousiasmes, ses indignations, ses rêves. Il prête à ses héros ses propres traits. Le maître de Jacques le Fataliste n'est pas exactement son porte-parole, mais intellectuellement, par son goût de la morale et de la discussion philosophique, il lui ressemble. Jean-François Rameau représente ses tendances anarchiques habituellement refoulées et auxquelles, pour une fois, il lâche la bride.

Diderot conteur est un maître du réalisme. Son exceptionnelle faculté d'observation encore accrue par la pratique de la critique d'art lui permet de dessiner à grands traits constamment retouchés des personnages ou des groupes saisis dans leur originalité profonde, images dont le pittoresque ne descend jamais à la caricature facile et auxquelles il sait donner la vie par le mouvement et le dialogue.

LE CRITIQUE D'ART

Il estime que l'art doit émouvoir et faire réfléchir. L'une des raisons de son admiration pour Hubert Robert c'est qu'il nous invite à méditer sur les ruines. Il ne tarit pas d'éloges sur certaines toiles de Greuze particulièrement attendrissantes. Il exhorte cet artiste à « faire de la morale », comme si c'était là le but de la peinture. Il ne peut pas étudier un tableau sans se livrer à de longs commentaires psychologiques, philosophiques ou moraux. En somme, il introduit dans la critique d'art les préoccupations de la critique littéraire. Il n'a pas un critérium bien précis de la beauté. Mais il a parfois développé cette idée que l'œuvre la plus réussie est celle qui exprime le mieux la personnalité de son auteur.

Quant à la technique de l'art, il s'y est initié progressivement, s'intéressant de plus en plus, sous l'influence de ses amis Greuze et Falconet, aux jeux d'ombre et de lumière, au dessin, à la couleur.

4 - La littérature de sentiment

« Les délices du sentiment »

La recherche du bonheur obsède le XVIIIe siècle. Beaucoup croient le trouver dans « les délices du sentiment » et singulièrement dans la passion. Pour les « âmes sensibles » la passion est une exaltation voluptueuse par laquelle on se laisse envahir et que les obstacles entretiennent. Ame sensible J.-J. Rousseau tout au long de sa vie, mais plus particulièrement à l'époque de son amour insensé pour Mme d'Houdetot. Ame sensible Julie de Lespinasse, qui préféra à l'affection tranquille de d'Alembert les tourments de deux liaisons malheureuses, l'une avec le jeune marquis de Mora, qui s'en alla mourir loin d'elle en Espagne, l'autre avec le comte de Guibert, à la trahison duquel elle ne put survivre.

Aux élans de sensibilité se mêlent des **idées de vertu.** Les tableaux exposés par Greuze au salon de 1765, *Le Fils ingrat, Le Mauvais Fils puni,* sont l'illustration de cet état d'âme.

Le sentiment de la nature prend dans les mœurs et dans la littérature une place importante. La mode des parcs géométriquement dessinés fait place à celle des jardins anglais. On apprécie surtout, malgré ce qu'ils ont de conventionnel, les aspects aimables d'une nature humanisée : prairies verdoyantes, troupeaux paisibles, chaumières, bosquets, paysages idylliques comme ceux de Watteau ou de Lancret. Mais on commence à prendre goût à la nature sauvage : montagnes abruptes, torrents, cascades, forêts solitaires, ouragans déchaînés. Rousseau révèle à ses contemporains la splendeur des Alpes suisses. Les récits des voyageurs (Bougainville, La Pérouse) attirent l'attention sur la flore et la faune exotiques, préparant le terrain à Bernardin de Saint-Pierre et à Parny.

L'habitude se prend de mêler à la contemplation de la nature des rêveries mystiques. Aux anciens dogmes, dont la rigidité déplaît, se substitue peu à peu une **religiosité vague,** qui annonce déjà le romantisme.

Influences étrangères

A partir de 1730, les Anglais, dont le prestige jusqu'alors était surtout d'ordre philosophique et scientifique deviennent aussi les initiateurs et les maîtres de la sensibilité moderne. L'Europe entière se passionne pour les romans attendrissants et moralisateurs de Richardson, Fielding, Goldsmith, Sterne.

Avec Young *(Les Nuits)* et Gray *(Élégie écrite dans un cimetière campagnard),* c'est l'attrait angoissant de la nuit, des tombeaux et de la mort qui sollicite les âmes sensibles. Horace Walpole, dans *Le Château d'Otrante,* leur offre le pittoresque facile qui fera bientôt la fortune du roman noir : vieilles demeures mystérieuses, légendes redoutables, passions violentes, fantômes, meurtres, expiations.

Les Français sont maintenant aptes à goûter l'œuvre de Shakespeare. Jusque vers 1730, ils ignoraient cet auteur. Voltaire, l'ayant découvert pendant son exil anglais, le leur fait connaître. Il le présente comme un génie barbare, mais comme un vrai génie. Par la suite, son jugement sera plus réservé. La Place, puis Letourneur publient des traductions de Shakespeare. Entre 1769 et 1793, Ducis adapte à la scène plusieurs de ses pièces.

L'Allemagne inspire beaucoup moins de curiosité que l'Angleterre. Ce n'est que tard dans le siècle que commencent à se répandre des traductions d'auteurs tels que Klopstock, Wieland, Herder, Le *Werther* de Gœthe, paru en 1774, sera souvent traduit ou imité. Mais son action se confond avec celle, beaucoup plus ancienne, des romans de Richardson et elle est, de ce fait, difficilement mesurable.

Les civilisations latines sont relativement délaissées. L'Espagne ne retient guère l'attention que par le roman picaresque et ce que l'on admire chez les Italiens, c'est leur musique plus que leur littérature.

La sensibilité dans le roman

Marivaux et l'abbé Prévost sont à peu près contemporains. Mais alors que Marivaux enveloppe de discrétion et de pudeur les sentiments qu'il analyse, les héros de l'abbé Prévost (Des Grieux, Cleveland) sont possédés par des passions tumultueuses, auxquelles ils s'abandonnent tout en déplorant leur faiblesse. Même frénésie d'amour dans *La Nouvelle Héloïse.* Mais ici, les personnages entreprennent contre eux-mêmes une lutte courageuse, dont ils finissent par sortir vainqueurs.

D'autres romanciers (Baculard d'Arnaud, Loaisel de Tréogate) préfèrent **le genre sombre.** Tout en s'inspirant des Anglais, ils rejoignent curieusement la tradition baroque. Ils ont pour thèmes favoris de leurs déclamations pathétiques l'horreur des destinées, le déchirement des passions coupables, la mort sous ses formes les plus brutales. Ils sont obsédés par des images lugubres : sites sauvages, cadavres, tombeaux, fantômes.

Selon un contraste assez habituel en littérature, la même génération qui se grise d'inventions frénétiques cherche une détente dans les images fraîches, les visions d'innocence. La naïveté à la fois apprêtée et sincère de *Paul et Virginie,* de *La Chaumière indienne* correspond à ce besoin profond. Le tendre Florian, auteur de la fameuse romance, *Plaisir d'amour...,* enchanta son époque. Ses pastorales, *Galatée, Estelle et Némorin,* faisaient encore les délices de George Sand et ne sont pas étrangères à cette éclosion de poésie champêtre qui a produit *La Mare au Diable.*

La sensibilité au théâtre

Les anciens genres dramatiques correspondaient mal à la sensibilité du siècle. On essaie donc de trouver des formules plus modernes. De la comédie sentimentale, telle que la concevait Destouches, sort **la comédie larmoyante,** ainsi appelée parce qu'elle veut attendrir et arracher des larmes. Nivelle de la Chaussée est le créateur du genre. Dans *Le Préjugé à la mode, Mélanide, La Gouvernante,* il traite des sujets romanesques, présente des personnages vertueux, développe des thèses édifiantes. La comédie larmoyante aboutit à son tour au **drame bourgeois,** dont la théorie est formulée par Diderot.

Tentative originale ; mais les drames bourgeois de Diderot, aussi bien que ceux de Beaumarchais, sont des œuvres manquées. Autre représentant du genre, Sedaine, avait dû travailler comme tailleur de pierres pour subsister et soutenir les siens. Puis il avait acquis un certain renom comme poète et auteur d'opéras-comiques. Poussé par les conseils et l'exemple de son ami Diderot, il donne en 1765 *Le Philosophe sans le savoir,* où il s'efforce de réhabiliter la condition de marchand. Ce drame bourgeois qui est, selon Diderot, un modèle de « vrai goût », de « vérité domestique », connut un succès durable.

La sensibilité en poésie

Les rapports entre la poésie et le sentiment commencent à être plus clairement aperçus. Helvétius écrit : « Le sentiment est l'âme de la poésie ». Diderot affirme que la poésie ne peut s'épanouir qu'en dehors des exigences mesquines du goût. Mais ces audaces restent théoriques.

La poésie dite descriptive pourrait faire illusion. Sa vogue est liée à l'éveil du sentiment de la nature. Pourtant ni Saint-Lambert, ni Roucher, ni Delille, qui écrivirent respectivement *Les Saisons, Les Mois, Les Jardins,* ne connaissent la nature dans sa puissance sauvage. Ce qu'ils aiment, c'est une campagne bien arrangée. Ils en décrivent assez joliment les aspects. Ils sont cependant plus intellectuels que poètes. Ils célèbrent le travail du paysan, ils conseillent aux riches de vivre sur leurs terres, ils prêchent un idéal de justice et de bienfaisance.

A la fin du siècle, se développe **une poésie élégiaque** annonciatrice du lyrisme moderne. Léonard, Bertin, Parny expriment non sans recherche, mais avec sincérité, des sentiments personnels. Ils sont nés dans des terres lointaines, le premier à la Guadeloupe, les deux autres à Bourbon. Léonard doit à son tempérament maladif la langueur mélancolique de ses *Idylles.* Les *Élégies* de Bertin déplorent des peines d'amour. Parny, dans ses *Poésies érotiques* retrace l'histoire de sa passion malheureuse pour une jeune créole qu'il appelle Eléonore. Il évoque, avec les pauvres moyens dont disposait la poésie d'alors, les paysages exotiques, cadre somptueux de cette idylle. André Chénier ne paraît pas avoir songé à rénover le genre. Dans ses *Elégies* il se contente habituellement d'unir à des pensées un peu tristes une conception voluptueuse de l'amour.

L'abbé Prévost, Antoine-François Prévost d'Exiles, dit **(1697-1763)**

1711-1716 : novice chez les Jésuites.

1716-1728 : s'engage, reprend son noviciat, redevient soldat, passe chez les Bénédictins, prêche, enseigne. S'enfuit du couvent.

1728-1734 : s'exile en Angleterre, en Hollande, puis de nouveau en Angleterre. Y commet une escroquerie.

1728-1731 : *Mémoires et aventures d'un homme de qualité.* Le septième et dernier volume contient l'*Histoire du chevalier Des Grieux et de Manon Lescaut.*

1731-1738 : *Le Philosophe anglais ou Histoire de M. Cleveland* (8 vol.).

1733-1740 : *Le Pour et le Contre* (17 vol.).

1735 : aumônier du prince de Conti.

1735-1740 : *Le Doyen de Killerine* (6 vol.).

1741 : menacé d'arrestation s'enfuit à Bruxelles, puis à Francfort.

1742-1755 : traductions de Richardson *(Pamela, Clarisse Horlowe, Grandison).*

1745-1761 : *Histoire générale des voyages* (15 vol.).

Grâce à un bénéfice, obtenu en 1754, termine sa vie dans une certaine aisance.

SES CURIOSITÉS D'ESPRIT

Le Pour et le Contre est un périodique d'information rédigé par Prévost à peu près seul. Il s'y « exprime librement sur tout ce qui peut intéresser la curiosité du public en matière de sciences, d'art, de livres, d'auteurs ». Il vient de séjourner en Angleterre et se réfère volontiers à ce pays qu'il connaît bien. Le succès du *Pour et Contre* l'incite à traduire Richardson. Sa traduction n'est pas extrêmement fidèle. Mais grâce à lui, le roman de mœurs bourgeoises à la manière anglaise va faire une prodigieuse carrière. L'*Histoire des voyages* n'est aussi, à l'origine, qu'une adaptation de récits anglais. Elle est ensuite devenue une énorme compilation puisée à toutes les sources, embrassant l'histoire, la géographie, les sciences naturelles, les coutumes.

PRÉVOST ROMANCIER

Ses contemporains ont aimé toute son œuvre romanesque et principalement *Cleveland.* Ils y ont trouvé un pathétique immodéré fait de malheurs qui tombent en cascade, et certains thèmes préromantiques : la religion fondée sur une aspiration de l'âme, la passion considérée comme une fatalité.

Pour nous, l'abbé Prévost n'est plus que l'auteur de *Manon Lescaut.* Ce roman, né d'une crise morale que l'on ne peut ni préciser ni dater, développe une histoire tragique dans un climat racinien. La peinture des mœurs et des caractères, le jeu des sentiments y sont d'une sincérité désarmante. L'extrême jeunesse des personnages incite à l'indulgence. Leurs fautes ont presque toujours des motifs touchants. Les détails déplaisants sont oubliés ou estompés. Nous voyons Manon par les yeux de son amant qui, pour échapper à une réalité intolérable, se grise d'images enchanteresses. La poésie de ce roman est ambiguë : elle est faite de l'union des contraires, « ordure et pureté ».

Rousseau Jean-Jacques **(1712-1778)**

Fils d'un horloger de Genève.

1728 : quitte Genève. Est confié à Mme de Warens, à Annecy, en vue de sa conversion au catholicisme. 1728-1738 : laquais, séminariste, compositeur de musique, secrétaire d'un soi-disant archimandrite, précepteur.

1738-1741 : aux Charmettes, chez Mme de Warens.

1741 : Paris. Cherche à faire carrière. 1743-1744 : secrétaire de l'ambassadeur de France à Venise. Rentre à Paris en 1744. Se lie avec Thérèse Levasseur. 1748-1750 : grande intimité avec Diderot et Grimm.

1750 : *Discours sur les sciences et les arts.*

1754 : se fait réintégrer comme citoyen de Genève.

1755 : *Discours sur l'origine et les fondements de l'inégalité parmi les hommes.*

1756-1762 : vie campagnarde à l'Ermitage (passion pour Mme d'Houdetot), puis à Montmorency.

1758 : *Lettre à d'Alembert sur les spectacles.*

1761 : *Julie ou la Nouvelle Héloïse.*

1762 : *Le Contrat social. Emile ou De l'éducation.* Décrété de prise de corps. S'enfuit en Suisse.

1762-1770 : existence errante, dont les principales étapes sont Môtiers-Travers, l'île Saint-Pierre, Wotton (Angleterre), Lyon, Grenoble, Bourgoin.

1764 : *Lettres écrites de la montagne.*

1770 : à nouveau Paris. Gagne sa vie comme copieur de musique.

Œuvres posthumes : *Les Confessions. Rousseau juge de Jean-Jacques. Les Rêveries du promeneur solitaire.*

SON TEMPÉRAMENT

Son émotivité naturelle, aggravée par son éducation, ses habitudes de vie et des misères physiques dont il se sent humilié le rend timide et gauche. Il se fait des ennemis comme à plaisir. Il prend orgueilleusement des attitudes de refus ou de défi, dans lesquelles il s'obstine. Contre les déceptions de la vie en société, la solitude est son recours.

Cette émotivité lui est, à d'autres égards, précieuse. Il ressent très vivement le moindre bonheur. La vue d'une simple pervenche lui rappelant de tendres souvenirs le bouleverse. Sa passion pour Mme d'Houdetot, passion pourtant insatisfaite et malheureuse, le plonge dans un rêve exaltant. En face de la nature, il connaît de véritables ivresses.

Avec « un tempérament très ardent », il a « des idées lentes à naître ». Dans la conversation, il ne trouve qu'après coup ce qu'il aurait fallu dire et, quand il écrit, il a beaucoup de peine à organiser le chaos de son esprit. Bien qu'il revête sa pensée d'une apparence logique, ses raisons profondes sont des raisons de sentiment.

L'âge, les déceptions, les épreuves font de cet homme trop sensible un anxieux. L'hostilité qu'à partir de 1758 il rencontre dans le milieu des philosophes, l'incite à croire qu'il existe contre lui un vaste complot. Il fut, au moins deux fois, tout près de sombrer dans la folie. La première de ces crises se place en 1766. Il se trouve alors en Angleterre, où David Hume, dont il a imprudemment accepté l'invitation, lui inspire une véritable terreur. Dix ans plus tard, nouvelle crise. Il vient d'écrire *Rousseau juge de Jean-Jacques.* Il veut en déposer le manuscrit sur le maître autel de Notre-Dame, mais il trouve la grille du chœur fermée et il s'enfuit dans « un bouleversement de tout son être ». Il rédige alors et recopie à plusieurs centaines d'exemplaires un ridicule et poignant *Appel à tout Français aimant encore la justice et la vérité,* qu'il distribue aux passants. Au bout de quelques mois, cette exaltation se calme. C'est dans une sérénité relative qu'il compose avant de mourir ses admirables *Rêveries.*

SA DOCTRINE

Il aurait eu la brusque révélation de sa doctrine en lisant un sujet de morale mis au concours par l'Académie de Dijon. Dans ses deux *Discours,* il dégage les principes de cette doctrine : la civilisation, en créant la propriété, a détruit la liberté et l'égalité primitives, favorisé « les usurpations des riches, le brigandage des pauvres, les passions effrénées de tous ». Le développement des sciences et des arts a encore accentué cette corruption. Pourtant l'homme est naturellement bon. Ne pourrait-il pas simplifier sa vie, se rapprocher de la nature et retrouver ainsi quelque chose de l'innocence et du bonheur originels ?

L'*Émile* pose le problème de l'individu. Pour que l'enfant échappe à l'influence corruptrice des hommes et des livres, il sera élevé à la campagne, dans la solitude, soumis à une éducation progressive qui s'adressera successivement aux sens, à l'intelligence, à la sensibilité. Il redécouvrira la science. Il apprendra la vie à ses dépens. L'*Émile* est un roman pédagogique, offrant non pas des recettes pratiques, mais les « rêveries d'un visionnaire sur l'éducation ».

La Nouvelle Héloïse pose le problème de la famille, « premier modèle des sociétés politiques ». Assurément c'est un roman d'amour. Mais le roman tourne sans cesse au traité de morale. Comment concilier l'amour et la vertu ? Quelle est la vraie formule du bonheur ? Le bonheur enivrant, mais trouble que procure la passion ou le bonheur paisible d'une solide union fondée sur l'estime ? Rousseau n'évoque pas sans un ravissement de tout son être les délices de la passion. Pourtant la logique de son système le pousse à donner en exemple l'existence sage et patriarcale que mènent M. et Mme de Wolmar, seigneurs éclairés d'une petite société presque autonome, préservée des contacts démoralisateurs, mais où tout est si bien réglé que l'atmosphère y est étouffante.

Le Contrat social pose le problème de l'État. L'homme ne perd pas sa liberté originelle, s'il l'aliène en faveur de la collectivité par un contrat tacite. Mais son adhésion à ce contrat doit être totale et définitive. Rousseau n'envisage pas le destin des hommes en termes de production, de niveau de vie, de profit. Il raisonne en philosophe, non en économiste. Il cherche seulement à définir dans l'abstrait les principes du droit politique.

Esprit profondément religieux, il croit en la Providence. L'Évangile lui apparaît comme « le plus sublime de tous les livres ». Là s'arrête son christianisme. Il ne croit pas à la révélation. Il se contente des certitudes que lui apporte la conscience, « instinct divin, immortelle et céleste voix ». Il rejette le dogme du péché originel, celui de l'enfer et tout le côté formel de la religion. Il conçoit la prière comme une effusion de l'âme exaltée par le spectacle de la création. En somme, ce chrétien est ouvertement hérétique. Il a contre lui les bien-pensants, parce qu'il est hérétique, et les philosophes, parce qu'il est chrétien. Il n'avait pas absolument tort de se voir partout des ennemis.

SON ART

En matière d'art il est très exigeant pour lui-même : « Mes manuscrits raturés, barbouillés, mêlés, indéchiffrables attestent la peine qu'ils m'ont coûtée. » Malgré ce travail de mise au point, l'émotion subsiste, intense et communicative.

Il s'abandonne volontiers à son éloquence naturelle, surtout dans ses ouvrages théoriques. Lorsque la pensée a été suffisamment développée, des formules saisissantes la résument. Souvent le ton monte et la démonstration tourne au plaidoyer ou au réquisitoire.

Un lyrisme véritable se rencontre dans *La Nouvelle Héloïse,* les *Confessions,* les *Rêveries,* œuvres où l'écrivain s'est mis tout entier. Le récit se déroule comme une confidence attentive, avec des longueurs assurément, mais aussi avec des instants de haute poésie, où l'accent devient élégiaque et tendre, où la phrase prend un équilibre et une cadence qui rappellent le rythme du verset ou de la strophe.

Peintre de la nature, Rousseau a su traduire avec émotion et vérité la splendeur des choses : paysages alpestres, lacs de Suisse, forêts de l'Ile-de-France. Sans doute il lui arrive d'employer des termes abstraits, des comparaisons maladroites. C'est que l'art auquel il s'exerçait, était encore nouveau. Mais il dispose habilement les couleurs. Il excelle à évoquer une atmosphère, à mettre en valeur une impression fortement ressentie. C'est un poète du sentiment, le plus grand poète de son siècle.

Bernardin de Saint-Pierre Jacques-Henri **(1737-1814)**

Nombreux voyages : Martinique, Hollande, Russie, Pologne, Allemagne, île de France (1768-1771). Cherche fortune tantôt comme ingénieur, tantôt comme militaire, puis se découvre une vocation de naturaliste.

Rentré en France, il fréquente les encyclopédistes et fait la connaissance de Rousseau (1772).

***Voyage à l'île de France* (1773). *Etudes de la nature* (1784). *Paul et Virginie* (1787). *La Chaumière indienne* (1790).**

Sous la Révolution, il devient intendant du Jardin des plantes.

Après bien des aventures sentimentales, il épouse, en 1793, une jeune fille de vingt-deux ans. Devenu veuf, il contractera un autre mariage aussi disproportionné.

UN ESPRIT NAIF

Les observations qu'il a rassemblées dans son *Voyage à l'île de France* montrent qu'il a l'esprit curieux et qu'il sait voir. Mais dès qu'il commence à raisonner, il tombe dans l'extravagance, tant il est pressé d'établir que, dans l'univers, tout est agencé pour la commodité de l'homme.

Disciple de Rousseau, il condamne une civilisation qui entraîne l'homme aux « abîmes du vice ». Il pense que le bonheur et la vertu ne sont possibles que loin des villes. A l'île de France, Paul et Virginie mènent une vie heureuse. Leur bonheur cesse du jour où la société commence à s'occuper d'eux. Ils pratiquent naturellement la vertu, une vertu exigeante. Dans le naufrage du Saint-Géran, Virginie meurt noyée, n'ayant pas voulu par excès de pudeur se défaire de ses vêtements encombrants.

UN GRAND PEINTRE DE LA NATURE

Il décrit à l'occasion les paysages de nos régions, mais plus volontiers les splendeurs de la nature exotique. Ses tableaux, harmonieusement composés, sont d'une richesse et d'un éclat éblouissants. Il possède un sens du concret qui lui permet de rendre avec une précision extrême les formes, les couleurs, les effets de lumière, les parfums, les bruits. Il cherche des comparaisons expressives. Les lianes lui paraissent semblables à « de longs rubans d'un vert pourpré, à des draperies flottantes ». « Les vents, dit-il, cardent les nuages comme si c'étaient des flocons de soie. » Il est le premier écrivain de notre littérature qui ait entrepris de donner à son style des qualités plastiques.

5 - Autour de la Révolution

L'inspiration licencieuse

Un courant d'inspiration licencieuse circule dans toute la littérature du XVIIIe siècle avec plus ou moins d'ampleur suivant les époques. Il est favorisé par le libertinage de la Régence. Dans les années qui suivent 1750, les romanciers et les conteurs font passer au premier plan des intentions philosophiques et, sans délaisser les thèmes licencieux, ils les traitent plus rarement pour eux-mêmes. Après cette accalmie, le mouvement reprend vigueur avec une nouvelle génération d'écrivains : Restif de la Bretonne, le marquis de Sade, Laclos, Parny, Louvet. Lot inégal, où se détache le vigoureux talent de Laclos, romancier des âmes cyniques. Notre époque manifeste un certain goût pour Sade et pour Restif. Ils offrent l'un et l'autre aux analystes une riche matière. Mais le délire érotique de Sade, son besoin de cruauté, son esprit de révolte ne suffisent pas à faire de lui un grand écrivain. Polygraphe intarissable, Restif mêle à son obsession sexuelle, où les fantasmes tiennent plus de place que l'expérience vécue, une sentimentalité facile et des idées de vertu. Il a laissé de longs romans *(Le Paysan perverti, La Paysanne pervertie, M. Nicolas)* qui reprennent les thèses de Rousseau sur la société corruptrice. A la dépravation des villes il oppose dans *La Vie de mon père* l'honnêteté simple et rude des paysans auxerrois dont il est lui-même issu.

Retour à l'antiquité

La querelle des anciens et des modernes avait mis la pensée moderne à l'honneur. Dans le dernier tiers du XVIIIe siècle, se produit un retour vers l'antiquité, non pas celle, un peu figée, des classiques, mais une antiquité plus concrète, plus vivante.

Cette renaissance a pour origine le mouvement de **curiosité archéologique** suscité par les fouilles entreprises à Herculanum dès 1719 et à Pompéi en 1748. Une science de l'archéologie se fonde. Des ouvrages de vulgarisation paraissent : *Voyage pittoresque de la Grèce* de Choiseul-Gouffier, *Voyage du jeune Anacharsis en Grèce* de l'abbé Barthélemy. Ils ont une foule de lecteurs.

Les peintures de ruines d'Hubert Robert déchaînent l'enthousiasme de Diderot. Du spectacle des ruines, Volney tire un enseignement philosophique et moral que son célèbre ouvrage, *Les Ruines ou Méditations sur les révolutions des empires,* diffuse dans toute l'Europe. Le poète André Chénier, le peintre David vont chercher leur inspiration dans la vision de l'antiquité retrouvée. La mode gagne l'architecture, l'art de la décoration et de l'ameublement, les mœurs elles-mêmes. Les prénoms antiques sont en faveur. Les institutions du Directoire et du Consulat se calquent sur celles de la Grèce et de Rome.

La pensée philosophique et morale

Aux approches de la Révolution, le parti philosophique se désagrège. Mais le goût de la philosophie reste vif, et la faiblesse du régime favorise les audaces.

On croit de plus en plus au progrès, sans toutefois établir une corrélation nécessaire entre le perfectionnement des sciences et l'accroissement du bonheur. L'apôtre de cette croyance est Condorcet. Député de Paris à la Législative, il propose la gratuité de l'enseignement à tous les degrés. Poursuivi plus tard comme brissotin, obligé de se cacher, il profite de sa retraite pour achever son *Esquisse d'un tableau historique des progrès de l'esprit humain,* livre profondément émouvant, où cet homme traqué affirme sa foi généreuse dans le destin de l'humanité.

La critique des institutions s'étale librement. Beaumarchais s'attaque à la censure, à la justice, dénonce les scandales de l'arbitraire et de l'intrigue. Des écrivains aujourd'hui oubliés, Carra, Anacharsis Cloots, Dupaty, s'élèvent contre l'iniquité du régime de la propriété, la barbarie des lois pénales. **La pensée rationaliste** gagne du terrain. Volney soutient que tout le malheur des hommes vient de ce qu'ils ont abandonné la religion naturelle.

Le goût de l'irrationnel subsiste pourtant. On se passionne pour l'hypnotisme de Mesmer et pour de fausses sciences, la phrénologie de Gall, la physiognomonie de Lavater. L'inquiétant Cagliostro s'impose par ses talents de mage et de guérisseur et fonde une secte d'illuminés. Les sociétés secrètes fleurissent.

L'étude de l'âme humaine, que les philosophes avaient un peu délaissée, revient à la mode. Chamfort, observateur pénétrant et désabusé, se montre impitoyable pour la société corrompue dont il a partagé les plaisirs. Rivarol, autre moraliste, exerce volontiers sa verve contre les réputations usurpées. Il aime aussi discuter de problèmes littéraires et politiques. Dès ses débuts, son *Discours sur l'universalité de la langue française* l'avait rendu célèbre. C'était un homme de salon, un causeur éblouissant, et, malgré ses origines plébéiennes, il fut l'ennemi de la Révolution.

La Révolution et les lettres

Le grand bouleversement de la Révolution se répercute sur la destinée des écrivains. Beaucoup d'entre eux deviennent, sous la Terreur, les victimes du régime qu'ils avaient commencé par servir. Pour éviter l'arrestation, Condorcet s'empoisonne, Chamfort se blesse mortellement. Fabre d'Eglantine, André Chénier, Camille Desmoulins, Mme Roland périssent sur l'échafaud. Volney, Delille, Florian, La Harpe sont emprisonnés, mais réussissent à sauver leur vie.

Les nécessités de l'action font surgir des orateurs et des journalistes. Une littérature officielle se développe, dont l'œuvre de Marie-Joseph Chénier peut donner une idée. Ce poète composa des hymnes patriotiques, en particulier *Le Chant du départ,* et des tragédies imprégnées d'idéologie révolutionnaire : *Charles IX ou la Saint-Barthélemy, Calas, Fénelon, Timoléon.* Les seuls vrais chefs-d'œuvre inspirés par la Révolution sont les poèmes écrits par son frère André pour déplorer les excès de la Terreur : *La Jeune Captive,* les *Iambes.*

Le théâtre révolutionnaire n'est cependant pas dénué d'intérêt. Par son côté très moderne il prépare le drame romantique. D'autre part, un genre nouveau prend naissance, le mélodrame, qui dédaigne la vraisemblance et recherche les effets brutaux. La brillante carrière de Pixerécourt, « le Corneille des boulevards », s'ouvre en 1797 et durera jusqu'au-delà de 1830.

L'émigration éloigne de France des écrivains qui trouvent en exil des conditions peu favorables à leur labeur : Beaumarchais, Rivarol, Joseph de Maistre, Fontanes, Chateaubriand, Chênedollé, Millevoye. Pourtant, le bilan de l'émigration est à certains égards positif. Les écrivains émigrés se familiarisèrent avec les littératures et les civilisations étrangères. L'émigration leur fit sentir l'angoisse du destin, leur apprit à méditer sur le sort de l'humanité. Elle est responsable, pour une part, de l'état d'âme romantique.

Beaumarchais Pierre-Augustin Caron de **(1732-1799)**

Fils d'un horloger, dont il apprend le métier. Maître de harpe des filles de Louis XV. Se lance dans les affaires avec l'appui du financier Paris-Duverney.

1767 : *Eugénie* (drame bourgeois).

Accusé d'escroquerie et de faux après la mort de Paris-Duverney, il se défend dans ses quatre *Mémoires à consulter* (1773-1774). Va traiter en Angleterre pour le compte de Louis XV, puis de Louis XVI, deux affaires louches.

1775 : *Le Barbier de Séville* (comédie).

1776 : fournit des armes aux « insurgents » d'Amérique.

1784 : *Le Mariage de Figaro* (comédie).

1792 : *La Mère coupable* (drame bourgeois).

Echappe de justesse à l'échafaud. S'exile à Hambourg. Rentre en France en 1796.

BEAUMARCHAIS AUTEUR COMIQUE

Malgré son penchant pour le drame bourgeois, c'est uniquement à ses deux comédies, *Le Barbier de Séville* et *Le Mariage de Figaro,* que Beaumarchais doit la place importante qu'il occupe dans l'histoire du théâtre.

La nouveauté lui importe peu. Le sujet du *Barbier* est repris de *L'École des femmes.* La vraisemblance ne le préoccupe pas davantage. Une intrigue conventionnelle, une atmosphère factice ne sont pas pour lui déplaire. Ce qu'il recherche, c'est un « imbroglio divertissant ». Dans le dialogue, il introduit des chansons. Il enchaîne les épisodes avec entrain, estimant qu'au théâtre il faut surtout du mouvement. Il n'approfondit pas l'étude des caractères. Il se contente d'esquisses superficielles, vraies d'ailleurs. Quoiqu'il prétende que, dans ses pièces, chacun « parle son langage », ses personnages n'ont qu'un style, celui de l'auteur : style d'une vivacité frisant l'impertinence, véritable cliquetis de mots d'esprit.

BEAUMARCHAIS CRITIQUE SOCIAL

C'est avec les *Mémoires à consulter* que Beaumarchais se lance dans la critique sociale. Pour mieux se défendre, il attaque. Le second *Mémoire* est tellement proche de la forme théâtrale que Mme du Barry put le faire jouer dans l'appartement du roi.

Plus tard, Beaumarchais, sous le masque de Figaro, s'en prend aux nobles « qui se donnent seulement la peine de naître », et qui s'arrogent des droits exorbitants. Avec ce talent, qui lui est propre, de saisir les mouvements d'opinion et de les exploiter jusqu'au scandale, il élève une vive protestation contre l'arbitraire et les privilèges.

Pourtant, il reste un homme de l'ancien régime. Il ne possède aucune des vertus républicaines. Il traversera par miracle la tourmente révolutionnaire. Il ne réussira pas à s'intégrer dans la France nouvelle.

Laclos Pierre Choderlos de **(1741-1803)**

Né à Amiens.

Officier d'artillerie. Se morfond dans les grades inférieurs. En garnison à Grenoble, à Besançon, puis chargé de surveiller les travaux de fortification de l'île d'Aix.

1782 : *Les liaisons dangereuses.*

1785 : *De l'éducation des femmes.*

1786 : épouse à La Rochelle Solange Duperré. Sera un bon mari et un bon père.

1788 : secrétaire des commandements du duc d'Orléans.

Se lance dans l'action révolutionnaire. Directeur du *Journal des Jacobins.* Incarcéré en même temps que le duc d'Orléans. Echappe de peu à la guillotine.

1800 : réintégré dans son grade de général de brigade. Envoyé en Italie où Stendhal fait sa connaissance (1802).

L'ANALYSTE DES CŒURS PERVERS

Laclos analyse la stratégie amoureuse pratiquée dans le cadre des usages mondains du XVIIIe siècle par des personnages dont elle est l'unique préoccupation, cœurs secs qui mettent tout leur honneur dans la conquête, qui font l'amour sans aimer et qui prennent plaisir à pervertir les âmes. Tels sont Valmont et sa diabolique conseillère, la marquise de Merteuil. Tous deux finissent mal, lui tué en duel, elle défigurée par la petite vérole. Du côté des victimes il y a une fausse ingénue, Cécile de Volanges, et la présidente de Tourvel, touchante par l'ardeur de sa passion pour Valmont, mais à qui l'on pardonne mal d'adorer un si méchant homme. En peignant le vice aussi crûment, mais sans descriptions charnelles, Laclos s'est-il contenté, comme il le prétend, de faire œuvre de moraliste ? A-t-il voulu, lui bourgeois, stigmatiser les mœurs de l'aristocratie ? A-t-il libéré des pulsions refoulées au fond de lui-même ? Aucune de ces hypothèses n'est à écarter pour l'explication de ce froid chef-d'œuvre, rédigé dans un style d'une rigueur et d'une pureté classiques.

Chénier André **(1762-1794)**

Né à Galata. Fils d'un diplomate français et d'une Grecque. La famille rentre à Paris en 1765.

Côtoie dans le salon de sa mère des savants, des écrivains, des artistes.

1787-1790 : secrétaire d'ambassade à Londres.

A partir de 1792, il vit dans une semi-clandestinité. Il est arrêté en mars 1794, emprisonné à Saint-Lazarre et guillotiné le 25 juillet (malgré l'intervention de son frère, Marie-Joseph, resté bien en cour).

Son œuvre fut publiée en 1819 par les soins de Latouche. Elle comprend beaucoup de pièces inachevées.

LA POÉTIQUE DE CHÉNIER

C'est seulement vers 1787, qu'il a pris nettement conscience de la doctrine résumée dans ce vers de *L'Invention :* « Sur des pensers nouveaux faisons des vers antiques. » Il entend par « pensers nouveaux » les découvertes des savants, les conceptions des philosophes. Elargir ainsi les thèmes d'inspiration n'est pas trahir l'exemple des anciens. C'est faire « ce qu'eux-mêmes ils feraient, s'ils vivaient parmi nous ». Lorsqu'il parle de « vers antiques », Chénier ne veut pas dire que la poésie doit être revêtue d'ornements surajoutés, mais que les souvenirs et réminiscences antiques présents à l'esprit de tout vrai poète doivent s'amalgamer à son apport original.

SA VISION DE L'ANTIQUITÉ

Il n'est jamais allé en Grèce. Mais il a étudié avec passion la langue, la littérature et la civilisation grecques. Il aime surtout les poètes alexandrins et les thèmes bucoliques. Il élimine de la vision qu'il se fait du monde antique tout délail réaliste. Il vit par l'imagination au milieu d'une antiquité de rêve. Il va jusqu'à transporter ce rêve dans la réalité quotidienne : telle de ses ébauches que l'on croirait adaptée du grec, n'est que la description d'une scène observée par lui dans un coin de campagne normande.

CHÉNIER POÈTE DIDACTIQUE

Sa principale ambition fut d'écrire de grands poèmes philosophiques. Son *Hermès,* projeté dès 1782, devait évoquer à partir de la matière « éternellement en mouvement » l'apparition de la vie, puis de l'intelligence, la formation des sociétés, des religions, des lois, l'histoire des sciences. Entreprise peu originale : malgré son bel enthousiasme, Chénier n'eût été qu'un vulgarisateur, comme le furent d'autres poètes ses contemporains, Lebrun, Roucher, Fontanes, Fabre d'Églantine. Entreprise vouée à l'échec : l'instrument poétique qu'il s'était préparé convenait mal à un tel dessein.

CHÉNIER POÈTE PERSONNEL

Il pense que la meilleure inspiration vient du cœur : « L'art ne fait que des vers, le cœur seul est poète. »

Il ne fut d'abord qu'un poète agréable, dont la sensualité païenne tourne quelquefois en rêveries mélancoliques, en élans de vertu, et s'accompagne d'un goût très vif de la beauté rustique. Ses *Élégies* sont dans la note préromantique du siècle finissant.

En approchant du terme de sa brève existence, Chénier devient un vrai lyrique et un très grand poète. Deux causes y contribuent : la passion qu'à partir de 1791 il éprouve pour Fanny Le Coulteux, les événements tragiques dont il est le témoin angoissé. Pour Fanny il écrit des *Odes,* qui peuvent sembler encore un peu artificielles quant à la forme, mais où les sentiments sont d'une sincérité souvent poignante. Le drame de la Terreur lui inspire les accents de tendre compassion de *La Jeune Captive* et l'indignation généreuse des *Iambes,* où ce cœur « gros de haine, affamé de justice » dit leur fait aux « bourreaux barbouilleurs de lois », par la cruauté desquels il va bientôt périr.

XIXe siècle

1 - Préparation du romantisme

Mainteneurs de la tradition

Avec l'avènement du régime napoléonien se développe un art officiel fondé sur la tradition pseudo-classique et sur le goût du public pour une antiquité stylisée.

On voit donc resurgir **l'épopée.** Mais le souffle épique fait défaut à ces téméraires qui se croient appelés à réussir là où tant d'autres ont échoué, aussi bien à Luce de Lancival qu'à Fontanes. Plus original est Népomucène Lemercier. En choisissant comme thème de son *Atlantiade ou Théogonie newtonienne* la disparition du continent de l'Atlantide, il montre qu'il possède au moins le sens des mythes vraiment épiques.

La poésie didactique et descriptive reste en faveur. Survivant du XVIIIe siècle, Jacques Delille a la prétention de rivaliser avec Virgile et Lucrèce. Chênedollé, ami de Chateaubriand vante en un long poème ennuyeux « le génie de l'homme ». Arnault, Ginguené en sont encore à composer des fables.

Les auteurs tragiques, déjà bridés par le respect des règles, sont obligés de se plier aux exigences de la censure impériale. L'éclat dont a pu jouir la tragédie pendant toute cette période est dû beaucoup moins aux auteurs qu'à leurs interprètes : Talma, Mlle Mars, Mlle George.

La comédie hésite entre la peinture des mœurs et la gaieté légère. Les auteurs comiques de ce temps, Louis-Benoît Picard, Andrieux, Etienne, ont le mérite d'avoir maintenu vivant un genre auquel Scribe donnera, de 1820 à 1850, un réel éclat.

La pure tradition classique ne se trouve guère que chez Paul-Louis Courier. Cet écrivain au caractère difficile, qui se croyait constamment menacé et qui d'ailleurs mourut assassiné par des gens de son entourage, est surtout célèbre comme pamphlétaire. Mais c'est aussi un excellent helléniste, un fervent de notre littérature des XVIe et XVIIe siècles. Il fait peu de cas de Chateaubriand et ne partage pas l'enthousiasme universel pour les *Méditations.* Il déteste le clinquant du romantisme à ses débuts. Par la sûreté de son goût, la perfection de son style, il rappelle Voltaire.

Le romantisme naissant

L'évolution littéraire amorcée au siècle précédent se poursuit. Les traductions d'Ossian, Young, Gray, Shakespeare, Schiller, Gœthe se multiplient. Le passé national est l'objet d'une vive curiosité. On voit paraître une *Histoire des Croisades,* un *Choix des poésies originales des troubadours.* Sur les notions historiques ainsi offertes à leur imagination, les amateurs du moyen âge ne se privent pas de broder. Ainsi se crée « le genre troubadour ».

En poésie, le romantisme ne perce que très difficilement. Ni Legouvé, ni Chênedollé, ni Millevoye, malgré ses accents élégiaques, ne peuvent être considérés comme des novateurs. **Du côté de la prose,** l'évolution est plus rapide. Chez le délicat Xavier de Maistre et dans les romans de la comtesse de Genlis, de Mme de Souza, de Mme de Krüdener, de Mme Cottin, une inquiétude mélancolique se discerne parfois. Ce n'est déjà plus le ton des romans du XVIIIe siècle. Mais ces écrivains ne sont que de modestes précurseurs en comparaison des trois grands prosateurs de leur génération,

Mme de Staël, Benjamin Constant, Chateaubriand, et d'un autre, moins illustre, Senancour, un « René triste », qui a laissé une sorte de chef-d'œuvre, *Obermann,* roman lyrique d'un pessimisme total.

Doctrines philosophiques

L'esprit des encyclopédistes (Helvétius, Condorcet) survit chez des penseurs désignés sous le nom d'**idéologues.** Ils ont le dogmatisme en horreur. Ils ne tiennent compte que de l'expérience. Ils professent le matérialisme et cherchent à établir une morale utilitaire. En politique, ils sont libéraux. Destutt de Tracy est le principal théoricien du groupe, qui comprend aussi Cabanis, Volney, Fauriel. Ils seront éclipsés par l'éclat du romantisme. Mais leur pensée refleurira dans la philosophie positiviste.

Les spiritualistes sont loin de former un pareil bloc. Royer-Collard cherche à démêler ce qui nous vient de l'expérience et ce que nous devons à la raison. Maine de Biran, après avoir appartenu au groupe des idéologues, s'en détache et finit par admettre l'existence de l'âme qu'il identifie avec la volonté. Spiritualiste également et au surplus mystique, Ballanche est un écrivain souvent obscur, qui se plaît à exprimer sa pensée sous la forme de mythes. Il croit que l'humanité meurt pour renaître et qu'à travers une longue série d'épreuves elle s'achemine vers son perfectionnement. Cette doctrine exercera sur les penseurs romantiques une très forte séduction et plusieurs d'entre eux, notamment Victor Hugo, appliqueront la notion de palingénésie, c'est-à-dire de réincarnation, non plus seulement aux sociétés, mais aux individus.

Doctrines politiques

En politique, se manifeste une dualité du même genre.

Au **parti libéral** se rattachent Benjamin Constant et Paul-Louis Courier. Des penseurs plus hardis, Saint-Simon, Fourier, ébauchent un rêve de **socialisme.** Saint-Simon cherche le moyen de remédier aux injustices sociales par la science, l'industrie, une meilleure organisation de la production, la suppression de l'héritage, une rétribution calculée selon les capacités et selon le travail. Fourier, voulant créer parmi les hommes une harmonie répondant à la foi d'attraction universelle, envisage de les grouper dans des « phalanstères », où les retiendraient des affinités communes et où chacun recevrait comme prix de son travail une part des bénéfices.

Les idées monarchistes sont soutenues par Joseph de Maistre et Louis de Bonald. La doctrine de Joseph de Maistre repose sur la notion du péché originel et affirme la nécessité d'une expiation. La guerre, les désordres sociaux sont les justes châtiments de l'homme. Nous n'avons pour sauvegarde que la soumission à la toute-puissance divine représentée par l'Eglise et la monarchie. Bonald est un dialecticien puissant, mais un écrivain lourd. Il s'emploie à montrer la pérennité de la monarchie de droit divin. Lorsque les sociétés s'en écartent sous l'effet des passions humaines, elles y reviennent invinciblement.

Deux foyers de vie intellectuelle

La vie intellectuelle au début du XIXe siècle a été fortement marquée par l'action de deux cercles mondains, celui de Mme de Staël et celui de Mme Récamier. Tant que vécut Mme de Staël, sa réputation littéraire et mondaine éclipsa le charme plus discret de Juliette Récamier. Le règne intellectuel de Mme Récamier ne commence vraiment qu'après la mort de Mme de Staël. Il se prolonge jusqu'aux derniers temps de la monarchie de Juillet.

Dans le salon de Mme de Staël, les préoccupations politiques dominent. Déjà entre 1789 et 1792, Mme de Staël avait tenté vainement d'infléchir la révolution dans le sens de la monarchie constitutionnelle. Sous le Directoire et le Consulat, elle forme le rêve de devenir la conseillère de Bonaparte. Elle ne tarde pas à y renoncer. Alors se cristallise autour d'elle l'opposition au despotisme naissant. A partir de 1803, exilée par le Premier Consul, elle organise pour la vie mondaine son château de Coppet. Elle y reçoit des Français, des Allemands, des Suisses. La petite cour de Mme de Staël est un centre de résistance à l'Empire, un foyer de fermentation littéraire.

Mme Récamier était l'épouse d'un riche banquier, qui lui avait fait une situation mondaine brillante. Liée avec Mme de Staël et, comme elle, de tendance libérale, elle refusa de servir le régime impérial. Ses visites à Coppet où Mme de Staël ne cessait de la réclamer, finirent par la rendre tout à fait suspecte. Elle dut, pour un temps, s'éloigner de Paris. En 1819, après des revers de fortune, elle s'installa dans un appartement dépendant d'un couvent de la rue de Sèvres, l'Abbaye-aux-Bois. Chateaubriand réussit à fixer les sentiments de cette femme, qui s'était jusque là dérobée à l'amour. Elle se montra empressée à soutenir sa gloire. C'est à l'Abbaye-aux-Bois, que furent révélées devant un public choisi certaines œuvres du grand homme : *Le Dernier Abencerage,* d'importants fragments des *Mémoires d'outre-tombe.*

Staël Germaine Necker, baronne de **(1766-1817)**

Fille d'un ministre de Louis XVI, elle voit passer dans le salon de sa mère toutes les célébrités de l'époque.

1786 : elle épouse Erik-Magnus de Staël-Holstein, ambassadeur de Suède.

S'enthousiasme pour la Révolution. Mais devient suspecte et de 1792 à 1795 se réfugie chez son père, à Coppet, près de Genève. Sa longue et orageuse liaison avec Benjamin Constant débute en 1794.

1796 : *De l'influence des passions sur le bonheur des individus et des nations.* 1800 : *De la littérature.* 1802 : *Delphine* (roman).

1803 : interdite de séjour à Paris. Voyages (Italie, Allemagne). Réside le plus souvent à Coppet.

1807 : *Corinne* (roman). 1810 : *De l'Allemagne.*

1811 : veuve depuis 1802, se remarie avec un Suisse, Albert de Rocca.

1812 : quitte Coppet clandestinement, et par l'Autriche, la Russie, la Suède, gagne l'Angleterre.

Sous la Restauration, revient à Paris.

A L'AVANT-GARDE DU ROMANTISME INTELLECTUEL

Mme de Staël croit à la perfectibilité de l'esprit humain et par suite à la nécessité de créer une littérature appropriée aux temps nouveaux. Elle reconnaît la supériorité des modernes sur les anciens, prétend en trouver la preuve dans l'histoire et fait dépendre le « progrès des lumières » de la liberté politique.

Reprenant la théorie de Montesquieu sur la relativité des lois et des coutumes, elle démontre que, chez les modernes, la littérature des anciens est une « littérature transplantée », tandis que la poésie « née de la chevalerie et du christianisme » a « ses racines dans notre propre sol » et, de ce fait, « peut croître et se vivifier à nouveau ».

Elle suggère l'imitation des écrivains « du Nord ». Elle a lancé la légende d'une

Allemagne sentimentale et candide. Son large cosmopolitisme fait place également aux influences italiennes.

A L'AVANT-GARDE DU ROMANTISME SENTIMENTAL

Cette intellectuelle est une passionnée, exaspérante par les exigences de son amitié ou de son amour. Elle fait grand cas de l'enthousiasme. Elle ressent douloureusement l'incomplet de notre destinée. Mais elle est peu accessible au sentiment de la nature. D'autre part, s'il est vrai que sa connaissance de l'Allemagne l'a familiarisée avec le mysticisme, elle manque de dispositions religieuses.

Ses romans content l'histoire de femmes supérieures et incomprises, qui finissent par mourir de douleur et d'amour. Ils présentent la femme comme la victime de contraintes sociales qui lui ôtent la possibilité du bonheur. Ils ne réclament pas pour elle l'égalité avec l'homme, mais seulement le droit d'aimer.

Constant de Rebecque, Benjamin **(1767-1830)**

Né à Lausanne dans une famille de protestants réfugiés. Etudes à Oxford, Erlanger, Edimbourg, Paris, Bruxelles. Chambellan à la cour de Brunswick. Se fait naturaliser Français.

1794-1811 : liaison avec Mme de Staël.

Membre du Tribunat, d'où il est éliminé en 1802. Partage l'exil de Mme de Staël à Weimar, puis à Coppet. Compose *Adolphe.* Contracte (1808) un mariage secret.

1814 : rentre en France. Se déclare d'abord royaliste, puis se rallie à Napoléon, puis deviendra député libéral.

1816 : publication d'*Adolphe.*

1817-1820 : *Cours de politique constitutionnelle.* 1826-1831 : *De la religion considérée dans sa source, ses formes et son développement* (sa grande œuvre).

Posthumes : *Cécile* (roman). *Journaux intimes. Le Cahier rouge.*

ADOLPHE, ROMAN D'ANALYSE

Benjamin Constant fut considéré en son temps comme un profond penseur politique. Aujourd'hui, ses écrits politiques sont oubliés, mais on admire universellement *Adolphe.*

Ce roman, dont le fond est constitué par sa liaison avec Mme de Staël, est une étude minutieuse et cruelle de l'amour qui s'éteint. Sujet original, les romanciers et les dramaturges s'attachant d'habitude à montrer non pas le déclin, mais les progrès de la passion. Par l'importance accordée à l'analyse, par la précision élégante de la forme, *Adolphe* est une œuvre classique. Mais les sentiments sont romantiques, en particulier « cette fatigue, cette incertitude, cette absence de force, cette analyse perpétuelle », dont est faite l'âme d'Adolphe, héros désenchanté.

L'INSAISISSABLE BENJAMIN CONSTANT

Il disait de lui-même : « Constant seulement dans l'inconstance. » Nature insaisissable, il passe d'un amour à l'autre, revient à une passion délaissée, n'ose pas rompre, se débat parmi des complications sentimentales infinies, professe le libéralisme sans estimer les hommes, la religiosité sans avoir la foi. Il était capable du pire. Pourtant, il intéresse. De cet arriviste, de ce joueur, de cet orateur brillant, mais sec, de ce caractère incertain, dont la grande préoccupation fut de préserver sa liberté intérieure, émane aujourd'hui encore une étonnante séduction.

Chateaubriand François-René de **(1768-1848)**

Né à Saint-Malo. Etudes à Dol, Rennes, Dinan, suivies de deux ans d'inaction au château de Combourg. Commence (1786) une carrière militaire entrecoupée de longs congés qu'il passe à Paris.

1791 : voyage en Amérique.

Se marie (1792), s'engage dans l'armée des émigrés, puis s'exile en Angleterre. Y publie (1797) l'*Essai sur les révolutions.*

Rentre en France (1800). Protégé par Fontanes. Liaisons avec Pauline de Beaumont, Delphine de Custine, Nathalie de Noailles.

1801 : *Atala* (épisode des *Natchez*).

1802 : *Le Génie du christianisme.*

1803-1804 : diplomate à Rome et en Suisse. Démissionne après l'exécution du duc d'Enghien.

1805 : *René* (autre épisode des *Natchez*).

1806-1807 : parcourt la Grèce, l'Asie mineure, la Terre-Sainte. Revient par l'Afrique du Nord et l'Espagne.

1809 : *Les Martyrs* (épopée en prose).

1811 : *Itinéraire de Paris à Jérusalem.*

Pair de France (1815). Ambassadeur à Berlin, puis à Londres. Ministre des Affaires étrangères (1822-1824). Ambassadeur à Rome.

1826 : *Les Natchez* (roman épique).

1827 : *Voyage en Amérique.*

Refuse de servir la monarchie de Juillet. Fréquente assidûment Mme Récamier à l'Abbaye-aux-Bois.

1848 : inhumé solitairement dans l'îlot du Grand-Bé, au large de Saint-Malo.

1848-1850 : publication des *Mémoires d'outre-tombe.*

LA SENSIBILITÉ DE CHATEAUBRIAND

Il a connu « le vague des passions » tourment de l'âme adolescente, qui souffre du contraste entre son rêve d'une vie ardente et la médiocrité du réel. L'exemple de René montre les ravages que peut provoquer ce sentiment, les solutions de désespoir auxquelles il risque de conduire.

A l'inverse de son héros, Chateaubriand ne s'abandonne pas au destin. Il cherche obstinément le bonheur. Il le place surtout dans l'amour, mais il ne dédaigne pas la gloire. Les années ne parviennent pas à calmer cette soif de bonheur. « Inutilement je vieillis, écrit-il ; je rêve encore mille chimères. » En fait, Chateaubriand fut un homme comblé. Il a occupé la première place parmi les écrivains de son temps. Sous la Restauration, il a joui d'une situation politique importante. Il a toujours trouvé des femmes empressées à lui plaire, depuis Charlotte Ives, la petite Anglaise des jours d'exil qui, ne le sachant pas marié rêvait de l'épouser, jusqu'à Juliette Récamier, qui entoura sa vieillesse d'attentions affectueuses.

Il a l'obsession de la mort. Quelquefois cette pensée l'accable. D'ordinaire elle renforce son amour de la vie. Elle développe en lui une sorte d'égoïsme cruel. Il semble considérer que la mort d'autrui est pour le survivant une victoire. Il se plaît aux histoires d'amour qui se terminent tragiquement. Atala et Velléda meurent de l'excès de leur amour. Chactas et Eudore éprouvent, au milieu de leurs regrets, la secrète fierté des drames provoqués par eux.

Il affecte l'ennui. Mais il se drape dans son désenchantement comme dans une parure.

LA RELIGION DE CHATEAUBRIAND

Après avoir douté non seulement de l'avenir du christianisme, mais de sa vérité même, Chateaubriand a recouvré la foi en apprenant coup sur coup la mort de sa mère et de sa sœur Julie. Il s'est alors assigné pour tâche de composer une apologie de la religion.

Il ne cherche pas à prouver au moyen d'arguments rationnels la vérité du christianisme. Il veut montrer son charme poétique. « Rien de plus aimable, de plus pompeux que ses dogmes, sa doctrine et son culte. » Il exalte la beauté grandiose ou touchante des cérémonies religieuses. Il réhabilite la cathédrale gothique. Il affirme que le merveilleux chrétien est source de poésie et il s'évertue, dans *Les Martyrs,* à en donner la preuve. Mais la démonstration n'est pas convaincante. L'œuvre vaut surtout par d'admirables évocations historiques, qui ont servi de modèles aux historiens de la génération suivante.

Dans son zèle de montrer que la religion assure notre bonheur terrestre, il va jusqu'à écrire : « Le monde moderne lui doit tout, depuis l'agriculture jusqu'aux sciences abstraites. »

La foi de Chateaubriand est étrangère au mysticisme. Elle a quelque chose de paisible. Lors de son pèlerinage aux Lieux-Saints, il est ému certes, mais d'une émotion intellectuelle et sans aucun élan d'amour divin.

L'ART DE CHATEAUBRIAND

Ses récits et ses descriptions contiennent, à côté d'éléments véridiques et d'impressions vécues, beaucoup de détails empruntés à ses lectures ou tout simplement inventés. Il décrit les paysages d'Amérique et la vie des Indiens d'après les récits du voyageur anglais Carver, du naturaliste américain Bartram, des missionnaires français Charlevoix et Lafitau. Ses *Mémoires* doivent beaucoup aux cahiers de Mme de Chateaubriand. Si l'on confronte son *Itinéraire* avec la prosaïque relation laissée par son domestique Julien, on s'aperçoit qu'il brode constamment sur la réalité. Il accentue l'aspect noble des choses. Il leur prête la somptuosité dont sa nature sensuelle a le goût. Mais il garde une telle exigence de précision dans la couleur et dans la forme, qu'on ne saurait l'accuser d'artifice ou de mensonge. Il compose harmonieusement ses tableaux. S'il paraît avoir une prédilection pour les images éclatantes, il aime aussi ce qui est délicat. Il n'excelle pas moins à évoquer un matin brumeux sur la plage du Lido que la végétation luxuriante des rives du Meschacébé. Il s'adresse encore plus à la sensibilité qu'à l'imagination. Pauline de Beaumont a merveilleusement défini le talent de celui que l'on surnomma l'enchanteur, lorsqu'elle écrit : « Il joue du clavecin sur toutes mes fibres. »

C'est un artiste très scrupuleux. « Cent et cent fois j'ai fait, défait et refait la même phrase », écrit-il à propos des *Martyrs.* Lorsqu'il ne se soucie que d'art pur, ses idées s'ordonnent d'elles-mêmes. Dès qu'il veut démontrer, le style est moins agréable et la composition devient diffuse.

Chez lui, tout n'est pas de même valeur. Avouerons-nous, sans méconnaître les réelles beautés du *Génie du christianisme,* qu'il faut maintenant quelque courage pour lire ce livre dans son entier ? *Atala, Les Natchez* ont pour nous des grâces désuètes. Mais cette sorte de chant somptueux et triste où René conte son enfance rêveuse, garde toute sa valeur d'incantation, et les *Mémoires,* en plus de leur intérêt humain, nous offrent à foison des pages splendides, récits, descriptions, confidences, effusions lyriques. Il y a du vrai dans cette réflexion d'André Suarès : « Chateaubriand doit la gloire à des œuvres toutes mortes aujourd'hui, que personne ne peut lire ; et il ne vit que dans un livre admirable, que personne n'a lu de son vivant. »

2 - Le romantisme

Formation de l'école romantique

Le romantisme est une révolution poétique traduisant une crise de la sensibilité collective. Il n'apparaît en France qu'après 1820, c'est-à-dire à l'époque où déjà la crise prend fin en Angleterre et en Allemagne. Ce retard n'a rien de surprenant : à l'inverse de ces deux pays, la France possède une longue tradition classique, avec laquelle il lui faut rompre.

A l'origine, les romantiques français sont très divisés. Les uns (Vigny, Soumet, Hugo) sont **conservateurs** en politique et en religion. Ils définissent leur position dans *Le Conservateur littéraire,* petite revue fondée par les frères Hugo, puis dans *La Muse française.* A partir de 1824, ils ont pour centre de ralliement le salon de Charles Nodier, formant ce que l'on appelle le **Cénacle.** De leur côté, les écrivains et artistes **libéraux** (Rémusat, Stapfer, Stendhal, Vitet, Viollet-le-Duc, Mérimée) constituent autour d'Étienne Delécluze, journaliste et critique d'art, un autre groupe, dont les premiers éléments se rassemblent dès 1821. Ils de défient du lyrisme sentimental et mystique. Ils penchent vers le rationalisme. Ils préfèrent la prose à la poésie. Le romantisme libéral eut son journal, *Le Globe.*

En décembre 1827, Victor Hugo publie la *Préface de Cromwell,* œuvre retentissante, qui traduit les aspirations de tous les novateurs. Son évolution vers le libéralisme lui permet de rallier l'ensemble de la jeunesse romantique. Il devient le chef d'**un second Cénacle,** qui comprend Vigny, Balzac, Sainte-Beuve, Gautier, Mérimée, Nerval, Musset. Dans son appartement de la rue Notre-Dame-des-Champs, s'organise la bataille romantique. La représentation d'*Hernani* (25 février 1830) met aux prises, dans une atmosphère tumultueuse, partisans et adversaires de la nouvelle école.

Le programme romantique

Il existe, vers 1830, un programme romantique, dont voici les principaux points :

1. Liberté dans l'art, c'est-à-dire abandon des règles classiques, réaction contre l'imitation des anciens.

2. Retour aux sources nationales : moyen âge chrétien, poésie du XVIe siècle.

3. Curiosité à l'égard **des littératures et des civilisations étrangères.** Libre adaptation des modèles étrangers.

4. Recherche du **pittoresque** et de la couleur locale.

5. Individualisme dans l'art, droit pour l'écrivain de prendre ses propres sentiments, sa propre vie comme matière de ses ouvrages.

6. Exaltation du sentiment considéré comme le critère du bien et du mal, de la vérité et de l'erreur.

7. Réforme du style : suppression de la distinction traditionnelle entre termes nobles et termes roturiers ; substitution des mots exacts aux périphrases, des termes concrets aux expressions générales et abstraites.

Le cosmopolitisme romantique

Le mouvement de cosmopolitisme littéraire, qui avait pris naissance au XVIIIe siècle, s'amplifie à la faveur de l'émigration et des guerres.

C'est toujours **la littérature anglaise** qui retient le plus l'attention des Français. Le roman noir inspire Nodier, Balzac, Hugo, George Sand. Les poèmes d'Ossian développent dans notre littérature la disposition à la mélancolie, le goût des paysages brumeux et lunaires, le sens du fantastique. Stendhal affirme qu'il existe un « combat à mort entre le système tragique de Racine et celui de Shakespeare », et naturellement il prend parti pour Shakespeare. Victor Hugo s'évertue à composer un drame shakespearien, *Cromwell.* Vigny adapte *Othello.* Mais seul de tous les romantiques, Musset avec son *Lorenzaccio* retrouvera la manière du grand dramaturge anglais. Walter Scott et Byron jouissent d'un immense prestige.

Malgré les efforts de Mme de Staël, les Français ne se familiarisent que lentement avec **la littérature allemande,** exception faite de Schiller, auquel ils savent gré d'avoir exprimé, dans *Guillaume Tell,* les réactions de l'homme libre aux prises avec la tyrannie. Le renom de Gœthe est considérable, mais en dehors de *Werther* on connaît mal son œuvre.

L'idée que les romantiques français se font de l'Allemagne est fort conventionnelle. A travers les ballades de Bürger et les contes d'Hoffmann, l'Allemagne leur offre la séduction de son réalisme fantastique et de ses légendes. Ils la voient aussi, par les yeux de Mme de Staël, sous un aspect sentimental et poétique. « La vieille Allemagne, notre mère à tous », s'écrie avec attendrissement Gérard de Nerval.

La France a toujours entretenu des rapports étroits avec **l'Italie,** mais plus particulièrement à l'époque romantique. Chateaubriand, Stendhal, Lamartine, George Sand, Musset ont séjourné en Italie. Ils en évoquent volontiers l'atmosphère. Ils aiment ce pays où la vie est facile, où les mœurs sont libres, où la musique est partout en faveur, où l'on complote contre la domination autrichienne. On fait volontiers référence à Dante, Pétrarque, Boccace, Manzoni. Mais la dette du romantisme français envers ces écrivains est peu considérable.

L'Espagne littéraire, pour beaucoup de Français d'alors, se résume à *Don Quichotte.* Musset ne voit dans l'Espagne que le pays des passions violentes. Hugo évoque dans *Hernani* et *Ruy Blas* une Espagne de fantaisie. Théophile Gautier réussit à faire passer dans ses vers quelque chose du réalisme espagnol. De tous les romantiques, Mérimée est celui qui a le mieux pénétré l'âme de l'Espagne.

L'Orient est à la mode. Chateaubriand et Byron en popularisent l'image. La guerre de l'indépendance hellénique passionne l'opinion.

Le lyrisme romantique

Il est possible de distinguer, quoique les limites soient souvent fort incertaines, plusieurs variétés du lyrisme romantique, qui sont les suivantes :

1. Le grand lyrisme. – Mettant en jeu des idées générales, se fondant parfois sur les événements importants de l'actualité, il se rattache à la tradition du **lyrisme d'apparat,** qui remonte jusqu'à Pindare. Ronsard, Malherbe, Boileau, J.-B. Rousseau avaient tenté de retrouver la formule de ce lyrisme. Victor Hugo y parviendra, en modernisant les thèmes et le style, en substituant à un enthousiasme factice **un sentiment vrai.** Son poème de *Napoléon II* peut être considéré comme le modèle du genre.

2. Le lyrisme pittoresque. – Il correspond au goût du jeune romantisme pour les images vives, le moyen âge et ses légendes, le **fantastique.** Ces éléments tiennent une grande place dans les *Ballades* de Victor Hugo, dans *La Comédie de la Mort* de Théophile Gautier, dans le recueil en prose rythmée d'Aloysius Bertrand, *Gaspard de la Nuit.*

3. Le lyrisme personnel. – Tantôt plaintif, tantôt véhément, ce lyrisme unit **confidences intimes** et **sentiments généraux,** s'épanouit en méditations passionnées sur l'homme, la nature et Dieu. Telle est la forme qu'il prend chez Lamartine, Vigny, Hugo, Musset. Les poètes de moindre talent, Guttinguer, Latouche, Marceline Desbordes-Valmore, Arvers, se contentent en général d'effets plus discrets et ne dépassent guère le cadre de **l'élégie.**

4. Le lyrisme intime. – Cette poésie s'attache à découvrir les charmes cachés de la vie quotidienne. Elle aime les sujets prosaïques, **le réalisme familier.** Brizeux, Hégésippe Moreau ont attendri bien des lecteurs par leur grâce un peu mièvre. Sainte-Beuve, qui rêva d'être un grand lyrique, n'est que le plus subtil des poètes intimistes.

5. Le lyrisme symbolique. – Intéressés par **les rapports mystérieux des êtres et des choses,** tous les romantiques ont eu à quelque degré le goût du symbole. Vigny dans *La Maison du berger,* Nerval dans *Les Chimères,* Lamartine dans *La Vigne et la Maison* atteignent un type de poésie très évoluée, où les images suggestives, les effets d'harmonie, le jeu des transpositions remplacent les procédés anciens de description et d'analyse.

6. Le lyrisme satirique. – La satire est absorbée par le lyrisme, dont elle devient une variété relativement rare, mais qui a produit au moins deux œuvres remarquables : en 1831, les *Iambes* de Barbier ; en 1853, *Les Châtiments* de Victor Hugo.

Le théâtre à l'époque romantique

La transition entre le théâtre classique et le drame romantique est assurée par la tragédie historique et par le mélodrame. **La tragédie historique** traite des sujets résolument modernes : *Louis IX* (Ancelot), *Marie Stuart* (Lebrun), *Les Vêpres siciliennes* (Delavigne), *Jeanne d'Arc* (Soumet). Elle reste obsédée par l'exemple de Voltaire. **Le mélodrame** offre l'avantage de n'avoir derrière lui aucune tradition, puisqu'il date seulement de l'époque révolutionnaire. Uniquement soucieux de provoquer l'attendrissement ou l'épouvante, il n'est pas exigeant sur le choix des moyens. Avec ses intrigues compliquées, ses personnages conventionnels, il s'écarte de la vraisemblance. Il se joue surtout dans les salles du boulevard du Temple, surnommé pour cette raison « le boulevard du crime ».

La théorie du drame romantique est esquissée par Stendhal, mise au point par Hugo et par Vigny. Le drame romantique rejette les unités de temps et de lieu. Il mêle « le grotesque au sublime ». Il insiste sur la couleur locale. Il s'efforce d'avoir une portée philosophique ou symbolique. Sa vogue a été très limitée dans le temps. La production dramatique de Victor Hugo s'étend seulement sur les années 1827 à 1843, et la plupart des pièces de Dumas et de Vigny se situent entre ces deux dates.

Il n'existe pas de comédie romantique et il ne saurait en exister, étant donné le principe du mélange des genres. Les pièces de Mérimée et de Musset ne sont pas véritablement des comédies. La fantaisie, les analyses fines, l'humour léger y tiennent la plus grande place. Une fois passés les temps héroïques du romantisme, la tragédie retrouve soudain une faveur passagère avec la *Lucrèce* de Ponsard. Quant à la traditionnelle comédie de mœurs, Scribe la maintient vivante.

Le roman romantique

C'est du XIXᵉ siècle que date le prodigieux essor du roman. Il se développe dans tous les sens, adopte toutes les formes.

Le **roman fantastique** existait déjà au XVIIIᵉ siècle. L'influence persistante du roman noir, celle des légendes allemandes et nordiques, la curiosité inspirée par l'occultisme et les sociétés secrètes favorisent son développement. Il a produit entre autres œuvres remarquables *La Peau de chagrin, Histoire des Treize, Séraphitâ* (Balzac), *Han d'Islande* (Victor Hugo), *Spiridion, Consuelo* (George Sand).

Le **roman historique,** mis à la mode par *Les Martyrs* de Chateaubriand et par les œuvres de Walter Scott, n'est pas très scrupuleux sur l'exactitude. Mais *Cinq-Mars* (Vigny), *Chronique du règne de Charles IX* (Mérimée), *Notre-Dame de Paris* (Victor Hugo) réussissent à faire revivre des personnages historiques ou à reconstituer une atmosphère.

Le roman d'analyse, aux environs de 1830, exalte la passion. Dans *Indiana* (George Sand), *Volupté* (Sainte-Beuve), *La Confession d'un enfant du siècle* (Musset), la confidence personnelle s'épanche, tournant parfois au lyrisme. Stendhal pratique une méthode opposée : celle du détachement apparent et de l'observation attentive.

A mesure que s'avance l'âge romantique, la tendance **réaliste** représentée par Stendhal et Balzac s'amplifie. On trouve chez Mérimée, Musset, Sandeau d'intéressantes descriptions de mœurs parisiennes.

Peu après 1840, les journaux se mettent à publier en **feuilletons** des romans qu'ils commandent aux écrivains à la mode. Cette « littérature industrielle » attire le public par une peinture des mœurs qu'elle prétend réaliste et qui est surtout mélodramatique. Le genre est lancé par *Les Mystères de Paris* d'Eugène Sue, qui passionnent aussitôt les foules. *Le Juif errant* du même auteur et *Les Mystères de Londres* de Paul Féval confirment ce succès. En plein réalisme, subsistera un romantisme du roman. *Dominique* de Fromentin, *L'Éducation sentimentale* de Flaubert, *Les Pléiades* de Gobineau, toute l'œuvre de Barbey d'Aurevilly font revivre, sous une forme marquée par des conceptions esthétiques nouvelles, la sensibilité romantique.

L'histoire romantique

Le désir de mieux connaître le passé national, la curiosité soulevée par les œuvres de Chateaubriand et de Walter Scott entraînent un **renouveau des études historiques.** Alors que, de nos jours, les grandes synthèses historiques sont le fruit d'un long travail d'équipe, les historiens romantiques ne pensent pas qu'il soit impossible à un seul homme de traiter l'*Histoire de la Révolution d'Angleterre* (Guizot), l'*Histoire du Consulat et de l'Empire* (Thiers) ou même l'*Histoire de France* (Michelet).

A des degrés divers, ils considèrent l'histoire comme une œuvre d'art. Les premiers ouvrages d'Augustin Thierry sont des modèles de narration vivante et dramatique. Michelet ressuscite le passé avec une imagination de visionnaire. Barante, Mignet, Henri Martin s'efforcent de conter agréablement. L'œuvre de Thiers, à défaut de qualités plus brillantes, offre le mérite de la clarté.

On fait habituellement la distinction entre histoire philosophique et histoire narrative. Sont considérés comme des **historiens philosophes,** Guizot, qui se fonde sur l'histoire pour démontrer que l'égalité n'est qu'une dangereuse utopie, Quinet, adepte du progrès, sorte de prophète laïc, Alexis de Tocqueville, qui, de son étude des institutions politiques aux États-Unis et en France, tire des leçons relatives à l'avenir de la démocratie, Louis Blanc, qui écrit l'histoire en socialiste. Mais chez les représentants de l'histoire narrative, Augustin Thierry, Michelet, les préoccupations philosophiques interviennent aussi.

Positions de la critique

Le mouvement romantique, en suscitant des controverses littéraires, en multipliant le nombre des journaux et des revues, donne à la critique plus d'importance.

La critique dogmatique est par principe **assez mal disposée pour le romantisme.** Saint-Marc Girardin se place, pour condamner la nouvelle école à un point de vue essentiellement moral. Désiré Nisard pense, comme Voltaire, qu'il existe un idéal du goût incarné par le classicisme.

Du côté romantique, se développe une critique moins guindée. Philarète Chasles, J.-J. Ampère font preuve d'une large curiosité d'esprit, qui s'étend volontiers aux littératures étrangères. Jules Janin, qui fut aussi romancier, est un critique agréable, mais superficiel et de parti-pris. Théophile Gautier a compris intelligemment la vie littéraire et artistique de son temps.

Une réelle curiosité historique inspire les travaux de Villemain, qui explique les œuvres en fonction des formes de civilisation qui les ont produites. Sainte-Beuve a repris cette méthode en l'appliquant à son propre tempérament.

L'éclatement du romantisme

L'école romantique ne garda pas longtemps sa cohésion. D'esprit trop indépendant pour obéir à un mot d'ordre, Musset, Mérimée, Nerval s'écartent du groupe. Vigny, jaloux de la gloire de Victor Hugo, lui témoigne une sourde hostilité. Des motifs d'ordre intime altèrent l'amitié de Victor Hugo et de Sainte-Beuve. En même temps, certaines tendances incluses dans le romantisme se développent exagérément. Si bien que les visages du romantisme se multiplient. Il y a un romantisme social, un romantisme mystique, un romantisme artiste.

1. Le romantisme social. – A l'origine, les romantiques étaient politiquement divisés. La tendance libérale ne tarde pas à l'emporter. Le romantisme prend fougueusement parti pour les nations opprimées, Grèce, Italie, Pologne. Les idées de Saint-Simon se répandent après la mort de ce penseur. Une **école saint-simonienne** se fonde, qui a pour chef Enfantin. Pierre Leroux et Proudhon élaborent de nouvelles conceptions du socialisme. Les grands romantiques, Lamennais, Lamartine, Michelet, Hugo, George Sand, Sainte-Beuve et même Vigny, sont obsédés par le problème social. Leur socialisme est un rêve humanitaire plus qu'une doctrine efficace. Pourtant, il pousse à l'action politique plusieurs d'entre eux : Lamennais, Lamartine, George Sand joueront un rôle de premier plan dans les événements de 1848. Cette idéologie produit des œuvres qui exaltent le peuple et son destin, qui célèbrent la poésie des humbles existences.

2. Le romantisme mystique. – La *Profession de foi du vicaire savoyard* constitue une première étape vers la religion romantique. *Le Génie du christianisme,* tout en se maintenant dans la ligne de l'orthodoxie, favorise les déviations sentimentales de la croyance. Les *Méditations* de Lamartine traduisent l'inquiétude mystique de la génération nouvelle. L'idée se répand qu'**une transformation religieuse est nécessaire.** Lamennais essaie vainement de réaliser cette transformation. Chez la plupart des romantiques, la pensée religieuse obéit à deux tendances profondes : échapper aux règles qui contraignent l'homme et limitent le champ de ses passions, trouver dans l'au-delà un appui et une justification. Le dogme des peines éternelles est écarté.

On le remplace par celui de la réincarnation, qui donne à l'expiation un caractère provisoire. Pierre Leroux professe que cette réincarnation se fait à l'intérieur de l'humanité. Victor Hugo en étend le principe à tous les êtres de la création. Balzac admet, selon l'enseignement du théosophe suédois Swedenborg, que nous sommes entourés d'esprits, avec lesquels nous pouvons entrer en communication.

3. Le romantisme artiste. – Le romantisme de la couleur et de la forme, celui dont Victor Hugo avait, en 1829, donné le modèle dans *Les Orientales,* garde ses partisans. Leur point de vue se résume dans cette phrase de Théophile Gautier : « Il n'y a de vraiment beau que ce qui ne peut servir à rien. » Ils constituent, entre 1831 et 1833, un groupe auquel on a donné le nom de « petit Cénacle ». Ce groupe, animé par Théophile Gautier, comprend Nerval, Pétrus Borel, Philothée O'Neddy, Auguste Maquet, Bouchardy. La tendance qu'il représente se continuera dans l'école de l'art pour l'art, puis dans la poésie pernassienne.

Nodier Charles **(1780-1844)**

Né à Besançon. Traumatisé par les excès de la Terreur. Grande précocité intellectuelle. Se livre à des recherches d'entomologie.

1802 : *Les Proscrits.* 1803 : *Le Peintre de Salzbourg.*

Inquiété pour son hostilité à l'Empire, mène une vie aventureuse. Bibliothécaire à Laybach (Illyrie) en 1813.

1821 : *Smarra ou les Démons de la nuit.* Se rend en Ecosse. Rencontre Walter Scott. 1822 : *Trilby ou le Lutin d'Argail.*

Devient en 1824 bibliothécaire de l'Arsenal. Il y reçoit la jeunesse romantique.

1832 : *La Fée aux miettes.*

A partir du mariage de sa fille (1830), il vécut surtout dans son monde intérieur.

UN AMATEUR DE FANTASTIQUE

Ce fut un personnage étrange et tourmenté. Il se prit d'abord pour une sorte de Werther *(Les Proscrits, Le Peintre de Salzbourg).* Puis il se lança dans le genre frénétique : *Smarra* est une suite d'affreux cauchemars. Ses années de vie mondaine (1823-1830) sont encadrées par la publication de deux contes, *Trilby* et *La Fée aux miettes,* qui exaltent le rêve. La batelière Jeannie n'est heureuse que grâce au lutin Trilby, familier de sa demeure, et quand l'exorcisme est prononcé contre lui, elle tombe morte. Le charpentier Michel s'éprend d'une vieille mendiante difforme, la Fée aux miettes, et l'épouse. La nuit, elle devient pour lui Belkiss, la reine de Saba. Ces deux histoires offrent un enchaînement d'aventures familières ou extravagantes contées avec une grâce exquise. Elles contiennent la philosophie de Nodier, « lunatique volontaire », qui n'évita la tentation du désespoir qu'en cédant à celle de l'évasion.

Lamennais Félicité-Robert de **(1782-1854)**

Ordonné prêtre (1816). Sa propriété de La Chesnaie est un foyer de vie spirituelle.

1817 : *Essai sur l'indifférence en matière de religion.*

1830 : avec Lacordaire, Montalembert, Maurice de Guérin, il fonde un journal de propagande démocratique *L'Avenir.* Son action est condamnée par l'encyclique *Mirari vos* (1832). Il se soumet.

1834 : *Paroles d'un croyant* (Ce livre marque sa rupture avec Rome).

1838 : *Le Livre du peuple.*

1848 : député à l'Assemblée nationale.

L'APOTRE DU SOCIALISME CHRÉTIEN

Tant qu'il resta dans l'Église, Lamennais y représenta l'esprit de réforme. Après sa rupture, il s'engagea très loin dans l'hérésie. Il avait cessé de croire au Christ comme Dieu. Les sacrements lui paraissaient des symboles. Il croyait élaborer la religion de l'avenir. Mais sa prédication ne fut pas écoutée.

S'inspirant des principes évangéliques, il assigne comme but à l'action politique de faire cesser l'esclavage du peuple, d'établir l'égalité. On y parviendra par l'avènement de la démocratie, l'extension de l'enseignement, l'esprit d'association.

Lamennais est un des plus grands poètes en prose de notre langue. Les images, les symboles, les visions à caractère hallucinatoire constituent ses modes d'expression les plus naturels. Il a vivement senti et il restitue avec une rare puissance la poésie des livres saints. Il fait grand usage du verset.

Stendhal Henri Beyle, dit **(1783-1842)**

Né à Grenoble. Education bourgeoise. Etudes de mathématiques.

Participe comme sous-lieutenant à la campagne d'Italie (1800-1801). Intendant militaire en Autriche, Saxe, Russie (1806-1814).

1814 : *Vies de Haydn, de Mozart et de Métastase.*

1814-1821 : Milan. Passions orageuses (Angela Pietragrua, Métilde Dembowska). Expulsé d'Italie pour ses idées libérales.

1817 : *Rome, Naples et Florence.*

1821-1830 : Paris. Liaison avec la comtesse Curial. Fréquente le « grenier » de Delécluze. *De l'amour* (1822). *Racine et Shakespeare* (1823). *Armance* (roman, 1827). *Promenades dans Rome* (1829). *Le Rouge et le Noir* (1830).

1830-1841 : consul à Trieste, puis à Civitavecchia. (En congé à Paris de 1836 à 1839). *Chroniques italiennes* (1837-1839). *Mémoires d'un touriste* (1838). *La Chartreuse de Parme* (1839).

Posthumes : *Lamiel, Lucien Leuwen* (romans inachevés). *Souvenirs d'égotisme. Vie de Henry Brulard. Journal.*

EGOTISME ET GOUT DU MASQUE

Il entend par égotisme non seulement la propension à parler de soi, mais l'absolue sincérité de l'homme face à lui-même. Sa grande jouissance d'écrivain fut de raconter ses bonheurs passés. Il ne vint au roman qu'assez tard. Il publia d'abord des récits de voyage, des essais sur la musique, la peinture, la littérature et son fameux traité *De l'amour* (qui n'eut sur le moment aucun succès). Au cours de sa carrière, il utilisa cent neuf pseudonymes différents. Pensant que « trop de sensibilité empêche de juger », il voulut se faire « dur, inflexible, insensible même ». Ce masque recouvre une émotivité profonde, une imagination romanesque obsédée par des rêves d'amour et de gloire. Il considère « la chasse au bonheur » comme une sorte de devoir. L'amour fut l'occupation de toute sa vie, et il y trouva les plus délicieux plaisirs, même dans l'insuccès (Métilde). La qualité qu'il estime le plus est l'énergie. Il admire les êtres forts, comme Napoléon. Il situe au-dessus des lois les âmes vraiment libres. Sans se faire une règle de l'immoralité, il pense que si l'on ne veut pas être une victime, on doit se servir des armes en usage dans une société hypocrite et cruelle. Ce machiavélisme est tempéré par un sentiment très vif de l'honneur.

Libéral en politique et foncièrement irréligieux, n'ayant que mépris pour la déclamation lyrique, il représente un romantisme minoritaire.

L'UNIVERS ROMANESQUE DE STENDHAL

Le décor (Franche-Comté, Italie du Nord) aide à définir les êtres, à les mettre en valeur. Mais ce sont les êtres qui comptent. Les protagonistes des romans de Stendhal, Julien Sorel *(Le Rouge et le Noir),* Fabrice del Dongo *(La Chartreuse de Parme),* Lucien Leuwen, incarnent son idéal de vie aventureuse et passionnée, de volonté lucide. Parmi ses héroïnes, certaines, Mathilde de la Mole, la Sanseverina, s'harmonisent avec cet idéal par l'intrépidité de leur caractère, par leur sens de l'intrigue. Mais Julien Sorel aussi bien que Fabrice sont heureux de trouver l'un auprès de Mme de Rênal, l'autre auprès de Clélia Conti la douceur apaisante d'un tendre amour. *Lucien Leuwen* est une sorte d'art d'aimer, aussi délicat que celui de Laclos est cynique.

Au second plan s'agite la société dont il a voulu se faire le chroniqueur : celle de la Restauration, à laquelle il reproche son hypocrisie et ses intrigues, celle de la monarchie de Juillet, qui ne lui inspire pas non plus beaucoup d'estime. Il préfère la société italienne, où les caractères fiers ne se laissent pas étouffer. Pourtant là encore, en observant la vie des cours, il a pu déceler des bassesses et des perfidies. Stigmatiser par des peintures malicieuses ces hommes qu'il méprise, lui cause la même délectation que Flaubert éprouvera bientôt à mettre en scène des médiocres et des sots.

L'ART DE STENDHAL

Il a défini le roman « un miroir qui se promène sur une grande route ». Il aime les faits concrets. Il puise abondamment dans ses propres souvenirs, qu'il s'évertue à fixer pour lui-même, en s'aidant de croquis et de plans. Il adapte en romans ou en nouvelles des anecdotes empruntées à l'actualité ou à de vieilles chroniques. On le considère comme un ancêtre du réalisme. Il est en effet réaliste par la précision et l'audace qu'il apporte dans la peinture des sentiments. Mais il déteste la tristesse des choses laides et ne s'attarde jamais bien longtemps à les décrire. Il n'a pas le préjugé du beau style. Il s'entraînait à écrire en lisant, prétend-il, des passages du Code civil. Aussi travaillait-il avec rapidité. Il ne mit que cinquante-deux jours à dicter *La Chartreuse de Parme.*

Malgré la confiance que lui témoignait le petit groupe de ses amis, malgré l'article admiratif que Balzac écrivit sur *La Chartreuse de Parme* « un livre où le sublime éclate de chapitre en chapitre », il fut méconnu de ses contemporains. Il misait sur le jugement de la postérité. Il ne s'est pas trompé.

Lamartine Alphonse de **(1790-1869)**

Né à Mâcon. Enfance à Milly. Etudes chez les Jésuites de Belley. 1811-1812 : Naples. Liaison avec Graziella. A son retour, il a deux autres liaisons féminines avant de rencontrer, à Aix-les-Bains, Julie Charles (1816). Elle meurt en 1817.

1820 : ***Méditations poétiques.*** **Il épouse Mary-Ann Birch.**

1820-1828 : carrière diplomatique (Naples, Florence).

1823 : ***Nouvelles méditations poétiques.*** **1830 :** ***Harmonies poétiques et religieuses.***

Voyage en Orient (1832-1833). Mort de sa fille à Beyrouth. Elu député de Bergues (1833).

1836 : ***Jocelyn*** **(long poème racontant la vie de sacrifices d'un prêtre sous la Révolution).**

1838 : ***La Chute d'un ange*** **(11 000 vers. Sujet : les amours d'une mortelle et d'un ange rabaissé à la condition d'homme).**

1839 : ***Recueillements poétiques.***

1847 : ***Histoire des Girondins.***

1848 : membre du Gouvernement provisoire, puis candidat malheureux à la présidence de la République.

1856-1869 : ***Cours familier de littérature.***

Il vieillit entouré des soins affectueux de sa nière Valentine de Cessiat et meurt ruiné.

LE LYRISME LAMARTINIEN

Le style poétique de Lamartine n'abandonnera que peu à peu les usages pseudo-classiques : périphrases, allusions mythologiques, métaphores, termes nobles. La passion du jeune écrivain pour Julie Charles lui permet de découvrir un lyrisme non pas entièrement nouveau, mais essentiellement constitué d'effusions ardentes, d'harmonies entre la nature et l'homme, de grandes idées philosophiques, embelli de descriptions et d'images, riche en effets musicaux.

Lamartine transpose et idéalise la réalité. Sa personnalité poétique ne correspond jamais exactement à sa personnalité réelle. Les *Méditations* le montrent accablé par la mort d'Elvire et par elle seule. Pourtant, il a d'autres soucis plus prosaïques : la place de sous-préfet qu'il convoite lui échappe, Talma refuse sa tragédie de *Saül.* Le personnage d'Elvire emprunte ses traits à trois femmes différentes : Graziella, Julie Charles, Mary-Ann Birch. Les paysages qu'il décrit sont rêvés plutôt qu'observés. On reconnaît celui du *Lac :* le lac du Bourget. Mais celui de *L'Isolement,* celui du *Vallon* sont d'une identification difficile.

Progressivement le poète élargit son inspiration. *Ischia* exprime une joie puissante de vivre et d'aimer ; dans l'*Hymne au matin, Le Chêne, l'Occident,* le sentiment de la nature et de Dieu s'élève jusqu'à l'enthousiasme cosmique. Avec *Jocelyn* et les *Recueillements,* apparaissent les préoccupations humanitaires. Le dernier grand poème de Lamartine, *La Vigne et la Maison,* admirable méditation sur la vieillesse, annonce par la puissance suggestive des images et la musicalité du style, une transformation du goût littéraire et le symbolisme tout proche.

LA RELIGION LAMARTINIENNE

Elevé dans le catholicisme le plus strict, Lamartine, après avoir cessé d'être pratiquant, le redevient vers 1818. Mais il s'accommode mal de certaines rigueurs de la doctrine. Il trouve mauvaise l'alliance de l'Eglise et du pouvoir. Comme Lamennais, il songe à une rénovation religieuse fondée sur une meilleure interprétation de l'Evangile.

Il entreprend son voyage en Orient avec l'espoir d'y consolider sa foi. C'est le contraire qui se produit. Sa visite au Saint-Sépulcre, la mort de sa fille Julia détruisent en lui les « illusions » du catholicisme. Il rejette la révélation. Il ne retient du christianisme que plusieurs grands principes : l'existence de Dieu, l'immortalité de l'âme, la rédemption par le sacrifice. Il souffre de sentir Dieu si inaccessible. Il veut croire cependant en sa justice. Il accepte de le servir et de souffrir pour lui. Il espère le trouver « au terme du chemin ». Il conçoit le bonheur de l'au-delà comme la réunion, dans le sein de Dieu, des êtres qui, sur la terre, se sont aimés. L'Église le traite avec méfiance. Ses livres sont mis à l'Index. Lui-même sera, de 1883 jusqu'à sa mort, irréductible, irréconciliable à l'égard du catholicisme. Mais il évitera le scandale d'une rupture déclarée avec l'Église.

Le panthéisme l'a parfois séduit, moins comme une doctrine que comme un thème poétique. De même, il ne semble pas avoir cru sérieusement à la réincarnation terrestre des âmes, bien qu'il utilise dans *La Chute d'un ange* ce mythe familier à toute la génération romantique.

LA POLITIQUE LAMARTINIENNE

D'abord légitimiste, Lamartine, aussitôt après 1830, s'affirme partisan de la démocratie. Le devoir primordial de l'homme lui paraît être de travailler pour ses semblables et, s'il le faut, de se sacrifier pour eux. Tel est l'exemple que donne Jocelyn. Lamartine lui-même, une fois passée la fougue de sa jeunesse, n'a plus rêvé que de construire un monde pacifique et fraternel, persuadé qu'il servait ainsi la volonté de Dieu. Il voulait améliorer la condition des humbles, mais sans toucher à la propriété individuelle. Il redoutait la révolution et ses violences. Comme membre du Gouvernement provisoire, il fit avorter les tentatives d'insurrection socialiste, mais il ne put consentir à opprimer le prolétariat. Cette attitude doublement négative explique le brusque déclin de sa popularité après les journées de juin.

Ce fut un grand orateur politique. Son éloquence est enflammée, pleine d'images. Il en usa avec cette ardeur généreuse qui était dans sa nature.

Thierry Augustin **(1795-1856)**

Né à Blois. Prend conscience de sa vocation à la lecture des *Martyrs.* Après son passage à Normale supérieure, devient secrétaire de Saint-Simon (1814-1817). Ecrit dans des journaux libéraux (1817-1821).

1825 : *Histoire de la conquête de l'Angleterre par les Normands.*

Atteint de cécité, il poursuit néanmoins sa tâche.

1840 : *Récits des temps mérovingiens.*

1850 : *Essai sur l'histoire de la formation et des progrès du tiers état.*

UN HISTORIEN PHILOSOPHE, ARTISTE, ÉRUDIT

Pénétré de philosophie libérale, Augustin Thierry avait constaté, en étudiant l'histoire de l'Angleterre, l'antagonisme de la race conquérante et de la race vaincue. Il transporte cette idée dans l'histoire de France, où les efforts du tiers état pour se libérer représenteraient la réaction de la race gallo-romaine contre les envahisseurs germaniques, dont les descendants ont constitué la classe aristocratique et bourgeoise.

« Toute composition historique, dit-il, est un travail d'art autant que d'érudition. » Les *Récits des temps mérovingiens,* où il dessine d'après les chroniques de Grégoire de Tours un tableau de la Gaule au VIe siècle, passent à juste titre pour le chef-d'œuvre de l'histoire narrative.

En 1840, Augustin Thierry est chargé de réunir des documents relatifs au tiers état sous l'ancien régime. Ce travail l'amène à se faire une conception plus scientifique de l'histoire. Son *Essai sur l'histoire de la formation et des progrès du tiers état* marque la transition entre l'histoire romantique, surtout philosophique et littéraire, et la science historique, telle qu'elle va se constituer par la suite.

Vigny Alfred de **(1797-1863)**

Appartient à une famille noble ruinée. Prépare Polytechnique (1811-1814). Officier de l'armée royale (1814-1824). Se marie (1825). Lydia est peu compréhensive et sera presque toujours malade.

1826 : *Poèmes antiques et modernes. Cinq-Mars* (roman).

Fréquente le Cénacle. Ne réussit pas à s'imposer comme chef de l'école romantique.

1831-1838 : liaison avec l'actrice Marie Dorval.

1832 : *Stello* (trois destins de poètes).

1835 : *Chatterton* (drame en prose tiré de *Stello). Servitude et grandeur militaires* (trois destins de soldats).

1837 : rédige *Daphné.*

1838 : se retire provisoirement au Maine-Giraud (Charente).

1845 : élection à l'Académie (après six échecs).

1848 : candidat malheureux aux élections législatives.

1864 : *Les Destinées* (onze poèmes, dont sept avaient déjà paru dans la *Revue des Deux Mondes).*

1867 : *Journal d'un poète.*

LA PHILOSOPHIE DE VIGNY

Des ambitions incomplètement satisfaites, une vie conjugale manquée, le bonheur vainement cherché dans des liaisons, dont la plus importante (Marie Dorval) fut une source d'humiliations, sa raideur fière peu propice aux contacts humains, le sentiment d'être incompris, tout cela le disposait à un pessimisme qui repose d'ailleurs sur de solides raisons intellectuelles.

Il admet *(Daphné)* l'existence d'une vérité éternelle, située bien au-dessus des dogmes, lesquels ne servent qu'à maintenir chez l'homme le sens du divin. La durée de chaque religion est limitée. Il ne croit pas en la Providence. Il constate la solitude de l'homme, l'indifférence de la nature et de Dieu, la vanité de l'amour, la rigueur inflexible du destin.

Une attitude de révolte n'aurait pas de sens. « Un désespoir paisible, sans convulsions de colère et sans reproches au ciel, est la sagesse même », écrit-il. Ce désespoir entraîne le refus de l'action dans la mesure où elle est stérile et dégradante. Il voulut pourtant se mêler de politique. Ce ne fut qu'une velléité. Il lui reste l'espoir ou l'illusion d'apporter une aide à ses compagnons de misère. Incroyant mais mystique, il leur offre une religion de l'Esprit. Il voit dans l'Esprit la vraie noblesse de l'homme. Il pense qu'un jour, l'intelligence affranchie de la matière dominera le monde.

LE SYMBOLISME DE VIGNY

Pour donner une forme concrète à sa pensée, il utilise le symbole. Mais comme l'idée existe préalablement au symbole, le symbole choisi n'est pas toujours exactement assorti à l'idée. Cinq-Mars, qui ne fut qu'un médiocre aventurier, devient ainsi le symbole de la noblesse luttant héroïquement contre une oppression tyrannique. La chasse au loup ne se déroule pas comme Vigny nous la raconte. Mais il fallait que le loup pût représenter un lutteur sans espoir. La méditation du Christ au jardin des Oliviers revêt chez Vigny le caractère qu'elle n'a pas dans la Bible, d'une protestation contre toute l'œuvre de la création.

Quelquefois, particulièrement dans certains passages de *La Maison du berger,* l'expression même prend un tour symbolique. Le jeu des transpositions, la subtilité des nuances réussissent à suggérer l'inexprimable. La nouveauté de ce style prélude à la révolution symboliste.

Michelet Jules **(1798-1874)**

Fils d'un modeste imprimeur parisien ruiné. Travaille dans l'atelier paternel. Etudes au collège Charlemagne. Commence (1821) une carrière de professeur. *Histoire romaine* (1831).

1831 : chef de la division historique aux Archives nationales.

1833-1844 : *Histoire de France* (I à VI).

1838 : professeur au Collège de France. 1843 : *Des Jésuites* (en collaboration avec Edgar Quinet). 1846 : *Le Peuple.* 1847-1853 : *Histoire de la Révolution.*

1852 : destitué pour raisons politiques. Passe plusieurs années à Nantes. Traverse une période difficile.

1855-1867 : *Histoire de France* (VII à XVII).

1856-1868 : *L'Oiseau. L'Insecte. L'Amour. La Femme. La Mer. La Sorcière. La Montagne.* (Certains de ces ouvrages sont écrits avec la collaboration de sa seconde femme, Athénaïs Mialaret, pour laquelle il éprouva la passion la plus vive.)

1864 : *La Bible de l'Humanité.*

***Journal,* 4 vol. publiés en 1959, 1962 et 1976.**

LA RÉSURRECTION DU PASSÉ ET L'HISTOIRE PARTISANE

Michelet avait compris de bonne heure que l'histoire ne peut pas être dissociée des autres sciences humaines : linguistique, littérature, archéologie, philosophie, et qu'une nation se développe comme un organisme vivant à partir de certaines données géographiques et physiques. Il se fixe pour but de reconstituer « le puissant travail de soi sur soi », au cours duquel la France « par son progrès propre » a transformé « tous ses éléments bruts ». Pour cette résurrection intégrale du passé l'érudition ne suffit pas : il faut aussi une sorte d'intuition créatrice.

Michelet, écrivain passionné, nerveux, ne croit pas devoir refouler ses sentiments personnels : enthousiasme, indignation, haine, pitié. Il libère du même coup toutes les forces de son imagination. Il n'est plus seulement un historien. Il devient un poète épique, un visionnaire, sous les yeux de qui s'anime le passé, un prophète qui entrevoit l'avenir. Il croit déceler partout les signes de l'immense effort de l'humanité cherchant à secouer ses chaînes.

Cette conception de l'œuvre historique n'était pas sans dangers. Michelet a pris ses hypothèses pour des vérités incontestables. Faute plus grave, il a très vite cessé de croire aux vertus de l'impartialité. Son livre *Des Jésuites* est inspiré par un anticléricalisme violent. Dans la seconde série de son *Histoire de France,* il entasse les griefs contre les oppresseurs du peuple : les rois, les nobles, les prêtres. Il tronque les documents qui ne vont pas dans le sens de son idéologie : l'histoire est devenue pour lui une œuvre de combat.

Balzac Honoré de **(1799-1850)**

Né à Tours. Milieu bourgeois. Pensionnaire chez les Oratoriens de Vendôme, puis dans deux établissements parisiens. En 1819 abandonne le droit pour se consacrer à la littérature.

1825 : ses insuccès l'amènent à se lancer dans les affaires (imprimerie, fonderie de caractères). Malgré l'aide de Mme de Berny il connaît de graves difficultés financières.

***Les Chouans* (1829). *La Peau de chagrin* (1831). *Louis Lambert* (1832).**

1832 : entre en relations avec une comtesse polonaise, Mme Hanska.

***Eugénie Grandet* (1833). *Le Père Goriot* (1834). *Le Lys dans la vallée* (1835). *César Birotteau* (1837). *Illusions perdues* (1837-1843).**

1842 : adopte pour son œuvre le titre de *Comédie humaine.*

***La Cousine Bette* (1846). *Le Cousin Pons* (1847).**

Mars 1850 : épouse Mme Hanska. Meurt en août.

PLAN DE *LA COMÉDIE HUMAINE*

La Comédie humaine comprend trois séries. En voici les principaux titres d'après le *Catalogue* de 1845 :

1. *Etudes de mœurs* se subdivisant en ***Scènes de la vie privée*** *(Le Colonel Chabert, Béatrix, Le Père Goriot),* ***Scènes de la vie de province*** *(Le Lys dans la vallée, Ursule Mirouët, Eugénie Grandet, Illusions perdues),* ***Scènes de la vie parisienne*** *(Histoire des Treize, César Birotteau, Splendeurs et misères des courtisanes),* ***Scènes de la vie politique*** *(Une ténébreuse affaire),* ***Scènes de la vie militaire*** *(Les Chouans),* ***Scènes de la vie de campagne*** *(Les Paysans, Le Médecin de campagne, Le Curé de village).*

2. *Etudes philosophiques* *(La Peau de chagrin, La Recherche de l'absolu, Louis Lambert, Séraphita).*

3. *Etudes analytiques* *(Physiologie du mariage).*

Ce plan, conçu après coup, est mal équilibré. Les *Etudes de mœurs* englobent à elles seules les trois quarts de l'œuvre.

LE DÉCOR BALZACIEN

La plupart des romans de Balzac se déroulent entre 1800 et 1848. Ils ont pour cadre soit Paris, soit les environs de Paris, soit la province (Tours et la Touraine, Douai, Alençon, Fougères, Guérande, Le Croisic, Saumur, Angoulême, Issoudun, Sancerre, Nemours), soit encore l'étranger (Brabant, Egypte, Espagne, Italie, Norvège, Suisse).

La peinture du décor est très minutieuse. Lorsque, dans *Le Père Goriot,* Balzac décrit la pension Vauquer, on a l'impression qu'il procède à l'inventaire de cette demeure sordide. Ou encore il nous transporte dans une vieille rue d'Alençon, nous arrête devant un hôtel Renaissance et, avant de nous y faire pénétrer, nous en détaille toutes les particularités architecturales.

Il n'est pas moins attentif à observer et à peindre la nature. Les campagnes traversées de rivières ont sa préférence. Sa description des bords de l'Indre *(Le Lys dans la vallée)* se pare de toutes les splendeurs de l'été. Dans *Eugénie Grandet*, la région de Saumur est représentée en grisaille.

Il ne décrit pas pour décrire, mais parce que les choses aident à mieux comprendre les êtres et contribuent peut-être, par de mystérieuses influences, à les faire tels qu'ils sont.

LES PERSONNAGES BALZACIENS

Les deux mille personnages de *La Comédie humaine* appartiennent à de nombreux milieux : aristocratie parisienne ou provinciale, monde de la finance, du commerce, du journalisme, de la littérature, de la médecine, de l'armée, de l'administration, de la politique, de l'Église. On y trouve aussi des bourgeois de province, de jeunes arrivistes, des aventuriers, des paysans. Dans cette foule, la classe ouvrière à peu près seule n'est pas représentée.

Tous nous sont montrés avec leurs traits physiques, leur costume, leurs gestes familiers, leurs manies. Le père Grandet a sur le nez « une loupe veinée ». Vautrin est « l'homme à favoris peints ». Parfois le portrait tourne à la caricature (les invités de César Birotteau). Leur don de présence tient à la puissante imagination de l'écrivain, qui rebrasse les éléments provenant du réel, projette ses créations dans son univers romanesque, leur attribue une existence indépendante, les matérialise presque.

Les premiers rôles sont tenus par des personnages qui semblent emprunter à Balzac sa vitalité puissante. Rastignac, Rubempré, Nucingen, Vautrin sont dévorés d'ambition. Grandet, Goriot, Hulot ne visent pas à la possession du monde. Mais par la violence extraordinaire avec laquelle ils vivent leur passion, ils sont de grandes natures jusque dans la médiocrité apparente de leur destin.

Malgré l'affirmation de Balzac selon laquelle il y aurait dans *La Comédie humaine* « plus de personnages vertueux que de personnages répréhensibles », l'œuvre nous laisse l'impression d'une humanité cruelle.

LES IDÉES DE BALZAC

Si complaisant qu'il soit pour les cyniques et les révoltés, Balzac croit aux bienfaits de l'ordre. « J'écris, déclare-t-il, à la lueur de deux vérités éternelles, la Religion, la Monarchie. »

Il admet l'existence de forces surnaturelles qui se révèlent par le magnétisme, la télépathie, et dont les esprits vigoureux pourraient s'assurer la possession. Il a rêvé d'acquérir pour lui-même ce pouvoir prestigieux.

Il pense que chacun de nous dispose d'une réserve limitée d'énergie. En voulant vivre intensément, l'homme brûle sa vie. Le symbole de la peau de chagrin, l'exemple de Louis Lambert, la vie même de Balzac illustrent cette idée de façon dramatique.

Hugo Victor-Marie **(1802-1885)**

Troisième fils du commandant Hugo qui deviendra général et comte. Mésentente et séparation de ses parents.

1819 : fonde avec ses frères *Le Conservateur littéraire.* 1882 : *Odes.* Complété, ce recueil s'intitulera en 1828 *Odes et Ballades.*

1822 : épouse Adèle Foucher.

1823 : *Han d'Islande* (roman). 1827 : *Cromwell* (drame).

1829 : réunit chez lui les poètes du Cénacle. *Les Orientales.*

25 février 1830 : « bataille » d'*Hernani.* Fera jouer ensuite *Marion de Lorme* (1831), *Le Roi s'amuse* (1832), et, après plusieurs drames en prose, *Ruy Blas* (1838). Renonce au théâtre après l'échec des *Burgraves* (1843).

1831 : *Notre-Dame de Paris. Les Feuilles d'automne.*

1833 : début de sa liaison avec Juliette Drouet. Cette liaison durera jusqu'à la mort de Juliette (1883).

***Les Chants du crépuscule (1835).* Les Voix intérieures (1837). *Les Rayons et les Ombres* (1840).**

1843 : sa fille Léopoldine meurt noyée à Villequier.

1843-1852 : silence littéraire. 1845 : pair de France.

1851 : s'exile à Bruxelles, puis à Jersey. 1853 : *Les Châtiments.* 1855 : expulsé de Jersey, s'installe à Guernesey. Travail intense. Soucis familiaux. Sa seconde fille, Adèle, sombre peu à peu dans la folie.

1856 : *Les Contemplations.* 1859 : *La Légende des siècles.* 1862 : *Les Misérables* (en chantier dès 1845). 1865 : *Chansons des rues et des bois.* 1866 : *Les Travailleurs de la mer.* 1869 : *L'Homme qui rit.*

1871 : député à l'Assemblée nationale. Démissionne. 1876 : élu sénateur.

1874 : *Quatre-vingt-treize.*

1885 : funérailles grandioses (racontées par Barrès dans *Les Déracinés*).

Posthumes : *La Fin de Satan. Dieu. Toute la lyre. Post-scriptum de ma vie.*

LE POÈTE LYRIQUE

Il existe chez Victor Hugo un lyrisme formel et un lyrisme du sentiment qui interfèrent constamment. La tradition dont il est le continuateur le pousse vers un lyrisme strophique, riche en images, inspiré par les circonstances ou par de grandes idées. A ce genre se rattachent ses *Odes,* ainsi que certains poèmes des *Orientales (Mazeppa)* ou des *Chants du crépuscule (Ode à la Colonne, Napoléon II).*

L'expérience de la vie, un nouvel amour (Juliette Drouet), un grand deuil (la mort de sa fille aînée), un regard plus attentif jeté sur le monde, la conception qu'il se fait désormais du poète, sorte de prophète dépositaire des secrets de la nature et de Dieu, élargissent son lyrisme. *Les Contemplations* résument vingt-cinq années de luttes, de joies, de souffrances, de méditations : poésie ample, somptueuse, où l'âme s'analyse, où la nature s'anime d'une vie foisonnante dont le poète cherche à percer le mystère. Parfois l'angoisse métaphysique y mêle des visions d'épouvante. Mais elle laisse toujours subsister l'espoir.

Il arrive aussi que son inspiration s'éclaire d'un sourire, comme dans *Chansons des rues et des bois,* où il célèbre sur un ton volontiers libertin la joie de vivre.

LE DRAMATURGE

On a reproché au théâtre de Victor Hugo ses procédés de mélodrame, « substitutions, déguisements et reconnaissances, escaliers ou échelles, poignards, poisons et narcotiques », ainsi qu'un abus de la déclamation s'expliquant par cette théorie que la multitude ne doit pas sortir du théâtre « sans emporter avec elle quelque morale austère et profonde ». Mais l'action est vigoureusement menée, riche en rebondissements, en épisodes pathétiques. Ces pièces, écrites par un auteur jeune, ont l'exubérance de la jeunesse.

Les personnages sont entièrement bons ou entièrement mauvais, raidis dans leur signification symbolique : des « figures de cartes à jouer » a-t-on dit. On ne saurait les prendre au sérieux, et pourtant on les écoute avec plaisir. Dans les scènes d'amour, ils savent être émouvants. Le lyrisme de ce théâtre constitue l'un de ses plus grands charmes.

LE ROMANCIER

Les romans de Victor Hugo appartiennent à plusieurs variétés : roman noir *(Han d'Islande, L'Homme qui rit),* roman historique *(Notre-Dame de Paris, Quatre-vingt-treize),* roman social *(Les Misérables).* Toutes les inspirations s'y rencontrent : réaliste, idéaliste, satirique, épique. Touffus, pleins de digressions et d'invraisemblances, ils sont construits selon une technique non pas très savante, mais ingénieuse et dont l'une des principales recettes consiste à placer au bon endroit un détail apparemment insignifiant, auquel s'accrochera plus loin un nouvel épisode. Ils valent par l'imagination. Cette qualité se marque dans la conception de l'intrigue, l'art d'animer les êtres, les foules, de faire revivre le passé.

Ils traduisent les aspirations d'une âme généreuse. Ils exaltent la bonté, le courage, les humbles vertus. Attendrissants à souhait, ils réalisent le type parfait de la littérature populaire.

LE SATIRIQUE

Devenu après le 2 décembre, l'adversaire intraitable de Louis-Napoléon, il écrit contre lui des œuvres vengeresses, dont la principale est le recueil des *Châtiments,* six mille vers, pleins d'invectives, d'injures, de sarcasmes, de calembours. Alternent avec cette verve proprement satirique des visions épiques, des sortes de chansons tantôt plaintives, tantôt narquoises. Le poète se compare à Juvénal, à Tacite, adversaires comme lui d'un régime despotique. De cette poésie véhémente se dégagent d'éloquentes leçons de moralité politique et de justice sociale.

LE CRÉATEUR DE MYTHES

Dans *La Légende des siècles,* il retrace l'histoire de l'humanité en une série de tableaux qui symbolisent les grandes préoccupations de l'époque : la lutte du bien contre le mal, l'abandon des anciens dogmes au profit d'une religion plus large, le progrès matériel et moral. Ces « petites épopées », où il rebrasse avec quelque fantaisie les éléments que lui fournit son érudition, mettent en scène des personnages fabuleux, Caïn, Booz, Roland, le Cid, dans des aventures merveilleuses, au milieu de décors somptueux ou hallucinants. Parfois la création mythique prend des proportions grandioses. Le Satyre, symbole des conquêtes de l'esprit humain, finit par s'identifier à l'univers.

Un souffle épique anime également son théâtre et plus encore ses romans, dont les sujets déjà graves et nobles par eux-mêmes (les drames de la mer, la vie des « misérables », les luttes de la Convention) sont agrandis jusqu'à la légende. Les personnages dépassent la mesure humaine, et la popularité de certains (Quasimodo, Gavroche, Jean Valjean) montre qu'autour d'eux se sont développés des sortes de mythes riches de signification humaine et philosophique.

LE PENSEUR

Il croit en l'existence d'un « grand Dieu sombre », que le cœur pressent, que l'intelligence ne peut connaître. Il le prie avec ferveur. Il prie également certains morts à l'âme pure, qui sont nos intercesseurs auprès de lui. Il entrevoit au-delà du réel les forces inconnues qui agissent sur notre destinée. Ce mystère sacré qui l'épouvante l'attire irrésistiblement.

Il professe que tout est plein d'âmes, dont une justice à la fois stricte et bienveillante règle le sort. Selon son degré d'innocence ou de culpabilité, l'âme s'incarne dans un être plus ou moins pur, plus ou moins déshérité. Au cours de ses différentes incarnations, elle évolue ainsi entre la matière brute et l'ange. Peu à peu, malgré les inévitables retours en arrière, conséquences du péché, elle finira par se rapprocher de la condition divine. Le poète crut avoir la confirmation de ces croyances par les révélations que lui apportèrent les tables tournantes entre 1853 et 1855.

Bien qu'il se fût définitivement éloigné de l'Église, il n'avait aucune sympathie pour les positivistes, les rationalistes, les scientistes. Son attitude religieuse choqua vivement les libres penseurs, sans lui valoir la sympathie des catholiques. Elle explique certains jugements sévères dont il fut l'objet.

Dumas Alexandre **(1803-1870)**

La mort de son père, le général Dumas (1810), plonge la famille dans la gêne. Après avoir exercé de petits métiers, il connaît le succès avec *Henri III et sa cour* (1829), *Antony* (1831), *La Tour de Nesle* (1832).

1844 : *Les Trois Mousquetaires.* A ce roman font suite *Le Vicomte de Bragelonne* et *Vingt ans après.*

1844-1845 : *Le Comte de Monte-Cristo.*

1851-1854 : pour fuir ses créanciers, s'exile à Bruxelles.

1854 : *Les Mohicans de Paris.*

Après avoir été prodigieusement riche, il meurt délaissé et presque pauvre.

UN ÉCRIVAIN D'UNE RARE FÉCONDITÉ

Henri III et sa cour, Antony, La Tour de Nesle font date dans l'histoire du théâtre romantique. Ces drames en prose pleins d'outrances, mais vivants, mouvementés, exercèrent sur la jeune littérature un effet stimulant. Dumas signa une soixantaine de pièces (drames historiques souvent tirés de ses romans, mélodrames, un *Don Juan de Marana,* une pièce sur l'acteur Kean).

Dans ses romans il garde le goût de la mise en scène et d'une action rebondissante. Il s'était entouré d'une équipe de collaborateurs qui lui préparait la matière à traiter prise dans l'histoire des XVIe, XVIIe, XVIIIe siècles. Il en tirait des romans de cape et d'épée. Dans *Les Mohicans de Paris* il met en scène les bas-fonds parisiens de son époque : concession à la mode lancée par Eugène Sue.

Mérimée Prosper **(1803-1870)**

Fils unique de parents voltairiens et artistes, peu fortunés. Grande curiosité intellectuelle. Fréquente le cénacle de Delécluze. Ami de Stendhal.

***Théâtre de Clara Gazul* (1825). *La Guzla* (1827). *La Jacquerie* (drame, 1828). *Chronique du règne de Charles IX* (1829). *Mateo Falcone* (1829). *Le Vase étrusque* (1830).**

1830 : il voyage en Espagne. Fait connaissance des Montijo.

1831 : commence une carrière de fonctionnaire. Sera, de 1884 à 1860, inspecteur général des Monuments historiques et à ce titre fera de nombreuses tournées dans toute la France. Ne se mariera pas. Longue liaison avec Mme Delessert.

***La Double Méprise* (1833). *Les Ames du purgatoire* (1834). *La Vénus d'Ille* (1837). *Colomba* (1840). *Carmen* (1845).**

1844 : élection à l'Académie.

Nommé sénateur (1853). Hôte assidu de la cour impériale.

Retour à la littérature d'imagination : *La Chambre bleue* (1866), *Lokis* (1868).

***Correspondance* (17 vol.).**

UN BOURGEOIS LIBÉRAL, PUIS CONSERVATEUR

Sous Charles X, il fut sincèrement libéral. Dans *La Jacquerie,* il manifeste sa sympathie pour les mouvements de révolte populaire. Mais il s'accommoda de la monarchie de Juillet. Il fut horrifié par la révolution de 1848 et se rallia d'autant plus volontiers à l'Empire qu'il était depuis longtemps l'ami des Montijo. Ce ralliement lui valut des haines tenaces, que ses manières sarcastiques, sa froideur ne pouvaient qu'entretenir. Sa devise était : « Souviens-toi de te méfier. » Sa correspondance révèle que sous son masque d'indifférence il cachait de grandes qualités de cœur.

UNE INSPIRATION INTERMITTENTE

Il aurait pu être un très grand écrivain. Mais à l'inverse de celui qu'il appelait « le Victor Hugo », il ne se prenait pas pour un génie. Sinon il n'aurait pas cherché à se faire passer pour une comédienne espagnole (Clara Gazul), ou pour un barde illyrien *(La Guzla).* Il consacra l'essentiel de son activité à son métier d'inspecteur des Monuments historiques et aux à-côtés de ce métier : l'archéologie, l'histoire, l'étude des mœurs, celle des langues. Il joua un rôle capital dans la sauvegarde et la remise en état de notre patrimoine architectural.

Il voulait et il obtint la réussite sociale. Mais selon son propre aveu, après avoir été « cuistre par profession », il le devint par goût. Entre 1846 et 1866, il n'écrivit plus aucune nouvelle. Pourtant son talent n'avait rien perdu de sa vigueur : *Lokis* est une de ses meilleurs œuvres. Il est l'exemple, exceptionnel dans notre littérature, d'un écrivain qui a sacrifié son œuvre à ses ambitions de carrière.

UN RÉALISTE AMATEUR DE FANTASTIQUE

On l'a jugé réaliste, parce qu'il peint l'humanité sans indulgence. Il aime les individualités fortes, les passions violentes, les « histoires de crimes bien noires et bien belles ». Il s'est plu à évoquer l'atmosphère sanglante des guerres de religion *(Chronique du règne de Charles IX),* les affaires de vendetta *(Colomba),* la dépravation des mœurs *(La Famille de Carjaval, Carmen).* Ses héroïnes sont le plus souvent diaboliques. Mais il a des égards pour les femmes du monde *(Le Vase étrusque, La Double Méprise).* Il conduit ses récits avec une apparence d'insensibilité, une brièveté dépouillée, qui lui permettent d'éviter tout pathétique vulgaire. Il s'amuse à faire peur *(Les Ames du purgatoire, La Vénus d'Ille).* Il y parvient grâce à cette recette : « Lorsque l'on raconte quelque chose de surnaturel, on ne saurait trop multiplier les détails de réalité matérielle. »

Sand Aurore Dudevant, dite George **(1804-1876)**

Elle descend par bâtardise de Maurice de Saxe et des rois de Pologne. Sa famille maternelle est strictement plébéienne. Enfance à Nohant, chez sa grand-mère paternelle. Puis pensionnaire dans l'aristocratique couvent des Augustines anglaises. Epouse Casimir Dudevant (1822).

Mère de deux enfants, elle quitte son mari (1831) pour rejoindre Sandeau et chercher fortune à Paris. *Indiana* (1832). *Valentine* (1832). *Lélia* (1833).

1833-1835 : liaison avec Musset. Voyage à Venise (1834). *André. Jacques. Lettres d'un voyageur.*

Procès en séparation (1836). Fréquente Liszt, Lamennais, Leroux. *Mauprat* (1837). *Spiridion* (1838).

1838-1847 : liaison avec Chopin. Séjour à Majorque (1839). *Le Compagnon du tour de France* (1841). *Consuelo* (1842-1843). *Le Meunier d'Angibault* (1845). *Le Péché de M. Antoine* (1846). *La Mare au Diable* (1845).

1848 : *François le Champi.* Pendant la révolution elle conseille Ledru-Rollin et complote avec Barbès. Après le 15 mai, elle se retire à Nohant. Ecrit *La Petite Fadette.*

1851 : fait jouer avec succès *Claudie* et *Le Mariage de Victorine.*

***Les Maîtres sonneurs* (1853). *Histoire de ma vie* (1854-1855). *Les Beaux Messieurs de Bois-Doré* (1857-1858). *Elle et Lui* (1859, récit romancé de son aventure avec Musset). *Jean de la Roche* (1859). *Le Marquis de Villemer* (1860).**

Son anticléricalisme s'accentue (*Mlle La Quintinie,* 1863). Relations amicales avec Dumas fils et Flaubert. En 1871 sera hostile à la Commune et à Gambetta. Considère la république de M. Thiers comme un moindre mal.

1872 : *Nanon.*

***Correspondance* en cours de publication.**

SES THÈMES D'INSPIRATION

Le courant romantique se dessine vigoureusement dans les œuvres où la jeune romancière proteste contre l'injustice du mariage, réclame pour la femme le droit à l'amour *(Indiana, Valentine),* ou lorsqu'elle s'abandonne à un pessimisme désespéré *(Lélia).* Ce romantisme s'atténuera par la suite, mais elle conservera l'habitude et le goût de la confidence.

Elevée dans le catholicisme, elle s'en détache progressivement au cours d'une longue crise mystique. Elle espère d'abord avec Lamennais que l'Eglise pourra se rénover. Puis Leroux lui enseigne que la religion progresse grâce à des révélations successives. *Spiridion, Consuelo* illustrent cette doctrine qui finira par s'imposer à elle comme une certitude.

Le socialisme humanitaire commence à la gagner dès 1835. Elle rêve d'une société fraternelle, où tous les hommes auront leur part des biens matériels et des jouissances de l'art. Ce socialisme exclut toute idée de lutte des classes : ce sont les riches qui doivent renoncer volontairement à leur superflu. Pour les y amener, il faut leur faire aimer les déshérités. A cette propagande généreuse elle consacre non seulement ses romans dits socialistes, mais ses romans champêtres.

L'inspiration champêtre anime plus spécialement *La Mare au Diable, François le Champi, La Petite Fadette, Les Maîtres sonneurs.* Mais elle circule dans toute l'œuvre, depuis *Valentine* et *Mauprat* jusqu'à *Nanon.*

En vieillissant George Sand se rapproche des milieux mondains, les met volontiers en scène, adopte certains de leurs principes. Mais elle essaie de varier le plus possible son inspiration. La production de ses vingt dernières années comprend des romans de passion, des romans de mœurs, des romans autobiographiques, des romans d'aventures, des romans historiques, des romans à thèse.

SON ART DU ROMAN

On oppose habituellement son idéalisme au réalisme de Balzac. Elle-même nous y invite. Très consciente de sa tendance instinctive à idéaliser, elle en a fait une théorie d'art. Dans la préface de *La Mare au diable,* elle affirme sa volonté « de faire aimer les objets de sa sollicitude et au besoin de les embellir un peu ». Ses paysans, tout en restant des êtres simples, seront donc justes et fiers, et ses héroïnes campagnardes seront nobles et touchantes.

Si elle gomme certains aspects déplaisants du réel, elle reste dans la vérité humaine. Elle est même capable d'une observation réaliste poussée jusqu'à la malice. On rencontre dans son œuvre des femmes coquettes, des amants tyranniques, des paysans finauds, des bourgeois cupides. Elle sait dessiner des silhouettes caricaturales, raconter des scènes comiques d'une authenticité parfaite.

Sa faculté dominante n'en est pas moins l'imagination. S'appuyant sur une documentation très mince (gravures, récits de voyages) elle a su évoquer avec une intuition surprenante des pays où elle n'est jamais allée : Bohême, Sicile, Scandinavie. Elle peut aussi bien composer un roman de cape et d'épée *(Les Beaux Messieurs de Bois-Doré)* que raconter à la manière de Jules Verne un voyage à l'intérieur de la terre.

C'est dans l'agencement des intrigues que cet art trop imaginatif produit les effets les moins heureux. Faute de serrer la réalité d'assez près, George Sand place ses héros dans des situations souvent invraisemblables, dans un enchaînement de malheurs qui ne peuvent se dénouer que par miracle. Ce défaut s'accroît à mesure qu'elle avance en âge, d'autant plus visible qu'il n'est désormais masqué ni par le lyrisme de la forme, ni par la générosité de l'intention, ni par la poésie des descriptions, ni par la vérité de l'analyse. C'est pourquoi toute une partie de son œuvre est tombée dans l'oubli.

Sainte-Beuve Charles-Augustin **(1804-1869)**

Orphelin de père. Elevé par sa mère et sa tante. Abandonne (1826) les études de médecine pour la littérature. Fréquente le Cénacle.

1828 : *Tableau historique et critique de la poésie française et du théâtre français au XVIe siècle.*

***Vie, Poésies et Pensées de Joseph Delorme* (1829). *Les Consolations* (1830).**

Vers 1830 : liaison avec Adèle Hugo. Cet amour lui inspire un roman, *Volupté* (1834).

D'un cours professé à Lausanne (1837-1838) sortira l'*Histoire de Port-Royal* (1840-1859) et d'un cours professé à Liège (1849) *Chateaubriand et son groupe littéraire* (1861).

1852 : ralliement à l'Empire qui en fera un sénateur. Vers 1868, il se range dans l'opposition libérale.

Sous les titres de *Causeries du lundi* et de *Nouveaux lundis* ont été publiés les feuilletons hebdomadaires qu'à partir de 1849 il donna dans différents journaux.

Une importante partie de sa *Correspondance* a été publiée.

SAINTE-BEUVE POÈTE

De son propre aveu, il manque de grandeur. Ce qu'il aime c'est la poésie des existences modestes et des natures tourmentées. Ses vers offrent des trouvailles originales, d'exquis détails. Mais les phrases sinueuses, les constructions audacieuses, les images déconcertantes y sont accumulées comme à plaisir, et la solennité raisonneuse du ton fait parfois un curieux contraste avec le prosaïsme des sujets.

Ce poète de second ordre a exercé une forte influence sur les intimistes, Coppée, Verlaine. D'autre part, il a fourni à Baudelaire le modèle d'une poésie qui trouve plaisir à se repaître d'amertume.

SAINTE-BEUVE ROMANCIER

Dans *Volupté,* son unique roman, Sainte-Beuve raconte sa propre histoire. Les allusions au ménage Hugo (M. et Mme de Couaën) y sont transparentes, quoique le poète soit travesti en un chef de conspirateurs royalistes. Ce roman est un témoignage pénétrant sur les aspirations excessives et contradictoires de l'âme romantique, sur l'échec auquel elles sont vouées, sur les tares secrètes que recouvrent mal les grands sentiments.

Ce qui nuit à ce roman, c'est que le ton en est triste, l'action trop lente, alourdie par un excès d'explications et d'analyses. Il ne s'agit d'ailleurs pas là de négligences. Le narrateur est prêtre et Sainte-Beuve s'efforce de lui faire parler un langage approprié à sa condition.

SAINTE-BEUVE CRITIQUE

Avant 1849, Sainte-Beuve avait disposé du temps suffisant pour entreprendre des ouvrages portant sur de vastes ensembles : la Pléiade, Port-Royal, Chateaubriand et son groupe littéraire. Après 1849, se trouvant dans l'obligation d'écrire un feuilleton chaque semaine, il renouvelle constamment ses sujets d'étude.

Sa méthode consiste essentiellement à comprendre et à définir. A travers les œuvres, il s'efforce d'apercevoir les âmes. Il s'attache avec un soin particulier aux portraits de femmes. Il se pose à propos des « personnages littéraires » des questions comme celles-ci : « Que pensait-il en religion ? Comment était-il affecté du spectacle de la nature ? Comment se comportait-il sur l'article des femmes ? Sur l'article de l'argent ? »

Vers 1862, il est amené sous l'influence de Taine à concevoir la critique comme une histoire naturelle des esprits. Peut-être faut-il voir là surtout une concession à la mode. Il continue en effet de se fier à son intuition. Mais sa préoccupation de vérité objective s'est accrue. Il accorde plus d'importance à la recherche des documents, à leur contrôle.

On a pu lui reprocher de céder à ses antipathies, tout en s'efforçant de les masquer. Les réserves qu'il formule à propos de Chateaubriand, Lamartine, Vigny, Musset, révèlent une secrète jalousie. Il n'a rendu pleinement justice ni à Balzac, ni à Baudelaire. Cela n'empêche pas que cet homme supérieurement intelligent, fin, cultivé, fut et reste, en dépit des modes, notre plus grand critique.

Nerval Gérard Labrunie, dit de **(1808-1855)**

Orphelin de mère à deux ans. Enfance à Mortefontaine chez un grand-oncle. Appartient au Petit Cénacle (1831-1833), puis à « la Bohême » de l'impasse du Doyenné (1834-1836). Passion pour Jenny Colon (vers 1837). Hospitalisé pour troubles mentaux (1841). Long voyage (Egypte, Syrie, Turquie, Malte, Naples. 1843).

1851 : *Voyage en Orient.* Nouvelle hospitalisation.

1852 : *La Bohême galante.*

1853-1854 : troisième hospitalisation.

1854 : *Les Filles du feu* (nouvelles). *Les Chimères* (douze sonnets).

26 janvier 1855 : on le découvre pendu dans la rue de la Vieille-Lanterne.

1855 : *Aurélia.*

LE POÈTE

Il se rattache au genre intimiste par la simplicité naïve de ses vers de jeunesse et par certains de ses récits. Dans *Sylvie (Les Filles du feu)* il évoque des promenades, des danses, une hospitalité rustique, une campagne un peu voilée, un château, une place de village, une atmosphère et des personnages candides. La douceur nostalgique du style contribue à créer un effet d'enchantement.

Poète de l'irréel, Nerval joue avec les allusions comprises de lui seul, le mystère des symboles, le pouvoir envoûtant des mots. Malgré l'ingéniosité des commentateurs, les sonnets des *Chimères* posent encore bien des énigmes. Dans ces vers sibyllins le poète a enfermé la substance la plus précieuse de ses rêves.

L'ILLUMINÉ

C'est à partir de sa passion malheureuse pour Jenny Colon que commence pour lui « l'épanchement du songe dans la vie réelle ». Dès lors, il cherche partout des signes de l'au-delà, dans sa propre imagination, dans les cultes ésotériques, dans les légendes orientales, dans un catholicisme librement interprété.

Aurélia est le journal de sa folie. Il en reconstitue les visions avec une application émerveillée : scènes tantôt radieuses, tantôt macabres, où apparaissent son vieil oncle de Mortefontaine, Sylvie, Adrienne et surtout Aurélia, c'est-à-dire Jenny Colon. Il compare son expérience « à ce qui pour les anciens représentait l'idée d'une descente aux enfers ». Il a le sentiment d'avoir subi « l'initiation sacrée ».

Ame généreuse, il n'impute pas à autrui ses échecs ou ses malheurs. Il se juge lui-même coupable et il éprouve un besoin de rachat. Il a confiance dans l'intercession d'êtres quasi angéliques en qui se confondent l'image de sa mère, des femmes qu'il a aimées, de la Vierge Marie.

Ses hallucinations ne doivent rien à l'alcool, ni aux stupéfiants. D'une sincérité totale, il est probablement le seul poète que le rêve, sous sa forme la plus pure, ait conduit jusqu'à l'aliénation.

Musset Alfred de **(1810-1857)**

Après de brillantes études, est introduit au Cénacle (1828). Mais préfère la compagnie de jeunes dandies, riches et jouisseurs. *Contes d'Espagne et d'Italie*

(1830). *Un spectacle dans un fauteuil* (1832).

1833 : publie trois pièces *(André del Sarto, Les Caprices de Marianne, Fantasio)* et le poème de *Rolla*.

1833-1835 : liaison avec George Sand. Voyage à Venise. Grave maladie. Excédée de ses caprices, George Sand se console auprès du docteur Pagello. *On ne badine pas avec l'amour* (1834). *Lorenzaccio* (1834).

***Les Nuits* (mai et décembre 1835, août 1836, octobre 1837). *La Confession d'un enfant du siècle* (1836).**

Nombreuses aventures amoureuses. *Un caprice* (1837). Bibliothécaire du ministère de l'Intérieur (1838).

Désormais il écrit peu : quelques poèmes *(Une soirée perdue, Souvenir)*, quelques pièces *(Il faut qu'une porte soit ouverte ou fermée, On ne saurait penser à tout)*. Election à l'Académie (1852).

SON LYRISME

Les premières œuvres de Musset mettent à profit toutes les ressources du romantisme : décors pittoresques (l'Espagne, l'Italie, plus rarement le moyen âge), passions frénétiques, thèmes ossianiques ou byroniens, jeux de la versification et du style. Cette désinvolture juvénile recouvre une inquiétude philosophique et religieuse dont le suicide de Rolla est le symbole désolant.

L'influence de George Sand le convertit au lyrisme pathétique. Pourtant, bien qu'il affirme que la poésie est faite de la vie même du poète et particulièrement de ses souffrances, il n'est guère prodigue de confidences circonstanciées. Il brouille les pistes. Dans *Les Nuits*, il mêle au souvenir de George Sand d'autres souvenirs amoureux, lointains ou récents. Le sentiment et l'idée le préoccupent plus que l'anecdote.

Une fois passée cette crise intellectuelle, qui déborde la crise sentimentale, il revient à une manière plus détendue. Il retrouve par moments sa fantaisie d'autrefois, mais sous une forme moins éclatante. Son goût pour la sobriété classique s'accentue.

SON THÉATRE

Même diversité dans ses œuvres dramatiques, écrites presque toutes pour la lecture, mais avec un sens très sûr des techniques de la scène.

Il n'a pas manqué d'être tenté par le drame historique. *André del Sarto* est un essai aux proportions encore modestes, où l'action très ramassée se déroule selon un rythme haletant. *Lorenzaccio* atteint à la grandeur shakespearienne. La ville de Florence au XVIe siècle y est ressuscitée avec ses mœurs, son décor, sa couleur, ses foules. Ce tableau grouillant de vie laisse entrevoir certaines vérités profondes : les ravages du vice, le néant de l'amour, l'effroi du penseur devant l'action.

Mais les dispositions naturelles du poète et ses habitudes d'esprit le portent plutôt vers un théâtre de fantaisie, qui hésite entre la comédie et le drame. Formule très souple, qui lui a inspiré d'exquis chefs-d'œuvre : *Les Caprices de Marianne, Fantasio, On ne badine pas avec l'amour, Le Chandelier.* Dans un décor le plus souvent factice, se meuvent des personnages idéalement gracieux, amants pleins d'audace, jeunes filles ou femmes ni trop réservées, ni trop coquettes et d'amusants fantoches. Ils tiennent de poétiques propos. Derrière cette fantaisie, les caractères se révèlent dans la riche complexité de leur nature faite d'élans, de velléités, de contradictions, de mensonges.

Les pièces écrites par Musset à partir de 1836 sont d'une qualité moins haute. Elles se rattachent pour la plupart à un genre factice qui consiste à illustrer un proverbe. Les proverbes de Musset mettent en scène la bonne société du temps, et se développent autour d'une légère intrigue d'amour, dans une atmosphère de marivaudage.

SON ŒUVRE DE CONTEUR

Musset manifesta parfois quelque dédain pour la prose. Il voulut pourtant consacrer un roman à l'histoire de ses amours avec George Sand. C'est une œuvre souvent grandiloquente, où le narrateur ne craint pas de se rabaisser lui-même, pour mieux exalter sa maîtresse. *La Confession* a une autre signification, plus large : ce libertin, qui s'analyse avec tant de pénétration, rattache son cas au désarroi intellectuel et moral de sa génération, et par là il définit le mal du siècle.

A partir de 1837, Musset se mit à composer également des nouvelles. Elles sont agréables et spirituelles, mais elles manquent de vigueur. Son talent y donne des signes d'essoufflement.

Ce n'est là qu'un aspect du déclin prématuré de cet écrivain naguère éblouissant, déclin qu'il précipita par ses excès, mais qui est imputable pour une part à l'isolement littéraire auquel son indépendance d'esprit le condamna.

3 - La revanche du réalisme

L'art pour l'art

Le romantisme ne s'intéressait au concret que dans la mesure où il flattait l'imagination. Il accordait bien plus d'importance à la vérité idéale qu'à la réalité positive. Pourtant la première réaction en faveur d'une littérature plus proche du réel est née du romantisme lui-même, plus exactement de l'une de ses branches, **le romantisme artiste.**

Les écrivains du « Petit Cénacle », Gautier, Nerval et leurs amis, indifférents aux idéologies qui gagnaient le romantisme, étaient restés fidèles au culte de la beauté plastique. La tradition qu'ils avaient représentée, reprend force vers 1850. Dégagée de son excès d'idéalisme et de fantaisie, elle cherche à s'imposer par réaction contre le matérialisme grandissant. A la formule de l'art pour l'art, depuis longtemps prônée par Théophile Gautier, se rallient Banville, Baudelaire, Flaubert, Bouilhet, Fromentin. Placé à la direction de la *Revue de Paris* de 1851 à 1858, Gautier fait servir cette publication à la propagande en faveur de ses idées littéraires. Mais l'école de l'art pour l'art est bientôt supplantée par un mouvement plus important et nettement hostile au romantisme, le Parnasse.

Le Parnasse

En 1865, le poète Louis-Xavier de Ricard fonda une revue, *L'Art,* publiée par l'éditeur Lemerre. Cette revue périclita faute d'argent. Son comité de rédaction eut alors l'idée de faire paraître un recueil de vers par fascicules, *Le Parnasse contemporain.* Dix-huit fascicules furent ainsi publiés de mars à juin 1866. A ce premier *Parnasse* deux suites furent données, l'une en 1871, la seconde en 1876. Au total, le nombre des collaborateurs du *Parnasse contemporain* est de l'ordre d'une centaine, **la quasi-totalité des poètes du temps.** Sous le patronage de Théophile Gautier et de Leconte de Lisle, leurs talents individuels s'épanouissent librement. Théodore de Banville, qui fixa dans son *Petit traité de poésie française* la technique parnassienne, est un virtuose de la facilité. Heredia, fier de ses origines cubaines et de ses ancêtres conquistadores, distille avec application des sonnets splendides, qu'il livre parcimonieusement au public, et qu'il ne rassemblera en un recueil, *Les Trophées,* qu'en 1893. Sully Prudhomme, après avoir chanté *Les Solitudes* et *Les Vaines Tendresses,* se tournera vers la poésie didactique. François Coppée préférera se confiner dans le genre intimiste. D'autres, Baudelaire, Verlaine, Mallarmé, Villiers de l'Isle-Adam, après avoir pendant quelque temps suivi le mouvement parnassien, poursuivront dans une autre direction leur effort poétique.

Positivisme et scientisme

Entre-temps avait surgi une philosophie nouvelle, le positivisme, dont Auguste Comte, avait jeté les bases dans son *Cours de philosophie positive.* D'après ce philosophe, l'histoire de l'humanité se divise en trois phases : l'état théologique, l'état métaphysique et l'état positif. Le XIXe siècle marque l'avènement de l'état positif. Ce sont les sciences désormais qui doivent régir le monde, essentiellement la sociologie, et, à défaut, la biologie. Sa méthode, **la méthode expérimentale,** est l'instrument le plus efficace dont la pensée humaine dispose dans la recherche de la vérité.

La doctrine positiviste eut pour propagateur zélé le grand philologue Littré. Elle séduisit des poètes comme Leconte de Lisle, des critiques comme Sainte-Beuve. L'historien Fustel de Coulanges en tira la méthode rigoureuse de fidélité aux textes, dont son livre célèbre, *La Cité antique,* est l'application. Elle marqua profondément Taine et Renan, et par leur intermédiaire, son action s'exerça sur une grande partie de la littérature.

Elle développa le scientisme, tendance philosophique caractérisée par une confiance démesurée dans les possibilités de la science. Cette confiance anime les romans de science-fiction de Jules Verne. Mais alors que la philosophie scientiste se contente d'espoirs vagues, l'imagination pratique de Jules Verne a su donner à ces espoirs une forme concrète. Un roman de Villiers de l'Isle-Adam, *L'Eve future,* va encore plus loin dans le sens de l'anticipation. A l'époque, les inventions de ces écrivains ne furent pas prises au sérieux. Depuis que leurs prévisions se sont en partie réalisées, leur cote littéraire, du moins celle de Jules Verne, s'est sensiblement améliorée.

Le réalisme

Dans les années qui suivent 1850, se développe un mouvement réaliste. Il vise « à la reproduction exacte, complète, sincère du milieu social, de l'époque ». Il se refuse à faire un choix entre les aspects du réel. La laideur et la vulgarité ne le rebutent pas.

La campagne en faveur du réalisme est menée par des peintres, Daumier, Millet, Courbet et par des écrivains de second plan, Champfleury, Murger, Duranty. Flaubert se défend de patronner ce mouvement, auquel pourtant la publication de *Madame Bovary* donne une impulsion vigoureuse. Désormais le roman va se fixer. L'idée qu'il doit toujours être à quelque degré une peinture objective du réel s'imposera de plus en plus.

Il n'existe pas, à proprement parler, d'école réaliste et le réalisme offre bien des nuances : très discret chez Fromentin, assez âpre chez Ferdinand Fabre et Flaubert, souvent brutal chez les Goncourt. D'autre part, il n'a produit qu'un petit nombre d'œuvres. Son importance est faite surtout des prolongements qu'il a eus, tant à l'étranger qu'en France.

Le naturalisme

Le naturalisme est le durcissement et la systématisation du réalisme. Il se fonde sur une philosophie matérialiste et déterministe, qui l'autorise à penser que les méthodes de la biologie et de la physiologie, peuvent s'appliquer au domaine moral, que le romancier peut imaginer des expériences, étudier comment, dans des circonstances nouvelles, les éléments du caractère se transforment, comment certains actes surgissent en vertu du principe de causalité.

Ces idées, auxquelles Zola songeait depuis longtemps, devinrent la doctrine commune du petit groupe qui se réunissait chaque dimanche dans sa villa de Médan. En 1880, le groupe de Médan (Zola, Huysmans, Maupassant, Alexis, Céard, Hennique) publia un recueil collectif d'histoires militaires, *Les Soirées de Médan.* Ce recueil, précédé d'une préface agressive, consacrait officiellement l'existence du mouvement naturaliste. Vers le même temps, Zola exposait sa conception du **roman expérimen-**

tal, et dans son étude sur *Les Romanciers naturalistes,* il prenait ses distances avec les Goncourt, qu'il jugeait trop artistes.

La belle époque du naturalisme se situe dans les années qui suivent 1880. C'est alors que paraissent *Jacques Vingtras* de Jules Vallès, *Une vie* et *Bel-Ami* de Maupassant, *Germinal* de Zola. Mais en 1887, la publication de *La Terre* fournit à cinq jeunes écrivains naturalistes l'occasion de se désolidariser de leur maître. Dans *Le Manifeste des Cinq,* ils lui reprochent sa méthode, trop orientée vers les explications physiologiques et son « violent parti pris d'obscénité ».

Cette scission marque le déclin du naturalisme et met en évidence le manque de cohésion du groupe. L'esthétique de Maupassant diffère de celle de Zola. Jules Vallès ne songe qu'à crier sa révolte contre la famille, la bourgeoisie, la société. Alphonse Daudet se penche sur le sort des humbles avec une sorte de paternalisme bienveillant, et semble avoir voulu imiter Dickens, qu'il est d'ailleurs loin d'égaler. En 1884, Huysmans a déjà pris le tournant qui le conduira vers le roman mystique.

Du théâtre romantique au théâtre naturaliste

Les pièces en vers de Louis Bouilhet, Henri de Bornier, François Coppée ressuscitent par leur éloquence pompeuse ou attendrissante, par leurs emprunts à l'histoire, l'ancien drame romantique.

L'euphorie engendrée par la prospérité économique du Second Empire accentue le goût du public pour les spectacles gais. Ce goût est exploité par Labiche, spécialiste des intrigues prestes et des bouffonneries spirituelles, par Victorien Sardou, dramaturge habile à doser l'émotion, le rire et la peinture des mœurs, par Meilhac et Halévy, qui écrivent ensemble d'aimables comédies et les livrets des plus célèbres opérettes d'Offenbach.

La comédie sérieuse aurait pu évoluer dans le sens du réalisme. Mais les auteurs en renom sont obsédés par les discussions d'idées. Emile Augier dénonce le danger que font courir à la société bourgeoise la passion romantique, la puissance de l'argent, la licence des mœurs. Alexandre Dumas fils débute au théâtre par un des plus grands succès du siècle, *La Dame aux camélias,* où il poétise un certain type de courtisane. Ses pièces soutiennent avec véhémence des thèses généreuses. Il plaide pour les filles séduites, pour les enfants naturels. Il pose des problèmes qu'il résout d'une façon parfois simpliste. Il admet par exemple qu'un mari bafoué tue sa femme, lorsqu'elle s'est rendue coupable de toutes les infamies et qu'il n'y a pas d'autre moyen de l'empêcher de nuire *(La Femme de Claude).* Il fut le peintre fidèle d'une société depuis longtemps disparue et que nous ne comprenons plus.

Quelques tentatives furent faites par les Goncourt, Flaubert, Zola pour adapter au théâtre les principes de l'esthétique réaliste ou naturaliste. Mais ces excellents romanciers se révélèrent médiocres dramaturges. La seule réussite du théâtre dit naturaliste est celle d'Henry Becque, qui donna en 1882 *Les Corbeaux* et en 1885 *La Parisienne,* deux pièces très remarquées, la première brutale et cruelle, la seconde pleine d'humour.

Gautier Théophile **(1811-1872)**

Aurait voulu être peintre. Sa myopie ne le lui permet pas. Combat aux côtés de Victor Hugo pour le romantisme. Animateur du Petit Cénacle (1831-1833). ***Les***

Jeunes-France, « romans goguenards » (1833).

1835 : *Mademoiselle de Maupin.*

1836 : commence une carrière de critique d'art et de théâtre. Ecrira quelque deux mille articles.

1838 : *La Comédie de la Mort* (poèmes).

1840 : fait un voyage en Espagne. Le raconte dans *Tra los montes* (1843), et le transpose poétiquement dans *España* (1845).

1852 : *Emaux et Camées.*

1853 : *Le Roman de la momie.*

1863 : *Le Capitaine Fracasse.*

Malgré de hautes protections (la princesse Mathilde), « le bon Théo » ne réalisa pas son rêve d'entrer à l'Académie.

LE MAITRE DE L'ART POUR L'ART

Dès 1832, Théophile Gautier manifeste son dédain pour l'art utilitaire : « Dès qu'une chose devient utile, elle cesse d'être belle. Elle rentre dans la vie positive ; de poésie, elle devient prose, de libre, esclave. » En mai 1834, il écrit pour son roman *Mademoiselle de Maupin* une longue préface, où il se déclare hostile aux effusions sentimentales, à l'art moralisateur, aux prétentions philosophiques et sociales de la littérature. En 1857, son poème *L'Art* fixe une doctrine esthétique exigeante, que bientôt le Parnasse fera sienne : la beauté plastique est la seule chose qui dure ; c'est pourquoi l'artiste et plus spécialement le poète doivent rechercher avant tout la perfection formelle. Lui-même, dans des poèmes le plus souvent brefs, s'applique à dessiner des images fortement colorées *(España)* ou d'une grande précision linéaire *(Emaux et Camées)*.

Il ne dédaignait ni le fantastique *(La Comédie de la Mort)*, ni les évocations historiques *(Le Roman de la momie, Le Capitaine Fracasse)*. Dans son culte de la beauté il y a une grande part de rêve.

Leconte de Lisle Charles **(1818-1894)**

Né à Saint-Paul de la Réunion. Son père le fait voyager (Indes, îles de la Sonde), mais n'obtient pas qu'il devienne commerçant.

Installé définitivement en France (1845), il collabore à *La Phalange* et à *La Démocratie pacifiste*, publications fouriéristes. Milite pour la révolution (1848). Son anti-esclavagisme le brouille avec sa famille.

***Poèmes antiques* (1852). *Poèmes barbares* (1862). Traductions d'auteurs grecs et latins.**

Ne connaît la vraie célébrité et une certaine aisance (grâce à sa place de bibliothécaire du Sénat) que sous la Troisième République.

1884 : *Poèmes tragiques.*

SON GÉNIE POÉTIQUE

Ce poète méprise tout ce qui est improvisation et facilité. Il dessine des tableaux d'un tel relief qu'ils matérialisent à nos yeux le monde exotique ou barbare, la légende et le rêve. Estimant que « l'art et la science doivent tendre à s'unir étroitement », il oppose aux débordements de l'imagination romantique une méthode fondée sur l'observation et la documentation.

Bien qu'il réprouve « l'aveu public des angoisses du cœur et de ses voluptés », une émotion discrète mais poignante émane parfois de son œuvre *(Le Manchy, L'Illusion suprême).*

Notre génération lui reproche l'abus de la déclamation, le goût d'une fausse grandeur. Il n'en représente pas moins un moment important dans l'histoire de notre poésie.

SA PENSÉE

Il fut dans sa jeunesse, l'adepte du romantisme humanitaire, puis le disciple de Fourier. L'échec de la révolution de 1848 le pénétra d'amertume sans entamer ses convictions républicaines.

Il n'avait reçu aucune formation religieuse. Son indifférence se changea en hostilité, lorsqu'il vit l'Eglise faire alliance avec l'Empire. Il se laissa donc entraîner par le grand courant de pensée rationaliste qui traverse son époque. Une importante partie de son œuvre est consacrée à une critique passionnée des religions. Il s'en prend surtout à la religion judéo-chrétienne. Se plaçant dans le cadre de la tradition biblique, il dénonce la cruauté de Jéhovah et dresse en face de lui « Qaïn », meurtrier irresponsable, porte-parole de l'humanité injustement maudite.

Son pessimisme accru par de nombreuses déceptions fit de lui un adepte de la philosophie hindoue. Il pense que tout est illusion, écoulement sans fin. Le sage ne peut que souhaiter « le néant divin », « la paix impassible des morts ».

Fromentin Eugène **(1820-1876)**

Appartient à la bourgeoisie catholique rochelaise. Hésite entre la carrière d'avocat et celle de peintre. Ses voyages en Algérie (1846, 1847, 1855) confirment sa vocation de peintre. Marié en 1852, il mène une existence rangée et vit de la vente de ses tableaux.

1857 : *Un été dans le Sahara ;* 1858 : *Une année dans le Sahel* (souvenirs de voyage).

1862 : *Dominique.*

1876 : *Les Maîtres d'autrefois* (ouvrage de critique d'art).

UN CHEF-D'ŒUVRE DU ROMAN : *DOMINIQUE*

Bien qu'il ait écrit d'autres ouvrages, Fromentin reste essentiellement l'auteur de *Dominique.* Ce roman renferme une part importante d'autobiographie. La passion de Dominique de Bray pour Madeleine de Nièvres, c'est celle de Fromentin pour une amie d'enfance, Léocadie Chessé, qui se maria en 1834, à dix-sept ans, qu'il continua d'aimer après son mariage (il la revoyait l'été aux vacances), et qui mourut prématurément. Roman de « désintoxication romantique » a-t-on dit. En effet l'aventure de Dominique se conclut par une soumission volontaire aux disciples morales et sociales.

Si la passion est intense et l'émotion mal contenue, l'auteur a transposé la réalité vécue avec une discrétion exemplaire. D'ailleurs il rejoint le réalisme par certains côtés : précision de l'analyse, importance accordée aux phénomènes physiologiques dans l'explication des sentiments, exactitude des images. Ormesson est une ville qui tient de La Rochelle et de Saintes et l'on peut reconnaître dans le domaine des Trembles la propriété familiale que Fromentin possédait à Saint-Maurice.

Ce livre pathétique et vrai est l'une des très grandes œuvres de la littérature romanesque du XIXe siècle.

Flaubert Gustave **(1821-1880)**

Né à Rouen, où son père est chirurgien en chef de l'Hôtel-Dieu. Traverse une crise de romantisme. Première atteinte d'une maladie épileptiforme (1844). Abandonne ses études de droit. Orageuse liaison avec la poétesse Louise Colet (1846-1856). Voyage en Afrique du Nord et Moyen-Orient. Retour par l'Italie (1849).

1857 : *Madame Bovary* (en chantier depuis 1851) entraîne des poursuites judiciaires. Il est acquitté de justesse.

Séjour à Carthage (1858). *Salammbô* (1862).

1869 : *L'Éducation sentimentale* (peu de succès).

1874 : *La Tentation de saint Antoine* (troisième version d'une œuvre commencée en 1846).

1875 : se ruine pour essayer de sauver de la faillite le mari de sa nièce.

1877 : *Trois contes.*

1881 : *Bouvard et Pécuchet* (récits ironiques dirigés contre la sottise humaine et un scientisme borné).

SA VISION DES CHOSES

Pour son travail de création il a besoin du support de la réalité. *Madame Bovary* a comme point de départ le suicide de la femme d'un médecin normand, Delphine Delamare. L'action se déroule dans la bourgade de Ry, décrite sous le nom d'Yonville. Avant de raconter la mort d'Emma Bovary, Flaubert se renseigne sur les effets de l'arsenic. Pour composer *Bouvard et Pécuchet,* il dépouille quinze cents volumes. Evoquant, dans *Hérodias,* la décollation de saint Jean-Baptiste, il regrette de ne pas avoir sous les yeux « une tête fraîchement coupée ».

Ce goût et ce besoin de l'observation attentive lui viennent peut-être de l'exemple des médecins au milieu desquels il a passé son enfance. Son attitude en face de la vie est celle d'un savant matérialiste, préoccupé de la recherche des causes, persuadé que le physique conditionne le moral.

Il réagit contre la tendance romantique à mettre en scène des personnages exceptionnels. Il prétend, quant à lui, s'intéresser surtout aux êtres moyens ou médiocres, parce qu'ils sont plus caractéristiques.

Il se défend pourtant d'avoir rien de commun avec les théoriciens du réalisme. « J'exècre, dit-il, ce qu'on est convenu d'appeler le réalisme, bien qu'on m'en fasse un des pontifes. »

Bien qu'il soutienne que l'écrivain ne doit rien livrer de lui-même, son *Education sentimentale,* roman de l'échec, est autobiographique. Dans ses autres œuvres, il a beau se forcer à une sorte de froideur objective, sa personnalité transparaît toujours. Lorsqu'il dit : « Madame Bovary, c'est moi », il exprime sous une forme paradoxale une idée profondément juste.

SES EXIGENCES D'ART

S'il existe un réalisme qui consiste à « se faire l'âme de tout le monde pour voir ce que voit tout le monde », ce n'est pas celui de Flaubert, bourgeois artiste, dont le souci primordial est la recherche de la beauté, et qui écrit pour une élite. Il aime les images éclatantes, les décors somptueux de l'histoire. Son vrai maître est Théophile Gautier, et *Salammbô* rappelle à certains égards *Le Roman de la momie.* Pourtant, c'est dans la grisaille de la réalité quotidienne et dans l'amertume des vies manquées qu'il a puisé les éléments de *Madame Bovary* et de *L'Education sentimentale.* Cette médiocrité bourgeoise qu'il déteste suffit à nourrir son rêve d'artiste. Car pour lui l'essentiel ce n'est pas le sujet : c'est ce que l'on peut faire avec les mots.

Ses scrupules d'écrivain sont extrêmes. Il passe son temps parmi « les affres du style », attentif à la moindre nuance, corrigeant tout ce qui ne le satisfait pas pleinement, usant sa force nerveuse à ce labeur ingrat. Son style est d'une rare plénitude et ne laisse pas voir les efforts qu'il a coûtés. Il porte implicitement condamnation contre la dangereuse facilité, où la vogue du roman feuilleton faisait alors glisser la prose française.

Goncourt Edmond **(1822-1896) et** Jules de **(1830-1870)**

Possesseurs d'une fortune qui les mit à l'abri des difficultés matérielles.

Romans écrits par les deux frères : *Sœur Philomène* (1861) ; *Renée Mauperin* (1864) ; *Germinie Lacerteux* (1865) ; *Manette Salomon* (1867) ; *Madame Gervaisais* (1869).

1870 : mort de Jules.

Romans écrits par Edmond seul : *La Fille Elisa* (1877) ; *Les Frères Zemganno* (1879) ; *La Faustin* (1882).

1885 : Edmond aménage sa maison d'Auteuil en vue des réceptions littéraires d'où naîtra l'Académie Goncourt.

***Journal* (21 volumes. S'étend sur les années 1851 à 1896).**

LEUR CONCEPTION DU ROMAN

Ils ont pour préoccupation constante de recueillir des observations et de les noter. Ils ont peint Germinie Lacerteux sur le modèle de Rose Malingre, une servante qui leur fut dévouée, et dont ils ne connurent les turpitudes qu'après sa mort. L'original de Coriolis, dans *Manette Salomon,* est le peintre Chassériau. Celui de Mme Gervaisais, une de leurs tantes, ravagée par la phtisie et devenue folle à Rome après sa conversion. Même les événements les plus intimes ou les plus émouvants de leur propre vie sont considérés par eux sous l'angle de la création littéraire. Ils s'intéressent particulièrement aux cas pathologiques. Il y a chez eux un pathétique de la névrose qui est presque insoutenable.

Ils diffèrent des naturalistes proprements dits par le raffinement dans l'expression, la recherche des effets de stylè les plus aptes à traduire l'acuité de la sensation. Cette « écriture artiste » est surtout le fait de Jules, qui avait plus que son frère le don du style brillant. Elle trahit l'espèce de gêne aristocratique qui les empêche de parler simplement des humbles réalités.

Renan Ernest **(1823-1892)**

Né à Tréguier. Orphelin. Elevé par sa mère et sa sœur. Après sept ans de séminaire, renonce à se faire prêtre (1845).

***L'Avenir de la science* (écrit en 1848, publié en 1890).**

Mission en Italie (1849-1850). Elu à l'Institut. Se marie (1856). Mission archéologique au Proche-Orient (1861). Professeur d'hébreu au Collège de France (1862). Suspendu après quatre jours d'enseignement.

1863 : *Vie de Jésus* (les six autres volumes de son *Histoire des origines du christianisme* paraîtront de 1866 à 1881).

Réintégré au Collège de France (1870). Elu à l'Académie (1879).

***Souvenirs d'enfance et de jeunesse* (1883). *Histoire du peuple d'Israël* (1887-1893). *Drames philosophiques* (1898).**

SON SCIENTISME

Si Renan a perdu la foi, c'est qu'il n'aperçoit nulle part dans l'univers la présence d'un être surnaturel doué de sagesse. Le christianisme, comme toutes les religions, représente une force éternelle, le besoin du divin. Jésus n'est qu'« un homme incomparable », « le père de tous ceux qui cherchent dans les rêves de l'idéal le repos de leur âme ».

Le but de l'univers est de se réaliser pleinement. Pour l'homme, cela veut dire acquérir le maximum de conscience et de savoir. Sans doute l'absolu de la connaissance ne sera jamais atteint. Mais un jour, la science devenue accessible à tous remplacera la philosophie et la religion.

SON DILETTANTISME

A mesure qu'il vieillissait, il s'est de plus en plus gardé de toute affirmation tranchante. Matérialiste, il conserve un fond de spiritualisme. Tout en continuant d'admettre le dogme du progrès, il cesse de croire à la perfectibilité de l'homme. En politique, il se montre fort hésitant. Après avoir, en 1871, préconisé le rétablissement de la monarchie, il se rallie finalement au régime républicain. Mais il n'est pas démocrate de cœur. Ce qui le préoccupe surtout c'est le sort des élites : il voudrait qu'elles fussent libres et respectées.

Sensible, profondément sincère, toujours compréhensif et bienveillant même pour ce qu'il nie ou ce qu'il combat, il a le don de plaire. Aux qualités de l'homme s'ajoutent les séductions de son art : poésie, images, émotion. Par là s'explique l'influence considérable que ce spécialiste des langues sémitiques, ce philosophe trop prudent, exerça sur son époque.

Taine Hippolyte **(1828-1893)**

Après de brillantes études, devient professeur. En butte à l'hostilité du gouvernement impérial, il quitte l'enseignement. L'*Essai sur les Fables de La Fontaine* (1853) est sa thèse de doctorat.

1855 : *Voyage aux eaux des Pyrénées.*

1857 : *Les Philosophes français du XIXᵉ siècle.* A partir de cette date il est colla-

borateur assidu de la *Revue des Deux Mondes* et du *Journal des Débats*.

Séjour en Angleterre (1858). *Histoire de la littérature anglaise* (1864-1869).

Un voyage en Italie (1864) l'oriente vers les questions d'art. *Philosophie de l'art* (1865-1869).

1870 : *De l'intelligence.*

Après 1870, il évolue vers des opinions conservatrices.

1875-1894 : *Les Origines de la France contemporaine.* (C'est, a-t-on dit, « le grand livre de la réaction française ».)

LA PENSÉE DE TAINE

Il a conçu très tôt les principes de sa doctrine. Mais il ne les formule nettement qu'en 1864, dans l'introduction de son *Histoire de la littérature anglaise.* Il les développe ensuite dans son traité *De l'intelligence,* œuvre capitale de la psychologie matérialiste. Selon lui, le monde moral est régi par le déterminisme le plus strict. « Le vice et la vertu sont des produits comme le vitriol et le sucre. »

Il explique les diverses manifestations de l'activité humaine (littérature, arts, institutions) par la triple influence de la *race,* du *milieu* et du *moment.* Les grands hommes représentent des combinaisons différentes de ces forces, chaque individualité possédant une « faculté maîtresse » autour de laquelle s'ordonnent les autres éléments du caractère.

L'INFLUENCE DE TAINE

Admirateur du philosophe positiviste Auguste Comte, Taine lui doit beaucoup. A son tour, il a propagé l'esprit positiviste. Alors qu'Auguste Comte était un écrivain médiocre, et que le principal héritier de sa pensée, Littré, était un érudit, Taine a prêté au positivisme l'éclat de son style. Par là s'explique son immense prestige.

Il a aidé le réalisme à prendre conscience de lui-même. Dès 1861, il affirme qu'« un roman n'est qu'un amas d'expériences ». C'est le principe que les Goncourt et Zola appliquent de façon constante.

La critique littéraire lui doit d'avoir accordé une importance de plus en plus grande à l'étude des rapports d'influence. On a pu faire dans ce domaine quelques excès. Mais la méthode historique a rendu la critique plus précise, et l'a beaucoup enrichie.

Zola Emile **(1840-1902)**

Fils d'un ingénieur italien naturalisé français. La mort prématurée de son père met la famille dans la gêne. Echoue au baccalauréat. Exerce de modestes métiers. Puis devient chef de publicité chez Hachette.

1867 : *Thérèse Raquin.*

1871-1893 : *Les Rougon-Macquart, histoire naturelle et sociale d'une famille sous le Second Empire.* 20 romans. Les principaux sont : *L'Assommoir* (1877, immense succès), *Nana* (1880), *Germinal* (1885), *La Terre* (1887), *La Bête humaine* (1890).

Chef incontesté de l'école naturaliste, il réunit chez lui, à Médan, des écrivains amis. *Le Roman expérimental* (1880).

***Les Trois Villes : Lourdes* (1894), *Rome* (1896), *Paris* (1897).**

1898 : *J'accuse* (lettre ouverte au président Félix Faure pour dénoncer les injus-

tices de l'affaire Dreyfus). 1899 : condamné pour outrage à l'armée doit s'exiler en Angleterre pendant un an.

***Les Quatre Evangiles : Fécondité* (1899), *Travail* (1901), *Vérité* (1903), *Justice* (en projet).**

1902 : meurt asphyxié dans des conditions mal éclaircies.

LE ROMAN EXPÉRIMENTAL

A la suite de Taine et des Goncourt, Zola considère l'être humain comme la résultante de forces telles que l'hérédité, le milieu social, l'époque. Il explique le comportement moral par des phénomènes physiologiques : dans *Thérèse Raquin,* il présente le remords comme un désordre organique. Le vaste ensemble des *Rougon-Macquart,* conçu à l'imitation de *La Comédie humaine,* raconte « les ambitions et les appétits » d'une famille dont les membres, éparpillés dans tous les secteurs de l'activité sociale, subissent la loi des facteurs héréditaires et des « fièvres » de leur époque.

En 1880, Zola précise sa théorie du roman expérimental, ainsi nommé par analogie avec la médecine expérimentale de Claude Bernard. Il assimile le romancier à un savant de laboratoire et lui fixe pour tâche d'étudier « le mécanisme des faits » en modifiant, « sans jamais s'écarter des lois de la nature », les circonstances qui agissent sur les tempéraments. Zola n'a pas toujours eu la patience d'un bon expérimentateur. Il visite les Halles, les grands magasins, il descend au fond d'une mine. Il amasse des notes. Mais ces enquêtes sont rapides. Parfois il se contente d'une information indirecte : les milieux de la haute prostitution dans *Nana,* le monde paysan dans *La Terre*.

LA THÉORIE DÉPASSÉE

Son imagination s'accommode mal de la raideur de ses théories. Il ne se contente pas d'animer les foules. Il donne une vie aux choses. L'alambic *(L'Assommoir),* la mine *(Germinal),* la locomotive *(La Bête humaine)* deviennent chez lui des êtres mythiques mus par une sourde volonté. Son œuvre est une vaste épopée d'inspiration populaire. Une pensée philosophique le parcourt. Il montre la mort et la vie qui se détruisent et s'engendrent mutuellement. Il exalte la nature, l'amour, le travail, la fécondité. Les hommes ne lui paraissent pas foncièrement mauvais. « Ils ne sont qu'ignorants et gâtés par le milieu de rude besogne et de misère où ils vivent. »

Influencé par le socialisme et par les événements de sa propre vie (sa liaison avec une jeune ouvrière dont il eut deux enfants), il s'est ouvert de plus en plus à la sympathie, à la pitié, à l'espoir. Son œuvre s'est développée dans le sens d'un idéalisme grandissant.

Huysmans J.-K. **(1848-1907)**

Changea ses prénoms de Georges-Charles-Marie pour ceux de Joris-Karl (J.-K.). Entra (1868) au ministère de l'Intérieur et y fit une carrière modeste.

***Marthe, histoire d'une fille* (1876). *Les Sœurs Vatard* (1879). *A vau l'eau* (1882).**

1884 : *A rebours.* (Le héros de ce roman, Des Esseintes, est le type de l'esthète décadent.)

1891 : *Là-bas* (roman sur la magie noire).

Conversion au catholicisme (1892). *En route* (1895). *La Cathédrale* (1898). Ayant pris sa retraite (1898), s'installe comme oblat près de l'abbaye de Ligugé. *L'Oblat* (1903).

De retour à Paris, préside l'Académie Goncourt (1903-1907).

DU NATURALISME AU MYSTICISME

Il a dédié à Zola son roman, *Les Sœurs Vatard.* Il a collaboré aux *Soirées de Médan.* Ses premières œuvres le montrent obsédé jusqu'au dégoût par le spectacle de la laideur. Pourtant deux traits le distinguent des autres écrivains naturalistes : son tempérament inquiet, son style véhément et imagé.

A partir de 1884, son originalité s'accentue. Dans *A Rebours,* il semble adopter l'idéal décadent. Plus tard, la curiosité qui le pousse vers l'occultisme, la forme souvent compliquée de son art le rapprocheront des symbolistes.

Finalement c'est dans le sentiment religieux qu'il trouve son refuge. Il méprise la dévotion mesquine. Ce qui l'enthousiasme, ce sont les splendeurs de l'art gothique, l'émouvante simplicité du chant grégorien, la noblesse du renoncement monacal. Il a renouvelé la littérature catholique. Il a ouvert la voie à Péguy, Claudel, Mauriac, Bernanos.

Maupassant Guy de **(1850-1893)**

Formé par Flaubert, ami d'enfance de sa mère, et introduit par lui dans les milieux littéraires.

Fonctionnaire peu assidu, donne sa démission en 1880 et devient rapidement un écrivain célèbre et riche.

1885 : premiers signes de troubles nerveux dus à une lourde hérédité et à des excès de toute sorte.

1891 : atteint de folie. Sa mort surviendra sans qu'il ait recouvré la raison.

LE NATURALISME DE LA PERFECTION FORMELLE

Ses contes sont au nombre d'environ trois cents. Ce sont des tranches de vie plutôt que des anecdotes savamment construites. L'inspiration, d'abord cruellement sarcastique devient ensuite moins fermée à l'émotion, à la sympathie. Mais déjà perce l'angoisse. Des œuvres telles que *L'Auberge, Le Horla, La Nuit, Qui sait ?* expriment avec lucidité une sorte d'épouvante sans nom. Ses romans (au total six, dont *Une vie, Bel-Ami, Pierre et Jean)* représentent un naturalisme assez différent de celui de Zola. Son principe consiste à faire un choix, à simplifier, pour aboutir à une vision « plus complète, plus saisissante, plus probante que la réalité même ». Il choisit ses personnages tantôt parmi les oisifs de la haute société, plus souvent dans les milieux modestes. Il est sans indulgence pour leur médiocrité, pour leurs piètres aventures. Homme à femmes, il donne de la femme une image enlaidie par le mépris masculin. Il verse volontiers dans le misérabilisme.

Contrairement à Flaubert, il atteint sans effort à la maîtrise du style, un style admirable de précision, assez souple pour convenir à tous les sujets. C'est par là que cet écrivain, qui peint la vie sous un jour si peu attrayant, a pu conquérir tant de lecteurs.

4 - Formation et développement du symbolisme

Le courant symboliste

Le symbolisme ne s'est défini qu'en 1886. Mais il commence avec Baudelaire. Des thèmes interdits ou réprouvés s'introduisent alors dans le domaine de la poésie, et le langage poétique, en se compliquant, prétend être lui-même révélateur de vérité. Jusqu'en 1886, le mouvement se développe de façon anarchique. Il s'engage, selon les préférences individuelles, dans les voies les plus diverses : l'occultisme (Villiers de l'Isle-Adam), la révolte (Lautréamont), la fantaisie grinçante (Corbière), la recherche des effets musicaux (Verlaine), la voyance (Rimbaud), l'hermétisme (Mallarmé), le pessimisme décadent (Laforgue).

Les grands romantiques (Lamartine, Vigny, Hugo, Sainte-Beuve, Nerval) avaient préparé le symbolisme dans la mesure où ils utilisent les symboles, images ayant une valeur de signes et traduisant directement, sans avoir besoin d'être expliquées, les sentiments et les idées.

Le symbolisme a subi entre autres influences celles de la peinture impressionniste (Claude Monet, Degas, Sisley, Renoir) et de la musique wagnérienne.

L'école symboliste

Le premier ouvrage qui essaie de fixer les tendances nouvelles paraît en 1886. C'est le *Traité du Verbe* de René Ghil, précédé d'un *Avant-dire* de Mallarmé. Puis Jean Moréas, publie dans *Le Figaro,* le 18 septembre 1886, *Un manifeste littéraire,* où il propose d'attribuer aux poètes d'avant-garde le nom de symbolistes. Viennent alors plusieurs années d'agitation confuse et de polémiques, décadents et symbolistes s'accusant réciproquement de plagiat. Le livre de Charles Morice, *La Littérature de tout à l'heure* (1890), représente l'effort le plus vigoureux du symbolisme pour prendre conscience de lui-même.

L'année 1891 semble marquer le triomphe du symbolisme. Mais cette même année, Jean Moréas abandonne ses amis pour fonder l'Ecole romane, qui prétend renouer avec la tradition gréco-latine. D'autres défections se produisent : Charles Morice, Henri de Régnier. En somme, les créateurs du symbolisme l'ont traversé comme une crise brutale et brève. Très vite ils se sont effarouchés de leur propre audace et sont revenus à des formes d'art plus classiques.

La poétique symboliste

Le symbolisme a donné des solutions nouvelles à tous les problèmes d'esthétique littéraires.

Mallarmé formule ce grand principe que « nommer un objet, c'est supprimer les trois quarts de la jouissance du poème ». La substitution des images et des symboles aux définitions sèches, aux descriptions appliquées permettra de saisir intuitivement la réalité. Par voie de conséquence, le dogme de l'exactitude et de la propriété du langage est abandonné. En effet le mot n'est qu'une médiocre et pauvre approximation de l'objet qu'il désigne. En faisant dévier les mots de leur sens, en les groupant de façon insolite, on peut exprimer des nuances de pensée plus nombreuses et plus subtiles.

Quant au rythme poétique, les symbolistes ne veulent plus le fonder sur l'éloquence, procédé facile. La phrase s'assouplit donc au risque de rompre avec les règles traditionnelles de la syntaxe. Par la seule disposition des mots, on s'efforce de donner à la poésie un charme incantatoire.

Le vers se libère des entraves prosodiques. Baudelaire respectait encore la versification traditionnelle. Mais Verlaine affirme sa préférence pour le rythme impair, cesse d'observer l'alternance des rimes, place la césure n'importe où. Laforgue lance la mode du vers libre, que Verhaeren adopte à son tour. Les dernières étapes de cette évolution seront la prose à cadence régulière de Paul Fort et le verset de Claudel.

Le symbolisme aventure spirituelle

Les symbolistes pensent que derrière les apparences, il existe une réalité essentielle.

Par la richesse de sa sensibilité, par sa puissance d'intuition le poète peut entrevoir les aspects mystérieux des choses et leurs rapports secrets. Centre conscient de l'univers, il est docile aux suggestions du symbole. Il est attiré par les formes de pensée irrationnelles : théosophie, occultisme. Il rêve de magie, d'alchimie. Il a recours à l'exaltation des paradis artificiels. Il ne lui suffit plus d'être inspiré. Il veut « se faire voyant ».

Cette recherche de la vérité cachée est toujours décevante. Elle laisse le sentiment amer d'un au-delà inaccessible, aussitôt évanoui qu'entrevu. Elle communique une sorte de vertige proche de la folie et de la mort. C'est de ce vertige que furent saisis Mallarmé et Rimbaud. Certains (Verlaine, Henri de Régnier, Samain) n'osèrent pas s'engager sur ce chemin de l'aventure philosophique. De ce fait leurs œuvres sont plus accessibles et elles furent, en leur temps, plus appréciées d'un public encore pénétré d'influences parnassiennes et romantiques.

La prose symboliste

L'esprit symboliste gagne aussi la prose. En 1869, paraissent *Les Chants de Maldoror.* Leur auteur, Lautréamont (pseudonyme d'Isidore Ducasse), mourra prématurément l'année suivante. Cette œuvre étrange, épopée du mal, rédigée dans un style très pur, sera de la part des surréalistes l'objet d'une admiration sans bornes. Mais sur le moment, elle n'est pas prise au sérieux. Lautréamont traduit sa frénésie de désespoir et de révolte au moyen de symboles empruntés pour la plupart au règne animal, et laisse au lecteur le soin de s'orienter comme il peut à travers ces beautés déconcertantes. Les *Contes cruels* de Villiers de l'Isle-Adam font entrevoir, tout un grouillement d'entités redoutables. Le vieux Barbey d'Aurevilly, que sa date de naissance rattache à la génération romantique, partage avec Baudelaire, les symbolistes et Huysmans le goût des évocations démoniaques.

Une technique symboliste de la prose essaie de se former. Elle consiste à cultiver l'expression rare. Elle va parfois jusqu'à dénaturer le langage ordinaire, pour en tirer des effets de surprise saugrenus ou éblouissants.

Au théâtre, l'empreinte symboliste a été durable. Ici, la première place revient à un drame en prose de Villiers de l'Isle-Adam, *Axël* (1890). C'est une œuvre étrange, dédaigneuse du réel, pleine d'éclatants symboles, dominée par une conception mystique de l'amour. Villiers de l'Isle-Adam y travailla pendant quinze ans. Il ne la destinait pas à la représentation. Elle fut cependant jouée, en 1894, mais avec un médiocre succès. Elle a servi d'exemple à Maeterlinck et à Claudel.

Rayonnement du symbolisme

A l'inverse du romantisme qui était, dès l'origine, un vaste mouvement européen, le symbolisme s'est d'abord développé en France, et de là, il a étendu ses prolongements dans différents pays, particulièrement en Belgique et plus tard en Russie. Les symbolistes belges, moins audacieux que les français, sont plus simples, plus humains. A l'exception de Maeterlinck, les problèmes philosophiques ne les ont guère tourmentés. Rodenbach est un élégiaque et un décadent, Verhaeren un visionnaire lyrique, la poésie de Van Lerberghe se situe aux confins du rêve, Albert Mockel s'intéresse tout spécialement à la technique du vers.

Le symbolisme a pénétré toute la littérature française du **XXe siècle.** Il s'y est ramifié dans tous les sens, confondu à d'autres éléments, qui le rendent parfois méconnaissable. C'est de lui que procède ce grand renouvellement des valeurs qui s'est opéré aux environs de 1920. Le surréalisme lui doit beaucoup. Le symbolisme a influencé des esprits aussi différents que Valéry et Giraudoux, et l'on a pu dire que l'œuvre de Claudel était sa suprême réussite.

Baudelaire Charles **(1821-1867)**

Fils d'un homme de 63 ans. Sa mère, veuve en 1827, se remarie avec le commandant Aupick, qui deviendra général et ambassadeur.

Voulant l'arracher à une vie de dissipation, sa famille l'embarque pour les Indes (1841). Après un mois passé à la Réunion, il revient (1842). Début de sa liaison avec la mulâtresse Jeanne Duval (1842). Ayant dilapidé une partie importante de l'héritage paternel, il est placé sous tutelle judiciaire (1844).

***Salon de 1845. Salon de 1846. La Fanfarlo* (1847).**

Nouvelles amours : Marie Daubrun (« la femme aux yeux verts »), Mme Sabatier.

1854-1856 : publie sa traduction des *Histoires extraordinaires* d'Edgar Poe.

1857 : *Les Fleurs du Mal.* L'ouvrage est condamné pour outrage à la morale publique. Edition définitive : 1868.

1866 : atteint de paralysie.

Posthumes : *Le Spleen de Paris* (plus connu sous le nom de *Petits poèmes en prose). L'Art romantique. Fusées, Mon cœur mis à nu* (fragments de journal intime).

SON DRAME INTÉRIEUR

La vie de Baudelaire est une protestation contre le milieu bourgeois où sa naissance et le remariage de sa mère l'avaient placé. Il a souffert de la gêne matérielle, d'un délabrement précoce de sa santé. Il n'a connu que des amours manquées. Son œuvre a provoqué, de son vivant, plus d'étonnement que d'admiration.

Au fond de son tempérament inquiet, on aperçoit, selon sa propre expression, « deux postulations », qui tendent « l'une vers Dieu, l'autre vers Satan ». Il est tiraillé entre l'amour maudit (Jeanne Duval) et l'amour éthéré (Apollonie Sabatier), le spleen et l'idéal.

Mais la postulation vers Satan est la plus forte. Il s'abandonne à tous les désordres avec une frénésie désespérée. Il met son orgueil, ses exigences de grandeur dans l'acceptation de sa déchéance. Véritable bourreau de lui-même, il se complaît dans son tourment. Ni la pitié pour les deshérités, ni les paradis artificiels, ni la débauche ne l'en délivrent. Encore moins la révolte et le blasphème. Il ne lui reste que la mort, drogue illusoire et non havre de paix.

SON DOMAINE POÉTIQUE

Il élargit le domaine de la poésie en y annexant des sujets jusqu'alors délaissés : la laideur, le péché, les états morbides. Il évoque complaisamment « la ménagerie infâme de nos vices », les « secrètes luxures » et leurs délices empoisonnées, le remords « qui vit, s'agite et se tortille », la triste consolation que l'on trouve dans le vin, la hideuse vieillesse, la pauvreté non moins hideuse.

Sa vision des choses est du même ordre. Sans doute il aime l'exotisme, les images de la nature, côtes de la Manche ou paysages de Hollande, la beauté, la couleur. Mais le décor auquel il revient toujours, ce sont les appartements confinés et leur atmosphère lourde, la grande ville avec ses portes cochères et ses persiennes closes, son air pollué, sa pluie, son tumulte, son charme malsain.

Ce dandy soucieux d'élégance vestimentaire déteste le laisser-aller du style. Aussi bien en prose qu'en poésie, il recherche la force et la densité de l'expression. Il observe les règles de la prosodie traditionnelle. Il enferme volontiers son inspiration dans des poèmes à forme fixe, sonnet, pantoum.

Son recueil des *Fleurs du Mal* est composé non pas de façon parfaite (car il y a disproportion entre la longueur des parties), mais selon une progression rigoureuse.

Par ses scrupules de puriste, celui qui fut sans le savoir l'initiateur du symbolisme, garde paradoxalement une certaine affinité avec le Parnasse.

Mallarmé Stéphane **(1842-1898)**

Professeur d'anglais en province, puis à Paris. N'aime pas ce métier. Collabore au *Parnasse contemporain* (1866 et 1871).

1880-1894 : ses réceptions du mardi font de ce causeur brillant une manière de chef d'école.

1893 : prend une retraite anticipée.

Ses principaux poèmes sont (dans l'ordre approximatif de leur composition) : *Apparition, L'Azur, Brise marine, Don du poème, Hérodiade* (fragment d'un drame lyrique inachevé), *L'Après-midi d'un faune, Le vierge, le vivace...,* le « sonnet en -yx », *Le Tombeau d'Edgard Poe, Prose pour Des Esseintes* (sorte d'art poétique), *Un coup de dés jamais n'abolira le hasard.*

***Le Démon de l'analogie* (1864), *Igitur ou la Folie d'Elbehnon* (1869) sont écrits en prose.**

L'AVENTURE POÉTIQUE DE MALLARMÉ

Mallarmé n'a produit qu'une œuvre fort mince : environ 1 500 vers et quelques « divagations » en prose. Il conçoit l'activité poétique comme la tentative d'atteindre, au-delà des apparences, la réalité véritable. Il s'applique d'abord à se détacher de lui-même. Il y réussira au point de pouvoir dire : « Je suis maintenant une aptitude qu'a l'univers spirituel à se voir et à se développer à travers ce qui fut moi. »

Il imagine, au cours d'une crise intellectuelle qui se situe en 1866, l'œuvre à écrire, « le Livre », ayant pour sujet « l'explication orphique de la terre ». Il se donne vingt ans pour composer ce livre, c'est-à-dire pour recréer poétiquement l'univers « sous le signe de la Beauté ». Ambition démesurée. A force d'abolir les objets pour mettre à leur place la réalité éternelle, il se perd dans un dédale de symboles. De son « Livre », il n'écrira rien, sauf peut-être *Un coup de dés,* qui est aussi l'aveu de son impuissance.

L'ESTHÉTIQUE DE MALLARMÉ

Ses premiers vers sont de facture parnassienne. Même à une époque avancée de sa carrière, il saura retrouver le chemin d'un art intelligible.

Mais il professe habituellement que la poésie doit présenter un sens voilé, pour se protéger des curiosités indiscrètes. Il s'oblige donc à créer un langage enchevêtré, plein d'ellipses, d'inversions, de parenthèses, où les mots sont souvent détournés de leur sens, où les effets musicaux sont systématiquement utilisés. Ce langage est d'ailleurs moins mystérieux qu'on ne serait tenté de le croire. Ses secrets sont parfois de vulgaires recettes, comme celle qui consiste à donner au terme français le sens du terme anglais ou latin correspondant. Du moins a-t-il eu le mérite d'enseigner le mépris d'un art trop facile.

Verlaine Paul **(1844-1896)**

Appartient à la petite bourgeoisie. Collabore au premier *Parnasse* (1866). Il est alors employé à l'Hôtel de Ville et déjà s'adonne à la boisson.

***Poèmes saturniens* (1866). *Fêtes galantes* (1869). *La Bonne chanson* (1870).**

1870 : il épouse Mathilde Mauté. Leur séparation (1873) sera suivie d'un divorce tardif (1885).

Vagabondages avec Rimbaud (1871-1873). A Bruxelles, il le blesse d'un coup de revolver. Détenu à Bruxelles, puis à Mons (1873-1875). Se convertit.

1874 : *Romances sans paroles.*

Professeur en Angleterre (1875-1876), puis à Rethel (1877-1879). S'attache à l'un de ses élèves, un fils de paysan, Lucien Létinois. Se fait à deux reprises exploitant agricole. Résultats désastreux. La mort de Lucien (1883) lui inspire un « lamento » émouvant.

***Sagesse* (1881). *Jadis et naguère* (1884).**

1886-1896 : célèbre dans le monde littéraire, mais usé prématurément, il partage son temps entre le café et l'hôpital. Il publie alternativement des recueils à dominante mystique *(Amour, Bonheur, Liturgies intimes)* ou érotique *(Parallèlement, Chansons pour elle, Odes en son honneur).*

DOUBLE ASPECT DE SA PERSONNALITÉ

Ses élans de sensibilité, ses regrets, ses plaintes, l'humilité avec laquelle il s'abandonne entre les mains de Dieu, la fluidité, le charme envoûtant de sa poésie, tout cela pourrait faire croire que c'était un homme doux et malchanceux, gardant au milieu de sa dépravation une sorte d'innocence.

Il existe un autre Verlaine, moins attirant. Celui-là n'est pas un naïf, mais un civilisé, victime d'une éducation trop molle, de l'alcool, des facilités que trouve la débauche dans un milieu corrompu. Son terrible désir de jouissance le rend cynique, cruel. Le coup de revolver tiré sur Rimbaud est l'indice d'une brutalité qu'il exerça également sur sa femme, sur sa mère.

Assurément dans son rôle d'humble pénitent, de pécheur ingénu, il est sincère ou du moins il croit l'être. Mais sa personnalité profonde est inquiétante. Défions-nous de la benoîte légende du « pauvre Lélian ».

SON ORIGINALITÉ POÉTIQUE

D'abord imitateur des parnassiens, il n'a pas tardé à trouver une formule plus personnelle. Il demande à la poésie d'être un chant discret et doux, traduisant des impressions de préférence indécises. Il proscrit la rhétorique. Il tend vers un style dépouillé, dont la musicalité constitue le principal charme. Il aime les demi-teintes, les notations légères, les effets cocasses, les phrases désarticulées, le rythme impair. Il reconnaît « les torts de la rime », mais il n'ose pas renoncer à la rime. C'est par son manque systématique de rigueur plus que par des innovations positives qu'il s'écarte des usages traditionnels de notre poésie.

En 1886, il s'est rallié au symbolisme, que venait de lancer Moréas. Mais, malgré le prestige dont il jouissait aux yeux des écrivains d'avant-garde, il n'a jamais prétendu jouer un rôle. Il ne semble même pas s'être bien rendu compte de la place qu'il tenait dans l'histoire des lettres.

Rimbaud Arthur **(1854-1891)**

Né à Charleville. Elevé par sa mère, une femme à principes. Fut un enfant sage.

1870-1871 : fugues (Paris, Belgique). Ecrit de nombreux poèmes qu'il essaie de publier dans des revues.

Vagabondages avec Verlaine (1871-1873). Blessé par Verlaine. *Une saison en enfer* (1873).

1874-1879 : voyages (Angleterre, Allemagne, Italie, Danemark, Suède, Suisse, Egypte, Chypre).

Vers 1875 : renonce à toute activité littéraire.

Arrive au Harrar, comme gérant d'un comptoir commercial (1880). Pratique le commerce de l'ivoire, du café, des armes et peut-être la traite des noirs.

1886 : *Illuminations* (publiées par les soins de Gustave Kahn).

1891 : malade, se fait rapatrier. Meurt à Marseille (chrétiennement).

Quelques-uns de ses poèmes avaient été publiés çà et là. En 1891, l'essentiel de son œuvre poétique parut à son insu sous le titre : *Reliquaire. Poésies.*

SON DRAME INTELLECTUEL

Il s'est cru capable de découvrir, derrière les apparences, le visage secret des choses. Il voulut non seulement « fixer des vertiges », mais « se faire voyant... par un long, immense et raisonné dérèglement de tous les sens ». Redoutable aventure, dont il constate l'échec dans *Une saison en enfer.* « J'ai essayé, dit-il, d'inventer de nouvelles fleurs, de nouveaux astres, de nouvelles chairs, de nouvelles langues. J'ai cru acquérir des pouvoirs surnaturels. Eh bien ! je dois enterrer mon imagination et mes souvenirs ! » Pourtant, il n'abandonne pas immédiatement la poésie. Les *Illuminations* l'occupent encore pendant dix-huit mois. Ensuite c'est le silence.

La raison en est peut-être l'épouvante intellectuelle, mais plus encore une juste conscience des réalités positives et la conviction que l'homme a « un devoir à chercher et la réalité rugueuse à étreindre ». La révolte chez lui n'est pas un état permanent. Après ses fugues et ses voyages, il revenait à Charleville. Entre le poète vagabond et le dur aventurier il n'y a rupture qu'en apparence.

DE L'INSPIRATION PARNASSIENNE A L'ALCHIMIE DU VERBE

A seize ans, il imite « les bons parnassiens ». Son originalité ne tarde pas à se révéler dans des poèmes qui, malgré leur volonté délibérée de révolte, gardent une fraîcheur de jeunesse. Il s'efforce de noter l'ineffable dans le fameux *Bateau ivre,* non exempt de rhétorique, mais riche de symboles et d'images. Sa précoce expérience d'une vie déréglée lui inspire *Une saison en enfer,* confession véhémente où il dit ses folies, ses échecs, ses résolutions et où il reconstitue, par tout un jeu de transpositions et d'allusions, le drame de sa liaison avec Verlaine, « la vierge folle ». Les *Illuminations* sont des poèmes en prose, à la fois gravures colorées et visions. Des villes extraordinaires, des catastrophes d'apocalypse hantent l'imagination du poète. C'est là surtout qu'il pratique « l'alchimie du verbe », par laquelle il amalgame les termes rares, les expressions brutales, les images éclatantes aussitôt évanouies qu'entrevues, les effets de rythme, dans une sorte de ruissellement tumultueux et rapide.

Laforgue Jules **(1860-1887)**

Né à Montevideo. Enfance et adolescence tristes. Lecteur français de l'impératrice d'Allemagne, Augusta (1881-1886).

***Les Complaintes* (1885). *L'Imitation de Notre-Dame la Lune* (1886).**

Epouse une Anglaise (1886). Meurt peu après de tuberculose.

Ses *Derniers vers* furent publiés en 1890 et ses poèmes de jeunesse *(Le Sanglot de la terre)* en 1903.

UN RAFFINÉ

Sa vie triste et diverses influences littéraires (Baudelaire, Bourget, Hartmann) l'ont rendu pessimiste. A sa foi perdue il substitue des aspirations scientistes. Il est obsédé par le charme féminin. Mais il se défie des femmes et les méprise un peu.

Il commence par écrire des vers philosophiques où l'influence parnassienne est visible. Puis l'exemple des impressionnistes le convainc que la poésie doit être faiblement structurée, « noyée de rêve », évocatrice d'une atmosphère. Il prend le masque de Pierrot, « le rêveur lunaire ». Il cache sa sentimentalité craintive sous les dehors de l'ironie ou de l'humour. Finalement, sans abandonner la rime, ni la strophe, il adopte le vers libre qui affecte chez lui une allure un peu disloquée, comme si le rythme se créait au fur et à mesure, sans se conformer à un schéma préconçu. A travers ces métamorphoses, l'art de ce fantaisiste obéit le plus souvent, malgré son obsession du réalisme quotidien, à une règle qu'il formule ainsi : « Disons tout, mais disons les choses de façon raffinée. »

Eloigné des cénacles littéraires du fait de son long séjour à Berlin, il ne fut pas touché par la contagion d'un certain symbolisme prétentieux. Son raffinement intellectuel, son excentricité aimablement désinvolte le rattachent plutôt au mouvement décadent.

Maeterlinck Maurice **(1862-1949)**

Ce Flamand robuste, à la fois mystique et attaché au réel, eut une carrière glorieuse consacrée par le prix Nobel (1911) et le titre de comte, qui lui fut conféré pour ses soixante-dix ans.

Il a écrit des poèmes : *Serres chaudes* (1889), *Douze chansons* (1897) ; des pièces de théâtre : *La Princesse Maleine* (1889), *Pelléas et Mélisande* (1892), *Monna Vanna* (1902), *L'Oiseau bleu* (1908) ; des essais philosophiques : *Le Trésor des humbles* (1896), *La Sagesse et la Destinée* (1898) ; des ouvrages de vulgarisation : *La Vie des abeilles* (1901), *L'Intelligence des fleurs* (1907), *La Vie des termites* (1927).

LE POÈTE ET LE DRAMATURGE

Il abuse peut-être de l'imagerie symboliste. Mais il l'utilise avec une vraie naïveté de langage. Ainsi tout en gardant l'émotion et le mystère propres au symbolisme, sa poésie acquiert une sorte de saveur populaire.

Au théâtre, il s'efforce par des pressentiments, des coïncidences, des effets scéniques, de suggérer la présence de l'invisible. A partir de *Monna Vanna,* il se rapproche des techniques traditionnelles du théâtre, sans d'ailleurs renoncer au symbole, qui dans *L'Oiseau bleu* tient encore une grande place. Cette pièce reprend la thèse développée dans *Le Trésor des humbles* que le bonheur est à la portée de chacun de nous.

LE PHILOSOPHE

Ses essais philosophiques, écrits dans une prose extrêmement pure, ont eu un grand succès. Il n'a pas la prétention de résoudre les grands problèmes. Il cherche seulement à nous familiariser avec l'inconnaissable, à nous guider dans le domaine des pensées insoupçonnées et des obscurs pressentiments. Sa morale enseigne l'amour de la vie, l'acceptation de la destinée, une généreuse compréhension d'autrui. L'instinct lui paraît supérieur à l'intelligence. Tout n'est pas absolument exact dans ses livres de vulgarisation. Il faut les prendre pour ce qu'ils sont : des poèmes philosophiques.

5 - La littérature fin de siècle et ses prolongements

Les deux tentations de l'époque 1900

Les écrivains de l'époque 1900 forment deux groupes distincts. Les uns, Anatole France, Loti, Bourget, Barrès, Rostand, la comtesse de Noailles sont les continuateurs de la tradition. Si grande qu'ait pu être leur réputation, notre époque les traite avec indifférence. D'un autre côté, il y a ceux qui ont préparé, parfois à leur insu, les transformations survenues, aux alentours de 1920, dans notre littérature.

Les premiers se rattachent donc au siècle finissant, même lorsque leur vie et leur activité littéraire se sont prolongées fort avant dans le siècle nouveau. Les autres appartiennent déjà au XXe siècle : Péguy mort en 1914, Apollinaire mort en 1918 sont restés très proches de nous.

Retour au romantisme

Aux environs de 1880, le romantisme trouve un regain de vigueur. La tradition du **roman idéaliste** est reprise par Hector Malot, André Theuriet, Georges Ohnet, Melchior de Vogüé. Quelques-unes de leurs œuvres furent extrêmement populaires : *Sans famille* d'Hector Malot, *Serge Panine* et *Le Maître de forges* de Georges Ohnet. Chez Villiers de l'Isle-Adam et Léon Bloy l'exaltation romantique transparaît à travers les influences baudelairiennes et symbolistes. Les deux grands romantiques de cette époque sont Loti et Barrès. Leur prestige répond à un goût persistant pour des formes de sensibilité et d'art cependant dépassées.

En poésie, l'influence romantique ne se distingue pas toujours très bien de l'influence symboliste. Chez Albert Samain, les deux tendances se mêlent assez souvent. Chez la plupart des poétesses de la fin du siècle, le côté romantique l'emporte nettement : Gérard d'Houville, Anna de Noailles, Lucie Delarue-Mardrus rejoignent, par-delà le symbolisme et le Parnasse, Marceline Desbordes-Valmore.

L'héritage du Parnasse

En 1891, Jean Moréas considéré jusque là comme un des maîtres du symbolisme, fonde avec Charles Maurras, Raymond de la Tailhède et quelques autres **l'Ecole romane,** qui se propose de revenir « au vrai classicisme et à la vraie antiquité, ainsi qu'à la versification traditionnelle la plus sévère ». *Les Stances* de Jean Moréas, où la véhémence des sentiments se voile d'une noble délicatesse, sont le type de cette poésie qui n'a d'ailleurs pas entièrement rompu avec le symbolisme et qui en garde ce qu'il offre de plus exquis. Si les poètes de cette époque, Henri de Régnier, Albert Samain, Pierre Louÿs, ont tant aimé la lumière méditerranéenne et les visions de l'antiquité, l'influence de l'Ecole romane y est pour beaucoup.

L'héritage du symbolisme

Si l'on excepte Claudel et Milosz, qui sont partis du symbolisme pour se construire des philosophies originales, le symbolisme ne recherche plus l'absolu métaphysique. Il n'a plus le tourment de l'expression rare. Il se contente d'images gracieuses, mais banales : forêts où chantent les sources, fées aux cheveux d'or, tours mystérieuses, lumière qui traverse les rochers. Des leçons du symbolisme, les poètes de cette fin de siècle ont particulièrement retenu la nécessité d'assouplir le rythme poétique. Chez Maeterlinck, chez Verhaeren, la longueur et les coupes du vers sont réglées par les seules exigences de la pensée, la rime est délaissée, souvent remplacée par l'assonance, les syllabes muettes sont escamotées, les allitérations systématiquement recherchées.

Jusque très avant dans le XXe siècle, on lut beaucoup Francis Jammes, doux provincial d'une ingénuité à la fois sincère et affectée, Albert Samain, âme insatisfaite qui rêve de tendresse, de bonheur et de beauté, et *Les Contrerimes* de P.-J. Toulet, dont le symbolisme épuré s'agrémente d'une note de fantaisie très moderne.

L'héritage du naturalisme

A l'*Enquête sur l'évolution littéraire* lancée en 1891, Paul Alexis avait répondu : « Naturalisme pas mort. » Réponse à moitié fausse, à moitié vraie. A cette date, le recul du naturalisme est sensible. Mais une tradition naturaliste du roman s'est déjà instaurée, tradition qui hésite entre diverses formules.

Zola n'a pas eu de véritable continuateur. Les frères Rosny, romanciers puissants, mais peu artistes, font trop de place aux grandes idées. Lucien Descaves se cantonne dans l'étude des milieux populaires. Octave Mirbeau, tempérament misanthrope et violent, cultive l'atroce au détriment de la vérité. Chez Jules Renard, l'âpreté naturaliste, avivée par une constante et douloureuse ironie sur soi, tend assez étrangement vers la poésie et l'atteint quelquefois. Son roman *Poil de carotte* est une sorte de chef-d'œuvre.

D'une manière générale, le roman préfère à l'anthentique naturalisme un réalisme discret. Avec l'institution du prix Goncourt, en 1903, cette conception se stabilise. Le second roman couronné par l'Académie Goncourt, *La Maternelle* de Léon Frapié représente exactement le nouvel idéal.

Conformisme de la critique

Aux environs de 1900, la critique littéraire est florissante. De grands romanciers, Anatole France, Paul Bourget, l'ont occasionnellement pratiquée. Le symboliste Remy de Gourmont s'y est fait la réputation d'un essayiste original. Mais les vrais maîtres du genre sont Brunetière, Lanson, Lemaître et Faguet. Différents sur plus d'un point, ils ont en commun une **circonspection réticente en face des nouveautés.**

Le plus dogmatique des quatre est Brunetière. Il juge les œuvres de notre littérature en fonction d'un idéal spirituel et moral incarné par le classicisme du XVIIe siècle et il condamne impitoyablement tout ce qui s'éloigne de cet idéal, en particulier le roman naturaliste. Cet écrivain rigide, si peu moderne, s'est toutefois enthousiasmé pour l'évolutionnisme de Darwin et de Spencer. Il applique cette doctrine à la littérature.

Gustave Lanson fonde la critique sur un système, plus exactement sur une méthode, qu'il a héritée de Sainte-Beuve et de Taine : éclairer les œuvres par l'étude minutieuse des circonstances qui ont accompagné ou déterminé leur composition. Il est le créateur de l'histoire littéraire.

Jules Lemaître et Emile Faguet sont des critiques psychologues et impressionnistes. Lemaître s'intéresse surtout aux contemporains. Il les caractérise avec intelligence, même lorsqu'il ne les aime guère. Il est de tempérament conservateur et de goût timoré. Le vieillissement de l'œuvre de Faguet, d'ailleurs très riche en suggestions fines et en formules heureuses, est encore plus marqué.

Un théâtre voué à l'oubli

La production dramatique de l'époque ne sort guère des sentiers battus. François de Curel, Paul Hervieu, Eugène Brieux sont les continuateurs d'Augier et de Dumas : même souci des problèmes moraux et sociaux, même philosophie simpliste. Georges de Porto-Riche accorde à la passion amoureuse une place qu'aujourd'hui nous jugeons excessive et s'efforce de montrer que la femme est l'éternelle victime de l'homme. Capus, Maurice Donnay, Bataille, Bernstein ne sont plus pour nous que des noms. Mais véhémentes ou légères, leurs pièces obéissaient à des conventions qui plaisaient au public d'alors. Le lyrisme populaire du théâtre de Richepin garde des relents de romantisme. Romantique aussi l'effort de Rostand pour atteindre le sublime. Quant aux auteurs comiques, Courteline, Feydeau, Robert de Flers, Caillavet, Francis de Croisset, ils sont à l'image de « la belle époque » : spirituels, mais ne recherchant que la gaieté facile.

Il y eut pourtant des théâtres d'avant-garde, et en premier lieu, du côté naturaliste, le **Théâtre-Libre.** Fondé, en 1887, par Antoine, il mena contre les conventions dramatiques une lutte efficace. La tentative d'Antoine suscita l'émulsion des symbolistes, qui créèrent, en 1891, le **Théâtre d'Art.** La grande originalité du Théâtre d'Art fut de recourir aux décors stylisés et symboliques. En 1893, il passa sous la direction de Lugné-Poe. Il s'appela dès lors **Théâtre de l'Œuvre,** et donna comme premier spectacle *Pelléas et Mélisande* de Maeterlinck. Mais dès 1897, Lugné-Poe se détacha du symbolisme, dont il constatait l'échec au théâtre, exception faite des drames de Maeterlinck.

La littérature au service des valeurs traditionnelles

Politiquement et socialement la littérature de cette époque est, dans sa grande majorité, conservatrice. Les écrivains appartiennent presque tous à la classe bourgeoise et les menaces qui pèsent sur la civilisation traditionnelle les inquiètent. L'affaire Dreyfus cristallise cette inquiétude. Sans doute Zola, Péguy, et plus mollement Anatole France prennent la défense de l'accusé. Mais les conformistes s'épouvantent du discrédit jeté sur nos institutions et rêvent de replacer la France au rang des nations fortes. Barrès devient l'apôtre d'un nationalisme agressif, le romancier de la revanche. Maurras fonde en 1899 *L'Action française.* Déroulède s'agite bruyamment dans la Ligue des patriotes.

Les dangers de guerre, qui se précisent à partir de 1905, exaspèrent les sentiments nationalistes. Le socialiste Péguy rejoint le clan des écrivains patriotes. Il entame de vigoureuses campagnes contre les historiens et sociologues qui ont perdu le sens de la tradition nationale. Barrès et Maurras comptent parmi les maîtres les plus écoutés de la jeunesse.

Une certaine forme de roman représentée par Paul Bourget, René Bazin, Henry Bordeaux s'applique à remettre en honneur les disciplines familiales, sociales et religieuses, et le théâtre cocardier de Rostand sert indirectement cette propagande.

France François-Anatole Thibault, dit Anatole **(1844-1924)**

Fils d'un libraire parisien. Etudes au collège Stanislas. Lecteur chez l'éditeur Lemerre. Adjoint de Leconte de Lisle à la bibliothèque du Sénat. Publie des vers parnassiens, un roman, *Le Crime de Sylvestre Bonnard* (1881), des souvenirs, *Le Livre de mon ami* (1885). Devient critique littéraire du *Temps.*

1888 : début d'une liaison, très profitable pour sa carrière, avec Mme Arman de Caillavet.

***Thaïs* (1889). *La Rôtisserie de la reine Pédauque* (1892). *Le Lys rouge* (1894). *Le Jardin d'Epicure* (recueil d'essais philosophiques, 1895).**

1896-1901 : *Histoire contemporaine* (I. *L'Orme du Mail.* – II. *Le Mannequin d'osier.* – III. *L'Anneau d'améthyste.* – IV. *M. Bergeret à Paris*).

1912 : *Les Dieux ont soif.*

1921 : prix Nobel.

Passe la fin de sa vie dans sa propriété tourangelle de la Béchellerie.

UN HUMANISTE PAIEN

Il possède une solide culture classique. L'image de l'antiquité, même vue à travers ses souvenirs scolaires, l'émeut profondément. Il fait revivre dans *Thaïs* la beauté païenne. Ses porte-parole sont des humanistes comme lui : Sylvestre Bonnard, vieil homme érudit ; Jérôme Coignard, abbé philosophe, débonnaire et jouisseur, M. Bergeret, professeur de littérature latine. Il professe l'irréligion. Mais s'il égratine parfois l'Eglise, il le fait « avec décence et bon goût ». Il admet les bizarreries de la nature humaine et s'en amuse. Se réclamant d'Epicure, il esquisse un portrait du sage : celui qui accepte la vie comme elle est, et qui sait jouir de ses bienfaits sans excès, mais avec volupté. Il est très convaincu des éminentes vertus de la clarté dans la pensée comme dans le style. Il manie subtilement une langue très pure, que l'on admira beaucoup, mais que l'on juge maintenant « pauvre et décolorée ». Le symbolisme et le naturalisme lui apparaissent comme des monstruosités. Chargé de contribuer au choix des auteurs qui devaient figurer dans le troisième *Parnasse,* il en a fait éliminer Verlaine et Mallarmé.

ANATOLE FRANCE ET LES PROBLÈMES DE SON TEMPS

Il met en scène, dans plusieurs de ses romans, la haute société raffinée et jouisseuse avec ses intrigues de politique, d'affaires et d'amour, ou encore la bourgeoisie provinciale, fonctionnaires, ecclésiastiques, propriétaires, qui se rencontrent sur le mail, chez le libraire, dans les salons, et qui discutent sur les événements du jour. Les humbles se mêlent parfois à cette comédie humaine.

Il considère avec scepticisme les institutions humaines. A défaut de la république idéale de M. Bergeret, où il n'y aurait plus de gain ni de salaire, et où tout serait à tous, il se contente de la république actuelle, qui gouverne mal mais qui gouverne peu. Sa prise de position en faveur de Dreyfus l'attire vers le socialisme. Plus tard il se déclarera communiste. Mutation surprenante chez cet esthète douillettement installé dans une gloire confortable. Ce n'est pas qu'il eût le goût de la révolution. Mais il n'était pas indifférent au malheur des autres, il rêvait d'une humanité accédant à la sagesse par le bien-être et il pensait que « les collectivistes et les libertaires préparent l'avenir en combattant toutes les tyrannies ».

Bourget Paul **(1852-1935)**

Fils d'universitaire. Il met longtemps à trouver sa voie. Déjà connu par ses *Essais de psychologie contemporaine* (1883), il se lance enfin dans le roman : *Cruelle énigme* (1885), *André Cornélis* (1887), *Le Disciple* (1889), *L'Etape* (1902), *Un divorce* (1904), *Le Démon de midi* (1914), *Le Sens de la mort* (1915).

Il continua d'écrire jusqu'à son extrême vieillesse. Mais déjà son œuvre ne trouvait plus d'écho.

UN ÉCRIVAIN OUBLIÉ. POURQUOI ?

Ses conceptions morales, son code de l'honneur et des conventions sociales ne sont plus les nôtres. De plus il écrit lourdement.

Il est très représentatif de son époque. Réagissant contre les excès du naturalisme, il revient au roman psychologique et mondain. Il peint fidèlement les milieux bourgeois avec une tendance à dramatiser les situations.

Le Disciple est le point de départ de son évolution vers le roman à thèse. Bourget combat le matérialisme, l'esprit démocratique, le divorce. Il se rallie à la tradition chrétienne, qui seule peut donner un sens acceptable à la mort. Il essaie de ramener à une observation plus stricte des principes sur lesquels elle est fondée, la société bourgeoise qu'il sent menacée.

Barrès Maurice **(1862-1923)**

Issu de la bourgeoisie lorraine. Traumatisé par la défaite de 1870.

1888-1891 : *Le Culte du moi* (I. *Sous l'œil des Barbares.* – II. *Un homme libre.* – III. *Le Jardin de Bérénice*).

1889 : député boulangiste de Nancy.

1897-1902 : *Le Roman de l'énergie nationale* (I. *Les Déracinés.* – II. *L'Appel au soldat.* – III. *Leurs figures*).

1905-1921 : *Les Bastions de l'Est* (I. *Au service de l'Allemagne.* – II. *Colette Baudoche.* – III. *Le Génie du Rhin*).

Député de Paris (1906-1923). Ne réussira pas à jouer le grand rôle politique qu'il ambitionnait. *La Colline inspirée* (1913). *Un jardin sur l'Oronte* (1922).

SON ÉVOLUTION IDÉOLOGIQUE

Il commence par affirmer son individualisme. Persuadé que le culte du moi est le premier devoir de l'homme, il s'applique à se connaître lui-même pour défendre sa personnalité contre tout ce qui peut l'affaiblir ou la déformer, en particulier contre les hommes d'une autre « patrie psychique », ceux qu'il appelle « les Barbares » ; ensuite pour vivre plus intensément.

A force de se chercher lui-même, il découvre que chacun de nous est fait de tout ce que lui ont légué ses ancêtres. L'idée de la continuité de la race s'impose à lui. Par là, il rejoint le déterminisme de Taine. En étudiant le passé de sa patrie lorraine, il a le sentiment d'élargir la conscience qu'il prend de son être. Il estime que l'homme dégénère, quand il perd ses attaches avec le sol natal. Il prêche donc le culte de la terre et des morts. Il s'efforce de galvaniser les forces vives du pays contre la menace étrangère. Malgré son incroyance, il va jusqu'à se faire le défenseur de la tradition religieuse.

SON INFLUENCE

Ce théoricien passionné dont le tempérament profond, moins rigide que ses idées, décelait une inquiétude très romantique (angoisse de la mort, volupté de l'angoisse), ce styliste vigoureux infiniment sensible à la beauté fut l'idole de beaucoup de jeunes. Certains écrivains de la génération suivante, Mauriac, Montherlant, Drieu la Rochelle, lui doivent l'essentiel de leur formation intellectuelle. Depuis, les Français se sont résolument détournés du chemin où il rêvait de les engager. Ce sont d'autres peuples qui ont recueilli l'héritage de Barrès, s'il est vrai que cet héritage contenait en germe, « les grandes hérésies du XXe siècle : racisme, machiavélisme, étatisme totalitaire ».

Rostand Edmond **(1868-1918)**

Poète facile, il se spécialisa dans le théâtre en vers : *La Princesse lointaine* (1895), *Cyrano de Bergerac* (1897) dont le triomphe fut éclatant, *L'Aiglon* (1900), *Chantecler* (1910) qui fut un échec.

Il fut servi par d'excellents interprètes : Sarah Bernhardt *(La Princesse lointaine, L'Aiglon)*, Coquelin aîné *(Cyrano)*.

Il mourut de la terrible grippe de 1918.

UN POÈTE VIEILLE FRANCE

Sauf dans *Chantecler*, où il développe des symboles faciles, Rostand ne fait guère que ressusciter l'ancien drame romantique. Il exalte le désintéressement héroïque, la passion chevaleresque, l'amour de la patrie. Une noble ardeur anime ses héros, dont la psychologie est peu nuancée.

Il y a chez Rostand beaucoup de virtuosité. Mais il abuse des mots d'esprit, des acrobaties prosodiques. Cette poésie clinquante a enthousiasmé le public de 1900. Elle s'est vite démodée.

XXe siècle

1 - Les promesses du siècle nouveau

La tradition mise en cause

Jusque vers 1920, la littérature ne paraît pas évoluer beaucoup. Mais elle est sourdement travaillée par des aspirations nouvelles qui mettent en cause la tradition et qui peuvent se formuler comme suit :

1. Pour l'irrationnel. – La littérature française avait, pendant des siècles, aimé et recherché la clarté. Sa curiosité se porte maintenant sur tout ce qui échappe aux prises de la raison. Claudel, indifférent aux impossibilités historiques ou logiques, se meut avec aisance dans le surnaturel. Guillaume Apollinaire et ses amis élaborent l'esthétique d'où sortira le surréalisme. Proust cède aux suggestions de la mémoire involontaire. Sans aller aussi loin dans le sens de l'irrationnel, Gide, Valery Larbaud, Supervielle, Alain-Fournier renoncent à constituer leurs romans avec des éléments répertoriés à l'avance et soigneusement sélectionnés. Ils laissent l'histoire qu'ils content se dérouler d'elle-même. Aux artifices de la logique ils préfèrent la vérité du hasard.

2. Contre le conformisme. – Les écrivains du XIXᵉ siècle se croyaient tenus d'observer certaines convenances. Désormais ces principes se relâchent. Proust, Gide analysent les aberrations de l'amour, le premier de façon voilée, le second avec toute l'audace de son immoralisme. Colette, naturellement indulgente aux irréguliers, les met en scène dans le désordre de leurs mœurs, sans porter contre eux la condamnation implicite naguère exigée par l'usage. Les continuateurs du naturalisme portent de rudes coups à l'optimisme un peu lâche de la société conformiste, par des peintures de mœurs comme celles que l'on trouve dans *L'Enfer* d'Henri Barbusse (1908) ou dans *La Garçonne* de Victor Margueritte (1922). Lorsque Romain Rolland s'en prend aux notions d'intérêt patriotique, de gloire militaire, il ébranle tout l'édifice des idées reçues.

En matière de langage, l'exemple du non-conformisme avait été donné, dès 1896, par Alfred Jarry dans *Ubu roi,* farce à vrai dire assez épaisse, mais d'une verve irrésistible, où les extravagances d'expression, et les termes vulgaires sont multipliés à plaisir. Les récits de guerre contribueront à cet affranchissement du vocabulaire.

3. Contre la facilité. – Les romantiques se fiaient à leur facilité. Souvent cette facilité se diluait en éloquence verbeuse. Flaubert, le Parnasse, Mallarmé avaient opposé à ce manque de rigueur leur conception d'un art exigeant. Mais leur exemple n'avait pas été suivi. Loti, la comtesse de Noailles, Rostand sont des écrivains faciles. L'esthétique nouvelle condamne cette facilité, qui lui paraît être une qualité d'ordre inférieur.

Mais l'idée d'un style dense, suggestif, sacrifiant, s'il le faut, la clarté à la richesse, heurtait des habitudes plusieurs fois séculaires. Elle ne s'est pas imposée sans peine. Au moment de la publication du *Cimetière marin* (1920) de Paul Valéry, la critique et l'opinion furent déconcertées par ce poème, que l'on cherchait vainement à comprendre selon les normes usuelles. Peu à peu, un revirement se produisit. Le public cultivé s'habitua progressivement à trouver son plaisir dans l'effort de la pensée. Au dogme classique de la clarté à tout prix se substitua la notion d'une **difficulté féconde.**

Courants modernes de pensée

Quelques exemples pris dans l'histoire de la pensée confirment ce désir de renouvellement des valeurs qui marque l'époque 1900-1920.

1. Dans le domaine philosophique, Bergson dénonce l'intelligence comme un mode de connaissance imparfait, très inférieur à l'intuition. Il invite à prospecter l'inconscient. Ses cours au Collège de France sont l'objet d'un véritable engouement. Julien Benda, qui soutient contre lui la cause de l'intellectualisme intéresse, mais n'est guère suivi.

2. Dans le domaine religieux, déferle une vague d'anticonformisme. Déjà Huysmans avait dénoncé le côté niais d'une certaine dévotion. Léon Bloy mêlait à ses élans de ferveur sa hargne de perpétuel révolté. La voie est ouverte aux revendications des catholiques sociaux, groupés dans le parti du Sillon. Le Sillon est condamné à Rome, en 1910, comme entaché de modernisme social. Mais l'idéal qu'il représente est assez vivace pour résister à cette condamnation, et même pour stimuler l'inspiration des écrivains catholiques, à commencer par Péguy.

3. Dans le domaine social, des efforts sont faits pour ouvrir la littérature aux aspirations populaires. L'œuvre de Péguy, celle de Barbusse, celle de l'écrivain belge Verhaeren, témoignent en faveur d'un socialisme tout pénétré de la pensée de Jaurès. Romain Rolland prêche la fraternité des hommes et la paix des peuples. De jeunes écrivains, Jean-Richard Bloch, Georges Duhamel, Jules Romains, subissent, parmi beaucoup d'autres, l'ascendant de ce maître. Mais pour le moment, le socialisme littéraire contrebalance difficilement l'action des écrivains traditionalistes.

Cénacles d'avant-garde

A défaut d'une école littéraire qui orchestrerait l'idéal nouveau, de petits groupes se forment pour le dégager et le servir.

1. L'Abbaye. – En 1906, de jeunes intellectuels, dont les plus connus sont Vildrac, Duhamel, le musicien Albert Doyen, louent à Créteil, pour y fonder une communauté laïque, une maison qu'ils appellent l'Abbaye. Ils placent au premier rang de leurs préoccupations les problèmes humains et sociaux. Ils installent à l'Abbaye une imprimerie, où ils travaillent comme typographes, dans l'espoir que ce métier, tout en les rapprochant des humbles, leur assurera l'indépendance de l'esprit. Leur association ne put, faute d'argent, durer plus de quatorze mois.

Jules Romains avait suivi cette expérience avec intérêt. En 1908, il lance le mouvement unanimiste, qui prolonge en l'intellectualisant l'action de l'Abbaye et qui vise à créer une littérature à résonance populaire. Cette ambition se répercutera très avant dans le siècle. Les grandes œuvres de Duhamel et de Jules Romains sont pénétrées d'esprit unanimiste.

2. La Nouvelle Revue française. – Son premier numéro paraît en 1909. Elle vise à créer, en partant du symbolisme, un mouvement littéraire nouveau. Mais elle n'a pas de programme défini. Elle rassemble deux générations d'écrivains : des hommes de quarante ans, Gide, Claudel, Suarès, et des hommes de dix ou quinze ans plus jeunes, que passionnent les formes modernes du romanesque, le mystère de l'inconscient, le secret des destinées. Dans la seule année 1913, elle publie trois œuvres fort remarquables de débutants : *Journal d'A.-O. Barnabooth* de Valery Larbaud, *Jean Barois* de Roger Martin du Gard, *Le Grand Meaulnes* d'Alain-Fournier. C'est André Gide qui donna la première impulsion à la *Nouvelle Revue française.* Elle eut ensuite pour animateurs Jacques Rivière, puis Jean Paulhan. Elle a compté parmi ses collaborateurs un critique de grand talent, Albert Thibaudet.

3. Le cubisme. – Dans les années qui précèdent 1914, des écrivains anticonformistes, Apollinaire, Max Jacob, Salmon, Cendrars, Reverdy, ont l'idée d'appliquer à la littérature les procédés qu'emploient les peintres cubistes, dont ils sont les amis. Leur technique consiste à dissocier les éléments qui constituent le réel et à laisser ces éléments se regrouper ensuite librement, au mépris de la logique. Ainsi se forme un mouvement qui, parti du cubisme, le dépasse et qui aboutira finalement au surréalisme.

Rolland Romain **(1866-1944)**

Agrégé d'histoire. Membre de l'Ecole française de Rome. Professeur d'histoire de l'art à l'Ecole normale et de musicologie à la Sorbonne. Admirateur de Tolstoï, avec lequel il correspond.

1898-1902 : *Le Théâtre de la Révolution* (I. *Les Loups.* – II. *Le Triomphe de la raison.* – III. *Danton.* – IV. *Le 14 juillet*).

1903 : *Vie de Beethoven.*

1904-1912 : *Jean-Christophe* (10 volumes).

1914-1918 : réside en Suisse. 1915 : *Au-dessus de la mêlée* (articles parus dans le *Journal de Genève*). 1916 : prix Nobel.

***Colas Breugnon* (1919). Fonde la revue *Europe* (1922). *L'Ame enchantée* (1922-1933). Se retire à Vézelay (1937).**

LE MAITRE DU ROMAN-FLEUVE

Jean-Christophe est un roman-fleuve, le premier en date du XXe siècle. Romain Rolland aimait cette métaphore. Elle revient souvent dans son livre, où le Rhin ne sert pas seulement de décor, mais suggère le cours de la vie humaine et l'écoulement des générations. L'appellation de roman cyclique convient aussi à cette œuvre qui raconte non pas une destinée unique, mais tout un cycle d'aventures, dont les héros ne tiennent parfois que de loin au personnage principal. L'unité de l'ensemble est faite d'amour de la vie, d'hommage à la musique et de l'exemple que Romain Rolland nous met sous les yeux d'un héros non point parfait (il est rude, dominé par de puissants instincts), mais énergique et généreux.

LE PENSEUR SOCIALISTE

Romain Rolland rêve d'une humanité fraternelle, et trouve trop étroit le cadre de la patrie. En pleine guerre, son pacifisme hautement affirmé dans *Au-dessus de la mêlée* scandalisa l'opinion française. Plus tard, Romain Rolland s'enthousiasma simultanément pour la Russie bolcheviste et pour l'Inde de Gandhi, cherchant à concilier le socialisme révolutionnaire et le principe de non-violence.

Il est ennemi de tout sectarisme, et malgré sa sympathie pour le marxisme, il a pu écrire : « Avec le prolétariat, toutes les fois qu'il respectera la vérité et l'humanité. Contre le prolétariat, toutes les fois qu'il violera la vérité et l'humanité. »

Claudel Paul **(1868-1955)**

1886 : découvre Rimbaud. Reçoit l'illumination de la foi pendant l'office de Noël.

Ecrit plusieurs drames : *Tête d'or* (1889), *La Ville* (1890), *L'Echange* (1893).

Commence (1890) une carrière de diplomate. Long séjour en Chine (1895-1909). Sera plus tard ambassadeur (Tokyo, Washington, Bruxelles). *Connaissance de l'Est* (1896-1907). *Partage de midi* (1906).

1910 : *L'Otage* (la trilogie sera complétée par *Le Pain dur* et *Le Père humilié*). *Cinq grandes odes.*

1912 : *L'Annonce faite à Marie.*

1930 : *Le Soulier de satin* (version pour la scène : 1943).

A partir de 1935, partage son temps entre Paris et son château dauphinois de Brangues. Se consacre à des méditations sur la Bible.

LES PROBLÈMES D'UNE AME CHRÉTIENNE

Dans ses poèmes comme dans ses drames (lesquels, sauf *Partage de midi,* ont pour cadre un passé pseudo-historique), Claudel, catholique intransigeant, montre l'homme cherchant la voie à suivre, mais à tâtons et possédé par la fureur de vivre. Lui-même avait fait l'expérience de cette vie tourmentée. Son amour pour une femme mariée, rencontrée en 1899 sur le paquebot qui le ramenait en Chine, l'avait entraîné dans une liaison qui se prolongea cinq ans, et qui lui inspira *Partage de midi.* L'héroïne, Ysé, aime Mésa et le fuit, se donne à un autre homme, sacrifie son mari, son enfant, retrouve enfin Mésa et meurt avec lui dans l'embrasement de leur maison minée par les indigènes en révolte. *Le Soulier de satin* illustre ce même conflit de la chair et de l'esprit : Prouhèze et Rodrigue promènent à travers le monde espagnol du XVIe siècle leur passion insatisfaite, ne se rejoignent que pour se séparer et font leur salut presque malgré eux. Exceptionnellement Violaine, dans *L'Annonce faite à Marie,* n'est que charité, dévouement, humilité sainte.

Le problème qui hante Claudel, c'est de savoir jusqu'à quel point un chrétien peut céder à la volonté de jouissance qui règne en chacun de nous. Du moins est-il persuadé que, dans ce vaste drame auquel participe l'humanité tout entière, Dieu mène le jeu et que, par des chemins détournés, sa Providence nous conduit exactement où elle veut.

UN SYMBOLISME ÉVOLUÉ

Le symbolisme l'a habitué à contempler le monde comme un ensemble de signes à interpréter. Mais alors que les poètes incroyants ne trouvent au-delà des apparences aucune réalité solide, Claudel a le sentiment de pénétrer l'ordre secret de l'univers. C'est pourquoi il dédaigne l'humble vraisemblance. Ses drames ne font aucune concession aux esprits positifs.

Chez lui images et symboles jaillissent spontanément et avec profusion. Ce ne sont pas des ornements. Ils donnent à la pensée son poids de réalité et sa consistance sentimentale : gravité, attendrissement, humour. Le style adopte volontiers la forme du verset, plus vrai que la strophe, car il correspond à un certain rythme respiratoire et au mouvement de la pensée, laquelle ne suit pas une cadence régulière, mais déferle comme une houle.

Gide André **(1869-1951)**

Languedocien par son père, normand par sa mère. Elevé dans un protestantisme rigide. Fréquente Pierre Louÿs, Valéry. Publie à compte d'auteur *Les Cahiers d'André Walter* (1891). Séjourne à Biskra (1893-1894). Se libère de sa morale puritaine. Epouse néanmoins sa cousine Madeleine Rondeaux (1895).

***Paludes* (1895). *Les Nourritures terrestres* (1897). *L'Immoraliste* (1902). *La Porte étroite* (1909).**

1909 : cofondateur de la *Nouvelle Revue française.*

***Les Caves du Vatican* (1914). *La Symphonie pastorale* (1919). *Corydon* (1924). *Les Faux-Monnayeurs* (1925). Désormais sa production littéraire se ralentit.**

A la suite d'un voyage au Congo (1925-1926), fait campagne contre le colonialisme. S'enthousiasme pour le communisme (1932-1937). Prix Nobel (1947).

Œuvres autobiographiques : *Si le grain ne meurt* (1926) ; *Journal* (couvre les années 1889 à 1949) ; *Et nunc manet in te* (écrit en 1938, sur ses rapports avec sa femme récemment morte).

SON IMMORALISME

La pensée de cet « insoumis » est difficile à fixer, tant elle comporte de méandres. Il écrit : « Familles, je vous hais », et sans doute le pense-t-il. Pourtant il se marie, mais c'est pour trouver près de lui une présence dévouée, sans autre obligation de sa part qu'une affection courtoise et distante. Esprit religieux, il est sur le point de se laisser convertir au catholicisme par Claudel, mais ne pouvant mettre Dieu dans son jeu, il accumule contre lui les rancunes, et finalement fera semblant de l'ignorer. Il cède à ses penchants homosexuels avec la conscience du péché, mais en se donnant raison à lui-même et en justifiant par tous les moyens cette possession dont il est la victime consentante. Il ignore la bonté. Comme ses héros, Michel *(L'Immoraliste),* Jérôme *(La Porte étroite),* il sacrifie les autres à son plaisir. Il prêche l'amour égoïste de la vie. Il se plaît à troubler par des suggestions malsaines. On dirait qu'il s'est fixé pour but de nous désintoxiquer de ce que l'on appelle les bons sentiments.

SON ORIGINALITÉ LITTÉRAIRE

Cet écrivain, qui aime tant parler de lui, affectionne tout particulièrement un genre indéterminé qui tient du roman et de la confession lyrique. Pour désigner *L'Immoraliste, La Porte étroite, La Symphonie pastorale,* il rejette donc l'appellation de roman et préfère celle de récit. Il désigne sous le nom de soties ceux de ses ouvrages qui ont un caractère de fantaisie moqueuse *(Les Caves du Vatican).* Littérairement son œuvre capitale est *Les Faux-Monnayeurs,* un vrai roman. Il y apporte d'intéressantes innovations. Il renonce à l'unité de sujet. Il met en scène des personnages dont le destin n'est pas réglé d'avance. Il disloque le récit pour mieux le faire ressembler au désordre de la vie.

Son style, qui tend vers la perfection classique, est moins admiré qu'il ne le fut.

Proust Marcel **(1871-1922)**

Fils d'un médecin réputé. La fortune de ses parents lui assure une vie facile et lui permet de fréquenter les salons élégants. Publie une traduction du critique d'art

anglais Ruskin (1904). Après la mort de son père (1903), puis de sa mère (1905), sa santé se détériore (asthme). Il vit en reclus, ne sortant guère que la nuit. Reste ignoré du grand public jusqu'en 1919 (prix Goncourt). S'épuise au travail.

Il n'a guère écrit qu'une œuvre, *A la recherche du temps perdu,* dont *Jean Santeuil* et *Contre Sainte-Beuve* sont les premiers états et qui comprend : I. *Du côté de chez Swann* (1913) publié à compte d'auteur ; II. *A l'ombre des jeunes filles en fleurs* (1919, prix Goncourt) ; III. *Du côté de Guermantes ;* IV. *Sodome et Gomorrhe ;* V. *La Prisonnière ;* VI. *Albertine disparue ;* VII. *Le Temps retrouvé.*

SA CONCEPTION DU TEMPS

Marcel Proust constate avec angoisse la fuite du temps et les destructions qu'elle entraîne. Pour retrouver le « temps perdu », il fait appel aux ressources de la mémoire, non pas la mémoire habituelle, qui est utilitaire et logique, mais la mémoire profonde, qui est involontaire. Dans les reconstitutions de cette sorte, la sensibilité joue un plus grand rôle que l'intelligence. Elle ressuscite le passé sans tenir compte du temps vrai, des proportions exactes. Elle suit le rythme capricieux des émotions, « les intermittences du cœur ».

Le narrateur laisse les faits s'agencer d'eux-mêmes. Il ne s'impose pas à eux. Même lorsqu'il dit « je », il est une conscience au pouvoir réfléchissant et non un personnage. Il se place sur deux plans du temps : le moment où se sont passés les événements et le moment présent. Les images se corrigent et se complètent l'une l'autre. Ainsi prend une vie nouvelle et durable ce qui n'avait été que fugitif. C'est pourquoi Proust a pu écrire que la « réalité n'existe pas pour nous, tant qu'elle n'a pas été recréée par notre pensée ».

SON UNIVERS

Se confondant plus ou moins avec son narrateur, sans se laisser aller au jeu banal des confidences, il recompose le monde heureux de son enfance, il fait revivre des figures chères, il retrouve l'atmosphère de Combray (Illiers), les heures de lecture dans le jardin, les promenades « du côté de chez Swann » ou « du côté de Guermantes ». Il raconte l'orageuse liaison de Swann et d'Odette, prélude aux passions qu'il éprouvera lui-même pour Gilberte Swann et pour Albertine. Il y mêle de profondes réflexions sur l'amour, sans trahir son penchant pour l'inversion sexuelle. Il nous introduit chez l'orgueilleuse duchesse de Guermantes, dans le salon bourgeois des Verdurin, auprès de l'inquiétant baron de Charlus. Le cadre de l'action se déplace : tantôt Combray, tantôt la plage de Balbec animée par la présence des « jeunes filles en fleurs », tantôt Paris.

Son expérience l'a rendu pessimiste. Il constate l'incompréhension qui existe entre les êtres. Il voit l'amour se perdre dans les souffrances de la jalousie. L'image du vice et de la déchéance qui en est la rançon l'épouvante. Mais cette « comédie mondaine » l'a intéressé au plus haut point, s'est confondue avec sa propre vie, et par le miracle de son génie, la peinture qu'il nous donne de cette société superficielle en train de se défaire est une œuvre profonde.

Valéry Paul **(1871-1945)**

Né à Sète. Etudes à Montpellier. Devient l'ami de Pierre Louÿs et de Gide (1890) et le disciple de Mallarmé. Publie des vers dans de petites revues. A Gênes (1892), il

prend conscience de la vanité de son effort poétique. S'attache désormais à étudier l'activité de l'intelligence. *Introduction à la méthode de Léonard de Vinci* (1895). *La Soirée avec M. Teste* (1896). Secrétaire d'un important publiciste (à partir de 1901).

Cédant à l'insistance de Gide, il reprend son labeur poétique (1912). *La Jeune Parque* (1917). *Album de vers anciens* (1920. Vers écrits entre 1890 et 1892). *Charmes* (1922. Recueil de vingt-deux poèmes).

Revient à la prose : *L'Ame et la danse* (1923) ; *Eupalinos* (1923) ; *Variétés* (5 volumes, 1924-1944) ; *Mon Faust* (1946). Entre à l'Académie (1925). Professeur au Collège de France (1937).

SA CONCEPTION DU PHÉNOMÈNE POÉTIQUE

Il ne croit pas beaucoup à l'inspiration. Elle existe. Mais ses manifestations ne sauraient être que « brèves et fortuites ». L'œuvre poétique est le fruit d'un labeur parfaitement conscient et volontaire. « L'architecte de poèmes » est avant tout un technicien des mots. Selon l'exemple de Mallarmé, Valéry les prend dans une acception voisine de leur étymologie, les transpose de l'abstrait dans le concret, les met à des places inattendues, tout en se maintenant « dans l'armature de la prosodie classique ». A l'inverse des surréalistes qui fondent leur art sur l'automatisme, il n'admet que les obscurités volontaires, les « lacunes calculées ».

Il tend ainsi vers une poésie exempte de tout élément non poétique. A cette poésie sans alliage il a donné le nom de « poésie pure ». Idéal que les poètes ne peuvent atteindre que dans leurs meilleurs moments. « Ce qu'on appelle un poème se compose pratiquement de fragments de poésie pure enchâssés dans la matière d'un discours. »

SES PRÉOCCUPATIONS PHILOSOPHIQUES

Beaucoup de ses méditations portent sur l'activité de l'esprit : l'intelligence d'abord uniquement tendue vers l'absolu et la pureté, puis troublée par les sollicitations des sens, et finissant par accepter un compromis inévitable *(La Jeune Parque) ;* les délices et les tourments de la connaissance de soi *(Fragments du Narcisse) ;* l'inspiration poétique *(La Pythie).*

Il n'a pas de système au sens philosophique du mot. Dans *Le Cimetière marin,* il se borne à constater l'éternel écoulement des choses et à proclamer la nécessité de vivre malgré le ver rongeur qui est en chacun de nous. Il y a chez lui beaucoup de scepticisme. Il n'est pas spiritualiste. Il se méfie de la science. Il se demande « si l'esprit humain pourra surmonter ce que l'esprit humain a fait ; si l'intellect humain peut sauver le monde et d'abord soi-même ». Il voit dans notre époque « un conflit sans issue entre des choses qui ne savent pas mourir et des choses qui ne peuvent pas vivre ». C'est pourquoi la tradition et le progrès lui apparaissent comme « les deux grands ennemis du genre humain ».

Péguy Charles **(1873-1914)**

Né à Orléans, dans un ménage d'ouvriers. Sa mère, devenue veuve, travaille comme rempailleuse de chaises. Ecole normale supérieure (1894-1897). Socialiste et dreyfusard. Echec à l'agrégation de philosophie. *Jeanne d'Arc,* drame en trois pièces (1897).

Fonde (1900) une entreprise d'édition qui subsistera jusqu'en 1914 : *Cahiers de la quinzaine*. – *Notre Patrie* (1905).

1908 : il retrouve la foi.

1910-1913 : *Victor-Marie, comte Hugo*. – *L'Argent*. – *L'Argent, suite*. Ces trois « cahiers » forment une suite.

***Le Mystère de la charité de Jeanne d'Arc* (1910). *Le Porche du mystère de la deuxième Vertu* (1911). *Le Mystère des saints Innocents* (1912). *Les Tapisseries* (1912-1913). *Eve* (1913). *Quatrains* (posthume).**

Tué à la guerre (4 septembre 1914).

LE MILITANT

Il s'enthousiasme d'abord pour la cause socialiste. En 1905, la menace d'une guerre avec l'Allemagne éveille le patriotisme de ce révolutionnaire et il devient l'apôtre d'un nationalisme vigilant. A partir de 1908, il milite non plus seulement pour sa patrie, mais pour sa foi retrouvée.

Il est resté fidèle à lui-même dans la mesure où le socialisme humanitaire et le christianisme évangélique se rejoignent. Mais les grèves ouvrières des années 1904 à 1907 l'ont laissé indifférent. Il s'est déjugé sur l'affaire Dreyfus. Il détestait certains chefs socialistes, particulièrement Jaurès à cause de son pacifisme. Il rêvait de jouer un rôle illustre. Mais il s'était coupé du socialisme, et il lui avait donné trop de gages pour inspirer confiance aux catholiques conservateurs.

L'ÉCRIVAIN

Ses écrits en prose (quelques ouvrages suivis et de nombreux articles) sont essentiellement consacrés aux problèmes sociaux et politiques de l'époque. Une exaltation généreuse les anime. Parfois ce n'est plus le militant mais l'intellectuel qui parle. Il dit son admiration pour Bergson, aussi important selon lui que Descartes. *Victor-Marie, comte Hugo* contient des pages éblouissantes sur Hugo, Corneille, Racine, avec une préférence accordée à Corneille.

Péguy avait abandonné depuis sa *Jeanne d'Arc* de 1897 la forme poétique. il y revient après sa conversion. Il emploie tantôt le verset, tantôt l'alexandrin. Il essaie dans ses *Mystères* de faire revivre l'art et l'esprit du moyen âge chrétien. Il arrange les mythes à sa façon, par exemple lorsqu'il imagine un Dieu plein de bonhomie expliquant familièrement le rôle de « la petite fille Espérance ». Il est capable de s'élever aux plus hauts sommets du lyrisme *(Présentation de la Beauce à Notre-Dame de Chartres)*.

Son style est à l'image de sa pensée, qui avance en regardant toujours en arrière pour consolider les positions acquises. De là, cette obstination à reprendre inlassablement les mêmes mots, les mêmes tournures. De là, ces variations sur un même thème, obsédantes comme des litanies.

Colette Sidonie-Gabrielle **(1873-1954)**

Née à Saint-Sauveur-en-Puisaye. Epouse un viveur mondain, l'écrivain Willy. Ecrit, avec sa collaboration, la série des *Claudine* (1900-1903).

Séparée de Willy (1906), elle se fait actrice de music-hall. *La Retraite sentimentale* (1907). *La Vagabonde* (1910).

1912 : second mariage (Henry de Jouvenel).

***Chéri* (1920). *Le Blé en herbe* (1923). *La Fin de Chéri* (1926). *La Seconde* (1929). *La Chatte* (1933). (Tous ces romans constatent l'échec de l'amour.)**

Elle égrène ses souvenirs dans *La Maison de Claudine* (1922), *La Naissance du jour* (1928), *Sido* (1930).

Troisième mariage (Maurice Goudeket, 1935). *Gigi* (1944). Membre de l'Académie Goncourt (1944).

LA SENSIBILITÉ DE COLETTE

Elle éprouve pour tout ce qui existe une sorte d'attachement fraternel. L'être humain, les bêtes, dont elle se plaît à « caresser les toisons tièdes », la nature, tout l'émeut, elle entre en sympathie avec tout. Elle n'a pas de peine à pénétrer les âmes étrangères. Mais c'est la confidence directe ou voilée qui lui convient le mieux. Ses romans n'ont été longtemps que les récits arrangés de ses propres expériences. *La Retraite sentimentale,* où on la reconnaît dans ses deux héroïnes Claudine et Annie, a pu être considérée comme un des meilleurs romans d'amour du XXe siècle.

Son art traduit directement la sensation et ne craint pas de recourir aux impressions des sens les moins intellectualisés : l'odorat, le goût, le toucher. Elle s'exprime en un langage dru, vigoureux, bien assorti à son rude accent bourguignon.

LA MORALE DE COLETTE

Etrangère à toute rigueur morale, à tout conformisme, elle paraît avoir pour unique affaire de suivre son instinct, de profiter sensuellement de toutes les joies qui s'offrent à elle. Les héros de ses romans sont innocemment immoraux.

Pourtant, il se dégage de son œuvre cette leçon que la chasse au plaisir est toujours décevante. Le vrai contentement ne se trouve que dans les joies simples. Même l'amour lui est un peu suspect. Elle cite comme une marque de sagesse cette réflexion de Sido (sa mère) : « L'amour, ce n'est pas un sentiment honorable. »

Apollinaire Wilhelm de Kostrowitzky, dit Guillaume **(1880-1918)**

Fils naturel d'un officier italien et d'une aventurière polonaise. Enfance très ballotée. Précepteur en Allemagne, s'éprend (1902) d'une jeune Anglaise, Annie, dont il sera « le mal aimé ».

A partir de 1903, fréquente à Paris des écrivains et artistes d'avant-garde. Liaison avec Marie Laurencin, l'inspiratrice du *Pont-Mirabeau* (1908-1912). Vit de travaux de librairie et d'articles de critique d'art. *L'Enchanteur pourrissant* (1909). *L'Hérésiarque et Cie* (1910. Trois voix au prix Goncourt).

1913 : *Alcools* (1898-1913).

Engagé volontaire (1914). Blessé à la tête et trépané (1916).

1917 : *Les Mamelles de Tirésias* (drame).

1918 : *Calligrammes.* Se marie. Meurt, le 9 novembre, de la grippe.

1947 : *Ombre de mon amour.*

UN FANTAISISTE DE GÉNIE

Certains de ses premiers poèmes, comme *Le Larron* (1903), semblent procéder de l'influence symboliste. Sans doute y suit-il sa propre logique. Mais il ne cherche pas à se rendre intelligible. Il crée des mots avec une sorte de pédantisme déconcertant. Il n'a jamais eu de doctrine poétique bien arrêtée. Sa manière habituelle, qui s'est précisée au contact de Max Jacob, de Jarry, de Picasso, consiste à céder aux suggestions de l'irrationnel, à laisser s'assembler des images disparates. Il a entrevu le parti que la littérature pouvait tirer des songes. Ses *Calligrammes* reproduisent par la disposition typographique du texte la forme de l'objet évoqué. Il n'est pas surréaliste, bien qu'il ait inventé le mot. Mais ses audaces préludent au surréalisme.

Lorsqu'il contrôle sa fantaisie, se contentant de produire des effets cocasses par une inexactitude voulue, voilant sous l'humour le tragique de la vie, jouant délicatement avec ses émotions, c'est un poète exquis. *Le Pont Mirabeau,* tendre évocation de l'amour qui passe, est une sorte de complainte calquée sur le rythme d'une chanson du XIIe siècle. *La Chanson du Mal aimé,* œuvre beaucoup plus longue et plus ancienne, inspirée par l'indifférence d'Annie et par la tristesse des soirs londoniens, contient, à côté de passages moins bien venus, des strophes où l'on trouve déjà ce ton émouvant de complainte populaire, ce style si joliment désarticulé.

Il aime les légendes *(Merlin, La Loreley),* les scènes familières, les paysages rhénans, l'atmosphère des ports. Il évoque les visions fugitives du voyage, les gares, les paysages qui défilent, les caprices de l'émigrant la veille de son départ, sa détresse inavouée sur le paquebot qui l'emmène. Il a su parler de la guerre en combattant courageux. Si son langage est nouveau, sa sensibilité, sa simplicité de cœur, sa générosité montrent qu'il ne s'est jamais coupé des sources éternelles du lyrisme.

2 - La révolution littéraire du XXe siècle

Influence de la psychanalyse

On désigne sous ce nom la méthode imaginée par le médecin autrichien Sigmund Freud pour guérir les troubles psychiques en ramenant à la conscience claire les sentiments refoulés, pour la plupart de nature sexuelle, qui sont à l'origine de ces troubles. La première traduction française de Freud parut en 1922. Déjà les poètes symbolistes, le philosophe Bergson, les romanciers Proust et Gide avaient poussé fort loin l'étude de l'inconscient. Mais Freud offrait désormais à ceux qui désiraient explorer l'âme humaine dans tous ses replis une direction de recherche et une méthode. La psychanalyse a libéré les écrivains des contraintes qui les empêchaient d'aborder franchement les problèmes sexuels, libération d'abord lente et qui prit ensuite, dans la seconde moitié du siècle, une grande accélération.

Le surréalisme

En 1916, à Zurich, un écrivain roumain d'expression française, Tristan Tzara, lança un mouvement littéraire que, par dérision, il appela Dada. **Les dadaïstes** voulaient détruire « les tiroirs du cerveau et ceux de l'organisation sociale ». De leur côté Breton et Soupault, influencés par le psychologue Pierre Janet (ils ne connaissaient pas encore Freud), écrivirent pour libérer les forces de leur inconscient *Les Champs magnétiques*. Ils se rallièrent d'abord au dadaïsme. Aragon également. Puis le trouvant stérilement négateur, ils s'en détachèrent pour fonder avec Benjamin Péret, Paul Eluard et quelques autres le surréalisme. Le premier *Manifeste surréaliste* date de 1924. Il y en eut un second en 1929.

Le surréalisme part d'un pessimisme absolu. Il ne voit partout que des sujets de désespoir. Il se propose non pas d'échapper à ce désespoir, mais de transformer le monde. D'abord par le rêve. « Tout porte à croire, écrit André Breton, qu'il existe un certain point de l'esprit, d'où la vie et la mort, le réel et l'imaginaire, le passé et le futur, le communicable et l'incommunicable, le haut et le bas cessent d'être aperçus contradictoirement. » Il s'agit donc d'atteindre, au-delà de notre logique, le domaine du surréel, où tous les contraires s'accordent. Mais cet effort se heurte à la présence obsédante du réel. Les surréalistes cherchent à triompher de cette obsession par l'humour. Ils donnent parfois l'impression d'être des mystificateurs, alors que leur humour est sérieux, « un humour noir ». Suprême recours contre ce monde absurde : la révolution. Non pas la révolution selon l'idéal marxiste. Le surréalisme ne vise qu'à la subversion et au désordre.

En littérature, les surréalistes consentent à reconnaître comme leurs précurseurs Sade, Lautréamont, Rimbaud, Jarry, Apollinaire. Aux formes traditionnelles de l'art ils substituent les hallucinations du rêve et l'écriture automatique. L'écrivain surréaliste type est Robert Desnos qui, à la suite d'expériences de sommeil, se révéla exceptionnellement doué pour transcrire le rêve à l'état brut.

Le groupe surréaliste n'a jamais eu beaucoup de cohésion. La politique l'a littéralement déchiré. Il avait adopté une position proche du marxisme. Mais Breton estimait que le surréalisme devait rester sur le terrain des principes et ne pas se subordonner à l'opportunisme révolutionnaire. Il fut alors abandonné par plusieurs de ses amis, qui optèrent pour le communisme, Aragon avec fracas, Eluard plus discrètement. Cette scission fut fatale au surréalisme. Tous les efforts déployés depuis par André Breton pour reconstituer le groupe surréaliste, n'ont réussi qu'à lui maintenir une vie artificielle.

Le surréalisme n'a pas seulement transformé l'esprit de notre littérature. Il a inspiré des peintres (Chirico, Magritte, Max Ernst, Dali) et des cinéastes (René Clair, Bunuel).

Poésie surréaliste et poésie intellectualiste

La poésie surréaliste a vite lassé ceux mêmes qui la préconisaient. Benjamin Péret, Antonin Artaud mort dans un asile en 1948, et naturellement André Breton sont à peu près les seuls à n'avoir pas voulu céder sur la doctrine. Mais les autres, Aragon, Eluard, Soupault, Desnos, Char, une fois passé leur premier enthousiasme, sont revenus à une esthétique moins subversive.

Certains poètes étaient restés à l'écart du groupe, tout en ayant des affinités avec lui. Max Jacob fut un pur fantaisiste jusqu'au jour où les persécutions raciales donnèrent à sa poésie une émouvante gravité. Jean Cocteau, grand amateur de bizarre, d'ailleurs sincèrement épris de beauté et doué pour tous les arts, poésie, roman, cinéma, peinture, parut toujours suspect aux surréalistes. Mais il sut éblouir l'opinion.

Rien de plus contraire au surréalisme que la poésie qui calcule savamment ses effets, celle de Saint-John Perse ou de Pierre-Jean Jouve. Le premier (le diplomate Alexis Léger) était un écrivain grave et secret. D'origine antillaise, il savait utiliser tous les jeux du parler créole. Son œuvre a pu être comparée à « une interminable liturgie ». P.-J. Jouve, a subi deux illuminations, celle de la psychanalyse, et celle du catholicisme, auquel il s'est converti en 1924. Sa poésie, qui prend souvent un ton de prophétie, traduit le drame de l'homme déchiré entre ses instincts et sa volonté de dépassement.

Dans la pratique, l'opposition entre les poètes issus du surréalisme et les intellectualistes est beaucoup moins tranchée qu'on ne pourrait le croire. C'est ce que montre l'exemple de Jules Supervielle. Il ressemble aux surréalistes par sa spontanéité, son humour triste, l'attrait qu'exerce sur lui le monde invisible. Mais il ne croit pas aux bienfaits de l'écriture automatique.

En somme, les deux tendances ont un point de jonction. Elles aboutissent par des voies différentes à un hermétisme qui rebute le lecteur insuffisamment initié.

Quelques variétés de romans

Débordant parfois la forme traditionnelle que lui avaient donnée les romanciers, le public et les jurys littéraires (un récit relativement bref, d'un réalisme modéré, posant quelque problème humain, et soigneusement construit), le roman a pris certains aspects jusqu'alors inhabituels.

1. Le roman de fantaisie. – Sous l'influence du symbolisme relayé par le surréalisme le roman se peuple d'inventions saugrenues ou poétiques. Gide parodie le roman traditionnel. Le jeu favori de Cocteau consiste à capter le mystère pour le projeter dans son œuvre, pièce de théâtre, poème ou roman. Joseph Delteil a déjà la tournure d'esprit de Boris Vian. Les romans publiés aux environs de 1925 par Supervielle et Valery Larbaud sont de menues histoires contées avec une fantaisie légère et non sans ironie. Giraudoux entremêle constamment le réel et le merveilleux. La drôlerie narquoise de Marcel Aymé prête à la réalité la plus ordinaire des airs de folle extravagance.

2. Le roman lyrique. – Ce genre doit son éclat à Jean Giono qui, influencé peut-être par l'exemple de l'écrivain suisse Ramuz, publia, entre 1929 et 1938, une série de romans *(Colline, Regain, Le Grand Troupeau, Batailles dans la montagne)*, où il exalte dans un style inspiré, avec une profusion d'images, la poésie de la nature, telle qu'elle peut être sentie par un paysan qui serait très artiste et quelque peu philosophe.

3. Le roman cyclique. – Celui-là met en scène non pas une intrigue particulière, mais un entrecroisement de destinées. Il prétend faire revivre l'histoire d'une famille *(Les Thibault* de Roger Martin du Gard, *Chronique des Pasquier* de Georges Duhamel), ou même évoquer toute une époque *(Les Hommes de bonne volonté* de Jules Romains). Par son exigence de vérité, il tient du roman réaliste. Mais il s'élève à la notion exaltante de la solidarité humaine en montrant comment toutes les joies et les douleurs du monde se mêlent et se renouvellent dans un **cycle sans fin.**

4. Le roman de la condition humaine. – Il n'est plus question pour le romancier de plaider une thèse, comme le faisait Paul Bourget. Mais il ne lui déplaît pas d'esquisser, à travers les aventures de ses héros, une image de la condition humaine. Malraux et Saint-Exupéry montrent ainsi que l'homme ne s'accomplit que dans le dépassement de soi. Les personnages de Mauriac ou de Bernanos sont déchirés par des puissances contraires, promis à Dieu et incapables de résister au mal. Louis-Ferdinand Céline *(Voyage au bout de la nuit)* ne laisse à l'homme aucune autre issue que le plus atroce désespoir. Sartre constate l'universelle médiocrité à laquelle se heurte notre besoin d'absolu. C'est surtout à partir de ce que Jules Romains appelle « la montée des périls », que les romanciers se sont interrogés sur la condition humaine. Leurs réponses portent parfois l'empreinte de leurs convictions politiques, et chez les écrivains marxistes (Charles Plisnier, Aragon), le roman de la condition humaine tourne au **roman engagé.**

Le théâtre d'entre les deux guerres

Une volonté de rénovation se manifeste, incarnée par de grands metteurs en scène. Au théâtre du Vieux-Colombier, qu'il dirige jusqu'en 1924, Jacques Copeau adopte le décor stylisé, oblige ses comédiens à travailler pour le succès de l'équipe et ressuscite des pièces oubliées ou méconnues. Il a pour continuateurs Pitoëff, Dullin, Jouvet, Baty, quelque temps fédérés en un « Cartel des quatre », tous également soucieux de s'écarter de la convention et de la routine.

Pourtant la tradition du boulevard subsiste, celle d'un théâtre facile qui ne songe qu'à plaire sans regarder aux moyens. Pagnol, dont on ne saurait d'ailleurs nier le talent, exploite jusqu'au bout le succès de ses histoires marseillaises. Sacha Guitry est souvent entraîné loin de la vérité par son goût excessif des mots d'esprit et des situations cocasses. Avec Salacrou et Jules Romains la comédie s'oriente vers la satire. Mais cette satire comporte beaucoup d'éléments caricaturaux. C'est aussi le cas du *Topaze* de Marcel Pagnol.

On a aimé dans les années qu'ont suivi la guerre de 1914 un théâtre psychologique, tantôt intimiste (Vildrac, Denys Amiel, Géraldy, Jean Sarment), tantôt brutal (Lenormand, Steve Passeur). L'intimisme fut bientôt accaparé par des cinéastes (Marcel Carné, René Clair) et sa place au théâtre devint de plus en plus discrète. Le théâtre brutal ne faisait que reprendre en la modernisant la tendance représentée naguère par

Henry Bataille et par Bernstein, et il devait nécessairement se démoder assez vite.

Le temps des pièces en vers est bien révolu. Mais la poésie s'est réintroduite au théâtre par le biais de la fantaisie : jeu perpétuel de transpositions, de symboles et de rêves (Giraudoux) ; inventions folles et verve débraillée (Ghelderode, Audiberti, Pichette).

Cependant Claudel poursuivait son aventure solitaire à la recherche de la grandeur tragique. Montherlant n'abordera le théâtre qu'en 1942 : il saura retrouver l'authentique esprit de la tragédie. Gide, Cocteau, Giraudoux, Anouilh reprennent des mythes célèbres (Œdipe, Electre, Amphitryon, Antigone, la guerre de Troie) qu'ils interprètent dans un sens moderne.

Après 1944, le théâtre se pénétrera d'idéologie. Mais dès 1938, le *Caligula* de Camus illustre l'absurdité de la condition humaine. Les pièces d'Anouilh, même les pièces roses, sont imprégnées d'une philosophie amère, d'une exigence de pureté qui tourne en mépris de l'homme et qui fait douter de la possibilité du bonheur.

Giraudoux Jean **(1882-1944)**

Né à Bellac. Fils d'un petit fonctionnaire. Etudes brillantes. Mais échec à l'agrégation d'allemand. Entre dans la diplomatie (1910). Accompagne Joffre et Bergson dans leur mission aux U.S.A. (1917).

Ecrit d'abord des romans : *Suzanne et le Pacifique* (1920), *Siegfried et le Limousin* (1922), *Juliette au pays des hommes* (1924), *Bella* (1926), *Aventures de Jérôme Bardini* (1928).

Ayant fait la rencontre de Jouvet, il se tourne vers le théâtre, auquel il donnera *Siegfried* (1928), *Amphitryon 38* (1929), *Intermezzo* (1933), *La Guerre de Troie n'aura pas lieu* (1935), *Electre* (1937), *Ondine* (1939), *Sodome et Gomorrhe* (1943), *La Folle de Chaillot* (1945).

Commissaire général à l'Information (1939-1940). Prend sa retraite sous l'occupation.

SA FANTAISIE

Il se plaît à imaginer des situations gratuites, des aventures invraisemblables, des personnages qui ont toujours l'air de divaguer un peu. Siegfried est un amnésique. Isabelle vit dans la familiarité d'un spectre. Jérôme Bardini quitte sa femme, ses habitudes, son pays sans trop savoir pourquoi. Ondine commande aux éléments. Il prête aux héros de l'antiquité des préoccupations très modernes.

Même fantaisie dans le style : c'est tout un chatoiement d'images, de mots d'esprit, un continuel recours aux effets de surprise.

C'est au théâtre que cette forme de talent devait trouver son meilleur emploi, parce que le théâtre repose sur des conventions et admet, mieux que le roman, la stylisation. D'autre part, les exigences de la mise en scène ont été salutaires à Giraudoux en l'obligeant à contenir une facilité d'invention qui, dans le roman, allait un peu à l'aventure.

SA PENSÉE

Selon lui, la part de l'inconnu en nous et hors de nous est considérable. Des signes bizarres, des coïncidences saugrenues permettent de s'en apercevoir. Tout ce mystère donne la tentation de s'évader d'un monde trop géométriquement dessiné, qui ne correspond pas à la réalité vraie. Les personnages de Giraudoux cèdent à cette tentation, puis ils réintègrent la vie banale. Juliette revient dans sa province. Isabelle épouse le contrôleur. Car on peut s'accommoder d'une destinée ordinaire, tout en gardant une âme légère, une connivence secrète avec la nature, une aptitude à saisir la poésie et la beauté. A partir de 1935, la pensée de Giraudoux commence à s'assombrir. Il se représente le destin comme une force inexorable et cruelle qui utilise, pour arriver à ses fins, l'aveuglement des hommes *(La guerre de Troie n'aura pas lieu).* Il se demande s'il existe au monde un seul couple vraiment uni *(Sodome et Gomorrhe).* Cette âme sensible n'a pas pu résister au spectacle de l'écroulement d'un monde.

Romains Louis Farigoule, dit Jules **(1885-1972)**

Né dans la Haute-Loire. Fils d'instituteur. Passe son enfance à Paris. Normalien. Agrégé de philosophie. Théoricien de l'unanimisme. *La Vie unanime* (1908, poèmes). *Mort de quelqu'un* (1911). *Les Copains* (1913). *Psyché* (1922-1929).

Fait jouer *M. Le Trouhadec saisi par la débauche* (1923), *Knock ou le Triomphe de la médecine* (1923), *Donogoo* (1930).

1932-1947 : *Les Hommes de bonne volonté* (27 volumes).

Pacifiste et antihitlérien, il se réfugie en Amérique pendant la guerre.

UN ÉCRIVAIN FIDÈLE A SA JEUNESSE

De son passage à l'Ecole normale, Jules Romains avait gardé le goût des « canulars ». Ses comédies sont des sortes de canulars. M. Le Trouhadec lance l'idée qu'une ville nommée Donogoo existe. Les gens vont voir sur place et finissent par fonder la ville. Le docteur Knock assure le triomphe de la médecine en mystifiant sa clientèle. Ces pièces, très schématiques, sont d'ailleurs vigoureuses, bien construites, et le personnage de Knock est resté populaire.

Avant même d'être normalien, Jules Romains avait conçu l'unanimisme, philosophie qui repose sur cette constatation que nous ne sommes pas des « archipels de solitude ». Du seul fait que des individus se trouvent groupés, il s'établit entre eux, le plus souvent à leur insu, des liens de solidarité. Les romans de Jules Romains étudient la psychologie de ces groupes : celui qui se forme à l'occasion de la « mort de quelqu'un » ; un groupe de « copains », qui ne songent qu'à monter d'énormes farces ; le couple conjugal *(Psyché)* ; le vaste ensemble des « hommes de bonne volonté ».

A vrai dire le lien qui unit ces hommes de bonne volonté (environ six cents personnes) est un peu lâche. Leurs destinées ne se croisent pas toujours. Mais ils arrivent, sans se concerter, à créer une œuvre commune, et grâce à eux Jules Romains croit possible de dresser un vaste tableau de la société française entre 1908 et 1933. Pour pénétrer dans tous les secteurs de l'activité sociale, il fallait acquérir une compétence universelle, ce qui n'était pas pour effrayer ce virtuose de l'intelligence. L'œuvre est inégale et son excessive longueur lui a porté tort. Mais elle a fait grand bruit de 1932 jusqu'à la guerre et parmi les romans-fleuves de cette époque, celui-ci est le plus original.

Mauriac François **(1885-1970)**

Né à Bordeaux. Milieu de riche bourgeoisie. Formé dans des établissements religieux. Reçoit, à ses débuts, les encouragements de Barrès. Traverse, vers 1925, une grave crise de conscience. Opéré avec succès d'un cancer de la gorge (1932). Académie (1933). Prix Nobel (1952).

Romans : *L'Enfant chargé de chaînes* (1913), *Le Baiser au lépreux* (1922), *Genitrix* (1923), *Le Désert de l'amour* (1925), *Thérèse Desqueyroux* (1927), *Le Nœud de vipères* (1932), *Le Mystère Frontenac* (1933), *La Pharisienne* (1941), *Le Sagouin* (1951).

Pièces de théâtre : *Asmodée* (1938), *Les Mal aimés* (1945).

A combattu le franquisme, participé à la Résistance, soutenu de Gaulle. A publié de nombreuses chroniques dans *L'Express, Le Figaro, Le Figaro littéraire.* A laissé des *Mémoires intérieurs.*

MAURIAC PEINTRE DES MŒURS

L'œuvre de Mauriac a pour décor habituel la lande girondine, le Bordelais féodal des Chartrons et de la richesse vaniteuse. Elle met en scène des familles bourgeoises, où l'on s'entredéchire et où subsiste pourtant une communauté d'intérêts et de traditions. Mauriac a souligné avec une rigueur impitoyable les tares de cette bourgeoisie à laquelle l'unissaient tant de liens.

MAURIAC PEINTRE DES AMES

Moraliste amer, Mauriac découvre dans les âmes les bas instincts, les intentions louches et criminelles. Ses héros, la nonchalante Maria Cross, Thérèse l'empoisonneuse, le vieil avocat du *Nœud de vipères,* s'abandonnent aux forces mauvaises qui sont en eux. Ils ne sont pas heureux. Ils portent le poids d'une culpabilité qui les oppresse. Ils souffrent de l'incommunicabilité des êtres. L'auteur éprouve pour eux une pitié compatissante. Bien qu'il soit obsédé par le problème de la grâce, il ne partage pas la rigueur janséniste. Il a toutes les indulgences pour ceux qui semblent voués au mal. L'amour lui apparaît comme une source d'impureté et de souffrances, mais dans tout amour, même indigne, même coupable, il voit un signe de la grâce, un mystérieux appel. Le vrai malheur de l'âme pécheresse vient de son obstination à méconnaître cet appel.

Bernanos Georges **(1888-1948)**

Profondément catholique, journaliste d'extrême droite, puis inspecteur d'assurances, Bernanos devient célèbre avec son premier roman : *Sous le ciel de Satan* (1926).

Autres romans : *L'Imposture* (1927), *La Joie* (1929), *Journal d'un curé de campagne* (1936), *Nouvelle histoire de Mouchette* (1937), *Monsieur Ouine* (1946).

Installé à Majorque, il dénonce les atrocités du franquisme dans *Les Grands Cimetières sous la lune* (1938) et quitte l'Espagne pour le Brésil.

A la Libération, il refuse les facilités de carrière qui s'offrent à lui.

Il laissait, à sa mort, un scénario de film : *Dialogues des Carmélites.*

LE MONDE MYSTIQUE DE BERNANOS

Bernanos cherche à discerner dans les ténèbres de l'âme humaine l'affrontement de Dieu et de Satan. Le mal se manifeste surtout par le péché de l'esprit, le mensonge, l'imposture. Il est aimé pour lui-même et ne donne aucune autre satisfaction qu'une sorte de désespoir glacé. Les pécheurs les plus endurcis seront cependant rachetés, Mouchette par les exorcismes de l'abbé Donissan, Cénabre par le sacrifice de Chantal de Clergerie. Ceux qu'un excès de misère a perdus (la seconde Mouchette) sont plus victimes que coupables.

La sainteté participe de la pureté de l'enfance. Chantal de Clergerie, le curé d'Ambricourt possèdent cette pureté. Mais ce ne sont pas des saints de légende. Ils sont maladroits, incompris, souvent pitoyables. A leur contact, les forces du mal, au lieu de s'apaiser, se déchaînent. La grâce ne triomphe qu'après d'atroces combats. En somme, Bernanos trace une image proprement dantesque de la condition humaine.

Montherlant Henry Millon de **(1896-1972)**

Famille aisée, de noblesse récente. Etudes dans des établissements religieux. Aurait estoqué deux taureaux à Burgos (1911). Grièvement blessé à la guerre (1918). Publie des essais : *La Relève du matin, Le Paradis à l'ombre des épées, Les Onze devant la Porte-Dorée, Chant funèbre pour les morts de Verdun,* et des romans : *Le Songe, Les Bestiaires* (1926).

De 1925 à 1932 voyage beaucoup (Italie, Espagne et surtout Afrique du Nord).

1934 : *Les Célibataires.*

Quatre romans sur les femmes : *Les Jeunes filles* (1936), *Pitié pour les femmes* (1936), *Le Démon du bien* (1937), *Les Lépreuses* (1939).

Autres romans : *La Rose de Sable* (1930, publié en 1968), *Le Chaos et la Nuit* (1963), *Un assassin est mon maître* (1971).

Drames : *La Reine morte* (1942), *Le Maître de Santiago* (1947), *Port-Royal* (1954), *Don Juan* (1958), *La Ville dont le prince est un enfant* (1967).

Carnets* (3 volumes ; le second s'intitule *Va jouer avec cette poussière* et le troisième *La Marée du soir).

Elu à l'Académie sans candidature (1960).

1972 : suicide ; incinération ; ses cendres ont été dispersées parmi les ruines de Rome.

GRANDEUR, DÉSINVOLTURE ET MISÈRE

Issu d'un milieu traditionaliste dont il garda toujours l'empreinte, formé par la lecture de Nietzsche, de Barrès, de Maurras, il chercha dans le sport, à son retour de la guerre, une sorte de succédané à l'héroïsme militaire. Mais son roman des *Bestiaires* ne se borne pas à exalter la tauromachie. Déjà s'y dessine le personnage qui animera ses quatre romans sur la psychologie féminine : un don Juan moderne qui observe les femmes avec une tendresse méprisante, qui dénonce impitoyablement leurs petites roueries et qui se garde de tous les pièges de la sentimentalité, héros scandaleux à force de lucidité et de désinvolture.

Cette moquerie amusée recouvrait un pessimisme amer, très visible dans *Les Célibataires,* roman des existences médiocres. Mais la misère humaine poussée jusqu'au sacrifice le plus cruel *(La Reine morte)* ou jusqu'au renoncement total *(Le*

Maître de Santiago) peut encore être une source de grandeur. A mesure que l'écrivain vieillit, ce sens de la grandeur s'efface de son œuvre pour ne plus laisser place qu'à une méditation désespérée sur la condition humaine. Son aisance, jadis souveraine, donne des signes d'essoufflement. Il essaie de se survivre. Il consent même à paraître à la télévision. Cela ne fait que souligner son déclin. Plutôt que de subir plus longtemps l'humiliation de la vieillesse, l'orgueilleux solitaire préfère, à l'exemple des stoïciens qu'il admire, se donner courageusement la mort.

Breton André **(1896-1967)**

D'origine modeste. Entreprend des études de médecine (1913). Mobilisé à Nantes (1916), y rencontre Jacques Vaché qui aura sur lui une influence décisive. Fonde avec Aragon et Soupault la revue *Littérature* (1919). Se lie avec Tristan Tzara. En collaboration avec Soupault : *Les Champs magnétiques* (1921).

***Manifeste du surréalisme,* suivi de *Poisson soluble* (1924). Entre au parti communiste (1927). *Le Surréalisme et la peinture* (1928). *Nadja* (récit, 1928).**

***Second manifeste du surréalisme* (1930). *Les Vases communicants* (1932). Rupture avec Aragon (1932). Exclu du parti communiste (1933). Fonde une galerie d'art. (Il semble avoir surtout vécu de la vente de tableaux.) *L'Amour fou* (1937).**

Inquiété par le gouvernement de Vichy, se réfugie en Amérique (1941-1946). *Arcane 17* (1945).

Conflit violent avec Tzara (1947). *Poèmes* (1948). Organise plusieurs expositions surréalistes. Dirige la revue *La Brèche* (1961-1965).

UN CHEF D'ÉCOLE

Il avait créé le surréalisme avec la foi d'un révolutionnaire, mais son athéisme s'insurgeait, lorsque son groupe était comparé à une Eglise. Il aimait avoir autour de lui une sorte de cour, à laquelle il imposait sa loi. Il n'admettait aucun déviationnisme, et passa son temps à rompre avec ses amis, quitte à renouer plus tard. Il était féroce pour ceux qu'il avait reniés. Il ne s'écarta jamais de sa route. A lui seul il assura la continuité et la survie du surréalisme.

Amateur de peinture, collectionneur de tableaux, critique d'art, il encouragea les audaces de Picasso, Chagall, Max Ernst, Tanguy, Picabia, Miro, Dali, Magritte.

UN LIBÉRATEUR DU LANGAGE

Il pensait que les mots sont créateurs d'énergie, à condition d'être dégagés de leur fonction utilitaire, de ne pas suivre un ordre imposé par le sens, de ne pas traiter un sujet déterminé. Il faut qu'ils jaillissent sans contrainte. Alors ils livrent leur richesse : ils créent des images et finissent par sécréter d'eux-mêmes un sujet. Breton et Soupault s'imposèrent d'écrire *Les Champs magnétiques* sans plan, sans sujet, sans retouches. La transcription des rêves, le sommeil hypnotique sont des moyens de favoriser l'écriture automatique. Inversement l'écriture automatique pratiquée avec quelque ferveur mène à l'hallucination visuelle. André Breton ne conçoit d'ailleurs pas la poésie comme un message sibyllin, traduisible en langage clair. Il n'y a pas lieu de rechercher l'obscurité. Mais ce qui est obscur doit le rester.

Par une contradiction singulière, André Breton s'est lui-même peu fié à l'écriture automatique. Sa prose surtout, une prose dense, puissamment suggestive, vraiment superbe, révèle un artiste très conscient de ses moyens.

UN EXPLORATEUR DE L'INSOLITE

Il ne prétend pas refuser la réalité et lui substituer un monde imaginaire. Il essaie seulement d'explorer l'insolite. Certains êtres ont le privilège de nous en ouvrir les portes, comme Nadja, cette « âme errante » rencontrée par hasard, à laquelle il s'attacha pendant trois mois, et dont il nous dit les bizarreries, les pressentiments, le pouvoir de fascination.

La nature, les objets même offrent des indices où sont déchiffrables des présages, des pressentiments. Le rêve est le prolongement indispensable de la réalité. Il prouve la tendance de l'homme à s'évader de la logique. Breton fut l'un des premiers en France à s'intéresser aux théories de Freud sur le rêve. Selon lui les poètes doivent étudier le rêve pour le faire servir à l'interprétation et à la transformation du monde. Il faut guetter le merveilleux partout, jusque dans les prédictions des voyantes et se mettre à ses ordres.

Arcane 17 nous enseigne que « la grande ennemie de l'homme est l'opacité », et que par la liberté et par l'amour il est possible de dissiper quelque peu cette opacité. Il entend liberté et amour au sens le plus anticonformiste. Pourtant, malgré ses penchants libertaires, il a su parler de l'amour avec une grande noblesse d'accent.

Aragon Louis **(1897-1982)**

Enfant naturel. Education bourgeoise. Mobilisé dans le service de santé, où il fait la connaissance d'André Breton (1917). Fonde avec Breton et Soupault la revue *Littérature* (1919). Collabore à *La Révolution surréaliste* (1924-1929).

Rencontre Elsa Triolet (1928). Participe au congrès des écrivains révolutionnaires (Kharkov, 1930). Abandonne le surréalisme au profit du communisme (1932). A partir de 1937, codirecteur du journal *Ce Soir.*

1939-1944 : mobilisé, fait prisonnier, puis libéré, va vivre en zone Sud.

Reprend la direction de *Ce Soir* (1944-1953). Dirige l'hebdomadaire *Les Lettres françaises* (1953-1972). Membre du comité central du P.C.F. (1950). Elu à l'Académie Goncourt (1967). Démissionne peu après. 1970 : mort d'Elsa.

Poésie : *Feu de joie* (1920). *Le Crève-cœur* (1941). *Les Yeux d'Elsa* (1942). *Le Musée Grévin* (1943). *La Diane française* (1945). *Le Roman inachevé* (1956). *Le Fou d'Elsa* (1963).

Romans : *Anicet ou le Panorama* (1921). *Le Paysan de Paris* (1926). *Les Cloches de Bâle* (1934). *Les Beaux Quartiers* (1936). *Les Voyageurs de l'impériale* (1942). *Aurélien* (1944). *Les Communistes* (1949-1951). *La Semaine sainte* (1958). *La Mise à mort* (1965). *Blanche ou l'Oubli* (1967).

Essais : *Traité du style* (1928). *La Peinture au défi* (1930). *Pour un réalisme socialiste* (1934). *Avez-vous lu Victor-Hugo ?* (1964).

LE SURRÉALISTE

Par réaction contre le milieu bourgeois où il avait grandi, Aragon chercha dans le surréalisme une occasion de révolte et de scandale. Il se fit remarquer par la violence de ses jugements contre des écrivains alors en pleine faveur (Marcel Proust, Anatole France), par des proclamations littéraires fracassantes (il faut, disait-il « piétiner la syntaxe »), par sa rage antimilitariste, par sa morale libertine. Il se plut à écrire des vers inarticulés. Mais bien qu'il fût ennemi de l'irrationnel, il avait peu de goût pour la métaphysique de l'inconscient et pour le délire onirique auquel s'abandonnaient ses amis surréalistes. Sa rupture avec le groupe était inévitable.

Pourtant il reconnaît que son « langage ne serait pas ce qu'il est, s'il n'était pas sorti du surréalisme ».

LE MILITANT

Cet aristocrate de l'esprit manifeste un attachement théâtral au parti communiste. Il a prétendu qu'il ne survivrait pas à une exclusion ou à un désaveu. Mais il s'écarte parfois de la doctrine officielle et le parti, tout en le ménageant, le tient un peu à l'écart. Dans son œuvre, l'inspiration marxiste est le plus souvent diffuse, exception faite de *Front rouge,* qui lui valut une inculpation pour « propagande anarchiste », et du roman *Les Communistes.* Avoir choisi pour faire l'apologie du communisme l'époque 1939-1940 serait une gageure, s'il n'avait eu le projet qu'il n'a jamais réalisé, de conduire son roman jusqu'à la Libération.

Caractère naturellement insoumis, Aragon ne pouvait manquer, pendant la guerre, de se dresser contre l'occupant. Celui qui signait « François la Colère » a trouvé dans le drame de la France envahie l'une de ses inspirations les plus hautes.

LE ROMANCIER

Les romans de sa maturité, depuis *Les Cloches de Bâle* jusqu'à *La Semaine sainte,* ressortissent au réalisme socialiste. La peinture des mœurs y est fortement orientée, ce qui rend suspecte sa fidélité. Pourtant il fait effort vers l'historicité. Il cherche à se documenter : par exemple sur la grève des taxis de 1912, ou sur la rupture du front à Sedan, en 1940. Mais il est porté à imaginer le passé d'après des événements contemporains dont il a été le témoin (la grève de 1912 d'après celle de 1934), et son information est souvent assez sommaire. Peu rigoureux dans l'enchaînement des épisodes, il se laisse entraîner par son sujet, il s'attarde en de longs méandres.

Ses derniers romans accentuent ce défaut. L'inspiration n'y est plus contrôlée. La fantaisie s'y déploie en inventions souvent étranges et d'une confusion inextricable.

LE POÈTE

Il écrivit d'abord dans le goût surréaliste des poèmes au rythme heurté pleins d'ingénieuses trouvailles. *Front rouge* marque sa rupture avec cette esthétique. André Breton jugea « poétiquement régressif » ce « poème de circonstance », qui renonçait au langage indirect. Pourtant Aragon ne revint pas en arrière. Il avait pris conscience au congrès de Kharkov qu'il manquait à la France une littérature prolétarienne, et il voulait contribuer à créer cette littérature. Il dut bientôt convenir de son échec. Après *Hourra l'Oural,* il fut, de son propre aveu « liquidé comme poète par la critique de ce temps-là », et de 1934 à 1941, il ne publia aucun nouveau recueil.

A Ribérac, pendant l'exode, l'exemple du troubadour Arnaut Daniel, qui avait pu composer son œuvre en un temps où la moitié de la France était sous la domination anglaise, lui montra le chemin de la vraie poésie populaire : poésie inspirée par un patriotisme tendre et ombrageux, la passion de la liberté, la fraternité du combat, la pitié pour les victimes, le culte fidèle de la femme aimée.

Son œuvre est souvent une sorte de dialogue avec Elsa, qui fut elle aussi un écrivain de valeur et qui exerça sur lui une énorme influence en fixant sa vie et en disciplinant son tempérament trop fougueux. C'est pourquoi ils ont eu l'idée de publier leurs *Œuvres croisées.*

La plus récente ambition d'Aragon fut sans doute d'être un « Aladin occidental », un thaumaturge de la poésie. Tel il apparaît dans *Le Fou d'Elsa,* vaste ensemble très disparate, où il met en scène un prétendu poète arabe qui aurait vécu à Grenade au temps de Boabdil. Tout n'y est pas de la même qualité. Aragon n'a pas la patience qu'il faut pour reconstituer une époque, pour décrire un décor. Sa philosophie est nébuleuse. Mais il s'y abandonne à son plaisir, qui est de créer des images et des rythmes, de dire les enchantements de l'amour et sa mélancolie, de méditer sur l'homme et son destin.

Saint-Exupéry Antoine de **(1900-1944)**

1926-1938 : pilote de ligne au service de la société Latécoère. Chef d'escale à Cap-Juby. Responsable de l'Aéropostale en Argentine. Attaché à Air-France.

Pendant la guerre, il obtient difficilement de reprendre du service dans l'aviation. Il disparaît au cours d'une mission en Méditerranée.

Entre-temps il avait fait des reportages et écrit : *Courrier Sud* (1929), *Vol de nuit* (prix Fémina, 1931), *Terre des hommes* (1939), *Pilote de guerre* (1942), *Le Petit Prince* (New-York, 1943), *Citadelle* (1948).

UN TÉMOIGNAGE ET UNE MORALE

Saint-Exupéry a voulu porter témoignage sur son métier de pilote, à une époque où c'était un métier particulièrement dangereux. Ce témoignage, d'abord romancé, se présente à partir de *Terre des hommes* dans sa vérité nue. Il constitue le fondement d'une morale qui s'épanouit dans *Citadelle.* Saint-Exupéry met plus haut que tout l'action, dont les exigences obligent l'homme à surmonter ses faiblesses. Peu importe si elle « brise des bonheurs ». Le sacrifice est enrichissement. Mais à quel idéal se sacrifier ? Ici la doctrine de Saint-Exupéry reste imprécise. Elle pourrait prêter à d'éventuelles déviations de l'héroïsme, si elle n'était tempérée par une générosité extrême, l'amour des êtres et des choses, le sentiment de la solidarité humaine, le désir de servir.

Une image l'obsède : celle de la terre aperçue de loin comme « un désert de lune et de pierres ». Vision de cauchemar, qui lui permet de mieux apprécier l'étonnante merveille de la vie. Ses récits ont une grande puissance suggestive. Mais lorsqu'il veut philosopher, les tâtonnements de sa pensée se traduisent par un lyrisme encombré de paraboles, un style sibyllin et heurté.

Malraux André **(1901-1976)**

Etudes à l'Ecole des langues orientales. Gaspille l'argent avec un superbe dédain.

1923-1927 : mission archéologique dans le Haut-Laos (en compagnie de sa première femme, Clara). Se met au service du mouvement Jeune-Annam, puis des communistes chinois (à Canton et à Shangaï).

***Les Conquérants* (1928). *La Voie royale* (1930). *La Condition humaine* (1933, prix Goncourt). *Le Temps du mépris* (1935).**

1936-1938 : participe à la lutte contre le franquisme. *L'Espoir* (roman et film).

1939-1945 : rupture avec le communisme. Mobilisé. Prisonnier. S'évade. Entre dans la Résistance. Arrêté par les Allemands. Libéré, il prend le commandement de la brigade Alsace-Lorraine.

S'attache à la personne du général de Gaulle qui fera de lui un ministre de l'Information, puis de la Culture. Prononce, le 19 décembre 1964, l'oraison funèbre de Jean Moulin.

***Psychologie de l'art* (1947-1950). *Les Voix du silence* (1951). *Le Musée imaginaire de la sculpture mondiale* (1952-1955). *La Métamorphose des Dieux* (1957).**

***Antimémoires* (1967). *Les Chênes qu'on abat* (1971). *Lazare* (1974). *Le Miroir des limbes* (1976).**

« LA FORCE ET L'HONNEUR D'ÊTRE HOMME »

Il est obsédé par les problèmes de la condition humaine, la solitude, l'angoisse de la mort, l'absurdité du destin. C'est un homme du désespoir, et qui cherche contre ce désespoir un « divertissement ». Sa vie est un divertissement grandiose. L'aventure dangereuse, du genre de celle que mènent dans la forêt cambodgienne les héros de *La Voie royale,* l'a d'abord attiré. Puis se trouvant mêlé à l'histoire en train de se faire (insurrection chinoise de 1927, guerre civile espagnole, combats de la Résistance), il s'est convaincu de plus en plus que l'homme peut assurer, à défaut de son bonheur, la dignité de sa condition en approfondissant sa communion avec les autres hommes et en se sacrifiant pour une cause dans laquelle il n'a pas d'intérêt personnel.

Il ne s'est jamais cru lié par un dogme. C'est pourquoi, après avoir servi la révolution, il s'est détaché du communisme pour collaborer avec de Gaulle à une politique de grandeur nationale. A travers ses mutations, il est resté fidèle à son besoin de dépassement, à cet héroïsme dur qui exclut tout recours aux utopies consolatrices. Ses écrits sur l'art suivent la même ligne de pensée. L'œuvre d'art lui apparaît comme une conquête difficile, un moyen d'échapper à la misère de la condition humaine.

Dans la mesure où il incarne, à tel ou tel moment de sa vie tumultueuse, ce que chacun a plus ou moins rêvé d'être, il est l'écrivain le plus représentatif de son époque.

UNE TECHNIQUE ORIGINALE DU ROMAN

Littérairement ce sont ses romans, tous écrits avant son adhésion au gaullisme, que retiennent le plus l'attention. Ses procédés habituels de narration rappellent ceux du cinéma. Les scènes se substituent brusquement l'une à l'autre. Le décor, fait d'une série d'images rapides, apparaît selon les nécessités de l'action. Le récit lui-même nous offre un foisonnement de détails en vrac et comme à l'état brut. La part de mise en forme est réduite au minimum. Malgré cette absence d'arrangement, qui laisse place aux négligences, on voit surgir d'authentiques beautés, une poésie vraie, des sentiments poignants, des réflexions profondes. Mais on a du mal à suivre ce rythme haletant. Cet écrivain, disait Gide, est « rebutant à force de richesse ».

3 - Le nouveau règne des philosophes

La littérature et la guerre

La seconde guerre mondiale et l'occupation allemande introduisirent en France un climat peu favorable à l'activité littéraire. Au début pourtant, les écrivains restés en zone occupée obtinrent des visas de la censure allemande. Ainsi parurent *Les Voyageurs de l'impériale* (Aragon), *Travelingue* (Marcel Aymé), *L'Étranger* (Camus), *L'Invitée* (Simone de Beauvoir), et furent jouées *La Reine morte* (Montherlant) et *Les Mouches* (Sartre). Quelques-uns, particulièrement clairvoyants, (Saint-John Perse, Jules Romains, Bernanos, André Breton, Benjamin Péret) avaient cherché refuge à l'étranger. Ils eurent peu de moyens de se faire entendre. La première place fut tenue par ceux qu'éblouissait « le romantisme fasciste » : Maurras, Alphonse de Chateaubriant, Henri Béraud, Drieu la Rochelle, Brasillach, Céline, Rebatet.

A la longue une littérature patriote s'organisa. Dans plusieurs villes, Avignon, Marseille, Alger, des centres poétiques se formèrent, et comme la poésie est facilement œuvre de circonstance, c'est la poésie surtout qui fut le véhicule de la pensée libre. D'anciens surréalistes, Aragon, Eluard, René Char, Desnos, surent exprimer avec véhémence les sentiments d'un peuple meurtri, aspirant à sa délivrance. Même P.-J. Jouve, poète habituellement obscur, voulut bien, pour servir cette cause, se mettre à la portée du public populaire. Les Editions de Minuit publièrent sous des pseudonymes de courts ouvrages, dont les plus remarqués furent *Le Silence de la mer,* de Vercors (1942), *Le Musée Grévin,* d'Aragon (1943), et *L'Honneur des poètes* (1943), recueil collectif constitué par les soins d'Eluard et de Lescure.

A la Libération, des mesures d'épuration furent prises. Symbole des rigueurs d'une justice révolutionnaire, l'exécution de Brasillach, que Mauriac ne put empêcher, devait susciter bien des polémiques. Un reclassement des écrivains s'opéra. Ceux qui représentaient l'esprit de la résistance, Aragon, Chamson, Malraux, Sartre, René Char, Simone de Beauvoir, Camus, passèrent au premier plan. D'autres qui n'étaient pas auréolés de la même gloire, Jacques Chardonne, Pierre Benoît, Paul Morand, Jouhandeau, Giono, Montherlant, subirent une perte de prestige qu'ils eurent du mal à compenser.

Les événements de la guerre inspirèrent une littérature abondante, qui évoque soit les combats de l'invasion *(Week-end à Zuydcoote* de Robert Merle, soit l'activité de la Résistance *(Le Sang des autres* de Simone de Beauvoir, *Drôle de jeu* de Roger Vailland), soit la vie des prisonniers *(Les Grandes Vacances* de Francis Ambrière) , soit l'atmosphère des camps de déportés *(L'Univers concentrationnaire* de David Rousset).

La philosophie existentialiste

Le climat d'angoisse créé par la guerre avait développé le sentiment de l'absurdité du monde. La doctrine existentialiste, que Jean-Paul Sartre avait mûrie pendant l'occupation, apparut à point nommé pour donner à ce sentiment un fondement philosophique.

Sartre affirme que « l'existence précède l'essence ». Il entend par là que l'homme ne peut pas se définir dans l'abstrait. Il ne se définit que par ses actes. Cet aspect strictement contingent de l'existence est la preuve qu'il n'y a pas de Dieu. Le monde n'a donc pas de sens ou, du moins, il n'a que celui que l'homme veut bien lui donner. C'est dire qu'il n'y a pas de loi, pas de morale, pas d'obligation. L'homme est libre. Plus exactement, il est **condamné à être libre.** Du seul fait qu'il est engagé dans la vie, il doit choisir une certaine forme de destin, non pas une fois pour toutes, mais à tout instant. Même dans la servitude, même dans la colère et la passion, il reste libre. S'il a le sentiment de sa liberté et s'il n'est pas abusé par la mauvaise foi, il choisit, en dehors de tout conformisme, l'acte authentique qui l'exprime vraiment.

Les faibles sont incapables d'agir d'une façon authentique. La responsabilité qui leur incombe les épouvante et ils s'y dérobent. Leur recours est la mauvaise foi. Ils vivent dans le conformisme, ce qui les dispense de se décider. Ils ont une personnalité artificielle.

La liberté a le droit de se prendre elle-même « comme valeur en tant que source de toute valeur ». Il en résulte qu'un acte n'est pas authentique, s'il est dirigé contre la liberté, s'il favorise l'oppression. En suivant ce raisonnement, l'existentialisme aboutit au marxisme, c'est-à-dire pratiquement au communisme. Il diffère cependant du communisme, en ce qu'il refuse d'admettre l'existence d'une morale.

Influence de l'existentialisme

Les écrivains et penseurs qui gravitèrent autour de Sartre constituaient un groupe plutôt qu'une école. Le but de Sartre, lorsqu'il fonda en 1945 *Les Temps modernes,* était d'ailleurs non pas de propager une doctrine, mais de créer une littérature de combat préparant la transformation de la société. Il fut aidé dans son action par son amie, Simone de Beauvoir, comme lui ancien professeur de philosophie.

Sur l'existentialisme se greffa une certaine façon de vivre qui eut pour théâtre les cafés et les caves de Saint-Germain-des-Prés, pour règle le non-conformisme, pour idéal la musique de jazz, les nuits passées à danser et à boire. Boris Vian incarne non sans élégance cette façon de vivre qui, comme l'existentialisme lui-même, ne tarda pas à passer de mode.

Le structuralisme

Vulgarisé peu avant 1960 par les ouvrages de l'ethnologue Lévi-Strauss, le structuralisme n'est pas un système philosophique, mais une méthode d'explication empruntée à la linguistique générale. Cette science distingue « le signifié » (message de celui qui parle), et « le signifiant » (code de signes qui sert à traduire ce message). Les linguistes ont tendance à privilégier la sémiologie (science des formes signifiantes) au détriment de la sémantique (science des représentations mentales des choses). Ils s'attachent à dégager des structures, la structure étant au sens le plus général « un tout formé de phénomènes solidaires, tel que chacun dépend des autres et ne peut être ce qu'il est que par relation avec eux ».

L'analyse structurale, qui est la mise en évidence d'une structure, peut s'étendre à d'autres domaines que celui de la linguistique. Tous les faits humains (idéologiques, économiques, sociaux, scientifiques) sont justiciables de cette méthode. Lévi-Strauss l'applique à l'ethnologie, Lacan à la psychanalyse. L'histoire prend une signification structuraliste quand elle étudie la forme d'une civilisation plutôt que la succession des événements. Car le structuralisme conteste le privilège ordinairement accordé à l'historicité. Il rejette le postulat évolutionniste : un processus de formation ne renseigne pas sur une structure. C'est ce principe qui inspire les travaux de la Nouvelle Critique

(Roland Barthes). Elle refuse d'admettre que la vie d'un écrivain explique son œuvre. Elle traite le langage littéraire comme un ensemble de structures signifiantes. Elle s'enferme dans l'étude du texte. Derrière sa structure apparente, elle découvre des structures cachées (sociologiques, psychanalytiques), et elle les analyse comme des données objectives. Elle admet que l'écriture s'insurge parfois contre la pensée de celui qui écrit. Il se peut qu'en le trahissant elle le révèle. Mais cette meilleure connaissance de l'homme laisse assez indifférent le « nouveau critique ».

Ainsi s'affirme la **soumission du structuralisme à l'objet.** « Le but dernier des sciences humaines, écrit Lévi-Strauss, n'est pas de constituer l'homme, mais de le dissoudre. » Sans appliquer ce principe dans toute sa rigueur, le **Nouveau Roman** lui aussi s'efforce d'effacer l'homme, ou du moins de le subordonner aux choses.

Situation de la poésie

La poésie populaire née sous l'occupation n'a été qu'une courte flambée. Aragon est retourné, vers une certaine complication poétique, Eluard a retrouvé son lyrisme un peu distant, où s'unissent le romantisme des sentiments et le surréalisme de la forme. Prévert et Queneau, tous deux anciens surréalistes, ont pourtant essayé de ne pas se couper du public populaire. En 1946, Prévert publia *Paroles* et *Histoires.* Il conçoit la poésie comme un perpétuel jaillissement de mots d'esprit. Il n'est pas ennemi d'une certaine sentimentalité, mais il excelle surtout dans la moquerie de ce qui est généralement considéré comme respectable. Ses sympathies marxistes se teintent d'une couleur d'anarchie. Queneau, qui était aussi critique et romancier *(Zazie dans le métro),* a su tirer du langage le plus vulgaire des effets délicats, comme dans la célèbre chanson : *« Si tu t'imagines... »*

S'exprimer d'une manière accessible à tous reste l'idéal de bien des poètes : Philippe Chabaneix dont le néo-symbolisme rappelle celui de P.-J. Toulet, Maurice Fombeure, sorte de Cocteau paysan, imprégné de sagesse rabelaisienne, Patrice de La Tour du Pin, amateur de légendes et d'allégories mystiques, Pierre Emmanuel, qui fut attiré à la poésie par la lecture de Pierre-Jean Jouve, mais dont les vers sont moins denses, plus éloquents, plus romantiques peut-être que ceux de son maître.

D'autres se considèrent comme des magiciens du langage et des chercheurs d'absolu. L'orgueilleux effort poétique de Saint-John Perse a été récompensé en 1960 par le prix Nobel de littérature. René Char, écrivain surréaliste puis poète du maquis, a poursuivi, à l'écart du monde littéraire une œuvre dominée par la fascination de l'obscur. Henri Michaux utilise les drogues hallucinogènes pour enrichir son univers d'images, et perfectionner une technique qui consiste à s'affranchir autant que possible du langage commun. Francis Ponge s'applique à décrire minutieusement les objets les plus communs et joue subtilement sur les mots et les étymologies. Il a montré la voie à ce que l'on appelle l'école du regard. Les poètes de la revue *Tel quel* l'ont d'abord reconnu pour leur maître. Puis, sous l'impulsion de Philippe Sollers, ils se sont assigné comme tâche de désintégrer le langage : entreprise téméraire, qui a pour effet d'éloigner le public d'une poésie de plus en plus incompréhensible.

Situation du roman

Jusque vers 1950, les romanciers les plus en faveur sont ceux qui s'interrogent sur de grands problèmes : l'essence de l'être humain (Bernanos, Mauriac, Green) ; son rôle social (Aragon, Malraux, Roger Vailland) ; sa destinée individuelle (Sartre, Camus,

Simone de Beauvoir). *La Peste* de Camus, qui traite le problème de la solidarité humaine face à un fléau, la peste (mais ce pourrait être aussi bien l'occupation étrangère), fut un des grands succès de l'époque.

Peu à peu, avec des écrivains comme Hervé Bazin, Henri Troyat, Maurice Druon, Françoise Sagan, le roman redevient pur divertissement. Le réalisme renaît. Le public boude certaines œuvres qu'il juge sophistiquées. C'est ainsi que Julien Gracq n'a pas réussi (il ne l'a d'ailleurs pas cherché) à devenir un romancier populaire. Il avait pourtant obtenu en 1951 le prix Goncourt (qu'il refusa) pour *Le Rivage des Syrtes,* évocation d'un monde étrange et poétique, prélude à quelque drame dont on ne saura jamais rien. Ses romans, pleins de mystère et d'attente, axés sur les correspondances entre l'âme humaine et une nature insolite, sont considérés comme un prolongement du surréalisme.

Le roman est-il susceptible de renouvellement ? Malraux et surtout Sartre ont essayé d'en rajeunir la forme selon leur talent personnel. Plus ambitieuse est l'entreprise des maîtres du Nouveau Roman : Nathalie Sarraute, Claude Simon, Alain Robbe-Grillet, Michel Butor et, pour une partie de son œuvre, Marguerite Duras. Ils entendent réagir contre la fiction d'un auteur qui voit tout, même les sentiments les plus secrets de ses personnages et contre cette autre fiction d'une action aux péripéties logiquement liées. Ils laissent donc les êtres et les objets s'imposer par leur présence et admettent qu'ils puissent être différents d'eux-mêmes, presque méconnaissables selon les moments et les éclairages. Robbe-Grillet surtout, dans des œuvres comme *Les Gommes, La Maison de rendez-vous,* excelle à détruire l'identité d'un personnage, à brouiller les pistes, à confondre les situations et les images. *La Modification* de Michel Butor est moins déroutante. Ici le foisonnement désordonné des petits faits recouvre le cheminement incertain d'une pensée, celle d'un voyageur qui avait projeté de ramener de Rome sa maîtresse et qui renonce à ce projet.

Après un début prometteur, le Nouveau Roman s'est vite essoufflé. Il exige un effort intellectuel qui répugne au lecteur moyen. Il offre peu de possibilités de renouvellement. On a pu dire que la contestation systématique du récit traditionnel a quelque chose de « stérilisant » et de « suicidaire ».

Situation du théâtre

L'ancienne tragédie classique a laissé jusqu'à notre époque des nostalgies : de grands romanciers, devenus occasionnellement dramaturges (Mauriac, Montherlant, Julien Green, Sartre, Simone de Beauvoir, Camus) ont cédé plus ou moins consciemment à cet appel du passé. *Le Maître de Santiago* (de Montherlant) pourrait bien être la tragédie moderne type.

La comédie elle aussi s'est efforcée de survivre, tant la comédie bourgeoise (Salacrou) que la comédie de boulevard (Marcel Achard, André Roussin). Après Giraudoux et Audiberti, la tradition d'un théâtre de fantaisie a été reprise par Jean Anouilh. On a reproché à cet écrivain la philosophie désabusée qui se cache mal sous ses inventions divertissantes. Sa pièce *Becket ou l'Honneur de Dieu* (1959), qui développe sur un thème historique un conflit d'âmes quasi shakespearien, a paru démentir ceux qui le jugeaient incapable de se renouveler. Il est revenu depuis à sa caricature chagrine de l'être humain.

Le théâtre contemporain est pénétré de **préoccupations idéologiques.** Plus que les problèmes moraux, les problèmes philosophiques ou sociaux l'intéressent. Les prises de position y sont parfois très accusées. Salacrou, Sartre affirment avec vigueur leurs sympathies marxistes. Les préférences tout opposées de Marcel Aymé ou de

Jean Anouilh ne s'étalent pas aussi ouvertement, mais elles se devinent. L'anticonformisme s'insinue un peu partout. Chez Jean Genet, il prend une allure agressive. Cet auteur qui pose au réprouvé, s'emploie, dans un langage impeccable, classique, étrangement cérémonieux, à exalter l'ignominie. L'une de ses pièces, *Les Paravents,* montée en 1966 au Théâtre de France par J.-L. Barrault, a provoqué un grand scandale. Gatti, Cousin utilisent le théâtre à des fins de contestation sociale. Césaire fait le procès du colonialisme.

Les années 1950 ont vu se développer un théâtre de l'absurde, dont les maîtres sont trois écrivains d'origine étrangère : Beckett, Adamov, Ionesco. Etrange jusqu'à l'extravagance, préférant aux tirades bien ordonnées les sentiments balbutiés, mettant volontiers en scène (par exemple dans la pièce de Samuel Beckett, *Oh ! les beaux jours !*) des personnages misérables, presque larvaires, capable néanmoins d'atteindre une grande intensité dramatique, ce nouveau théâtre a réussi mieux que le Nouveau Roman à faire la conquête du public.

Pourtant le théâtre n'a jamais si mal supporté d'être enfermé dans des murs et dans des formes. La traditionnelle salle de spectacle lui paraît un lieu insuffisamment ouvert. Il voudrait qu'une collaboration s'instaure entre les acteurs et le public. C'est ce que recherchent de jeunes compagnies qui se produisent dans de vastes locaux faits pour un autre usage (cartoucherie de Vincennes, entrepôt Calberson), ou en plein air (festival d'Avignon). Les cafés-théâtres, qui se sont multipliés autour des années 1970, correspondent à ce même besoin.

Omniprésence de la philosophie

En se développant, les sciences humaines (sociologie, économie politique, ethnologie, psychanalyse, linguistique) ont considérablement élargi l'horizon intellectuel. L'homme d'aujourd'hui se sent concerné dans sa vie quotidienne par tous les problèmes du monde et il éprouve un grand désir de savoir. Le fabuleux tirage des livres d'Alain Peyrefitte, *Quand la Chine s'éveillera* (1973) et *Le Mal français* (1976), tirage supérieur à celui des prix Goncourt les plus vendus, montre l'importance prise par la littérature d'information au détriment de celle qui n'est qu'un jeu gratuit.

Mais si l'on veut savoir, c'est avec l'ambition de changer ce qui existe et cette ambition est si impatiente que l'on commence par tout détruire. On désavoue les formes traditionnelles de l'art. A la place de ces structures, jugées périmées, on essaie de faire surgir un antiroman, un antithéâtre, une poésie apoétique, une nouvelle critique. Quelques-uns s'insurgent contre notre langage, complice d'un monde qu'ils récusent, et ils ont l'ambition de le remplacer par un langage à eux, qui ne les trahira pas. Une frénésie de contestation universelle s'est installée dans les esprits. L'explosion universitaire de mai 1968 n'est pas autre chose qu'un grand mouvement de contestation. La philosophie rejette les dogmes et leur sécurité apaisante au profit de la recherche inquiète. Elle met en question l'univers jugé par elle absurde, la société, sa morale hypocrite, le caractère répressif de ses lois. Elle suit le grand mouvement de libération qui secoue le monde moderne, mouvement assurément généreux, puisqu'il vise à l'affranchissement des races, des peuples, des minorités, des sexes.

Longtemps la pensée philosophique a cru trouver dans le marxisme l'instrument de cette évolution. Louis Althusser, commentateur de Marx, était le maître à penser des intellectuels de gauche. Mais certains de ses disciples finirent par réaliser que le marxisme ne pouvait pas être toute la philosophie. Les révélations de Soljenitsyne sur le « goulag » (les camps où sont enfermés en Union Soviétique les opposants au régime) leur montrèrent à l'évidence que le marxisme peut donner naissance à des

Etats totalitaires. En 1977, de jeunes philosophes (Bernard-Henri Lévy, André Glucksmann) se sont mis à dénoncer « la barbarie à visage humain », de quelque côté qu'elle vienne. Ils n'ont pas de solution à proposer. Et même le pessimisme de Bernard-Henry Lévy est total, désespéré. Ils ont simplement voulu réagir contre ce qui leur paraît être une imposture. La position prise par ces « nouveaux philosophes » a séduit quelques-uns de leurs aînés : Michel Foucault, déjà porté à soutenir toutes les formes de résistance, Maurice Clavel, qui affirmait avoir pressenti depuis longtemps ce retournement de tendance et qui leur offrit un patronage qu'ils acceptèrent sans enthousiasme excessif. L'agitation faite autour des « nouveaux philosophes » s'est calmée assez vite. Mais le coup porté au marxisme littéraire reste sensible.

La civilisation de l'audio-visuel

Selon l'expression du sociologue canadien Marshall McLuhan, nous sommes sortis de la « galaxie de Gutenberg ». La suprématie du livre tend à s'effacer devant l'énorme poussée des techniques audio-visuelles (disques, bandes enregistrées, radio, télévision, cinéma). Les mass média (moyens de diffusion de l'information au grand public) utilisent abondamment ces techniques et la culture s'acquiert beaucoup moins en lisant qu'en écoutant ou en regardant.

Les écrivains ne s'expriment plus seulement par le livre, mais par la parole télévisée ou radio-diffusée. Ils sont tentés par le cinéma, et cela depuis longtemps. Sacha Guitry, Cocteau, Pagnol avaient déjà écrit pour le cinéma. Ils avaient même été leurs propres réalisateurs. Plus récemment le cinéaste Alain Resnais a fait écrire par des romanciers connus (Queneau, Marguerite Duras, Robbe-Grillet) les scénarios de ses films. Depuis 1961 *(L'Année dernière à Marienbad)*, Robbe-Grillet a délaissé le vrai roman (exception faite de *La Maison de rendez-vous* et de *Souvenirs du Triangle d'or)* pour un genre mixte, le ciné-roman.

L'audio-visuel a grandement favorisé la diffusion d'une certaine poésie. Si tant de textes d'Aragon, Eluard, Prévert, Queneau, Boris Vian, sont devenus célèbres, c'est parce qu'ils ont été mis en musique et qu'ils ont fait l'objet d'enregistrements sonores. Les chanteurs (Charles Trénet, Léo Ferré, Georges Brassens, Guy Béart, Jacques Brel, Jean Ferrat, Serge Reggiani), voulant eux aussi profiter pleinement des ressources de l'audio-visuel, ont composé leurs propres textes, et c'est maintenant chez ces modernes troubadours inégalement inspirés que refleurit notre authentique poésie populaire.

La mode du roman policier et du roman de science-fiction n'est pas nouvelle. Mais les intrigues policières du cinéma et de la télévision ne peuvent que la renforcer. Du coup l'œuvre de Jules Verne, un peu oubliée, a connu un regain de faveur. La bande dessinée, en associant l'image au texte, cesse de privilégier le texte. Les intellectuels la boudent. Mais son public s'étend et l'on ne saurait préjuger de son avenir.

Les conditions de la création littéraire sont donc en pleine mutation. L'audio-visuel, en diffusant une culture « sauvage », rend le public moins exigeant, les auteurs moins scrupuleux, et l'on voit avec regret se perdre des qualités naguère infiniment prisées : le souci minutieux de la forme, l'exacte appropriation du style à la pensée.

Sartre Jean-Paul **(1905-1980)**

Orphelin de père dès 1907. Enfant choyé. Milieu intellectuel et bourgeois. Ecole

normale supérieure (1924-1929). Rencontre Simone de Beauvoir (1929). Agrégé de philosophie. Pensionnaire à l'Institut français de Berlin.

Mobilisé, fait prisonnier, puis libéré (1939-1941). Réussit, en pleine occupation, à faire jouer *Les Mouches.*

Fonde la revue *Les Temps modernes* (1945). Après avoir suivi la ligne du parti communiste, il blâme en 1956 la répression du soulèvement hongrois et, en 1968, l'intervention soviétique en Tchécoslovaquie. Pendant la guerre d'Algérie, il prend fougueusement parti pour le F.N.L. En 1970, il assume la direction de revues gauchistes. Le refus du prix Nobel (1964) n'a rien de surprenant de la part de ce non-conformiste.

Traités philosophiques : *L'Etre et le Néant* (1943). *L'Existentialisme est un humanisme* (1946). *Critique de la raison dialectique* (1960).

Essais : *Les Mots* (1964). *L'Idiot de la famille* (1971-1972).

Romans et nouvelles : *La Nausée* (1938). *Le Mur* (1939). *Les Chemins de la liberté* (1945-1949).

Théâtre : *Les Mouches* (1945). *Huis clos* (1945). *La Putain respectueuse* (1946). *Les Mains sales* (1948). *Le Diable et le bon Dieu* (1951). *Les Séquestrés d'Altona* (1959).

UN PHILOSOPHE ENGAGÉ

Sartre estime que l'écrivain a pour mission d'éclairer l'homme sur sa vraie nature, afin de lui apprendre à être libre. En fait, ce sont nos misères surtout qu'il étale : dans *La Nausée,* le vertige de l'absurde ; dans *Les Mouches,* le recours à la mauvaise foi ; dans *Huis clos,* l'intolérable supplice de sentir peser sur nous les regards d'autrui ; dans *Les Mains sales* l'excès de scrupules, héritage de l'ancienne morale. On voit pourtant se dessiner l'image d'une existence authentique dans *Les Mouches,* où le personnage d'Oreste nous est présenté au moment du choix qui engage sa vie, et dans *Les Chemins de la liberté,* vaste roman dont le héros, Mathieu Delarue, assume peu à peu et difficilement la responsabilité de son destin.

Mais l'écrivain n'est-il pas finalement une sorte de « mandarin » ? Pour éviter de jouer ce rôle, Sartre s'est lancé dans l'action directe, sacrifiant à ses convictions sa carrière d'écrivain. Tantôt marxiste, tantôt gauchiste, mêlé à toutes les agitations, à toutes les contestations, il n'a jamais réussi à se faire prendre au sérieux ni par les masses populaires, ni par le pouvoir, qui n'a pas voulu, en l'inculpant, lui donner l'occasion de plaider ses thèses dans un procès retentissant.

ÉCRIRE, « C'EST MON MÉTIER »

Sartre qui n'a pas dédaigné d'écrire des scénarios de films, reprend dans ses romans les procédés du cinéma : accéléré, ralenti, gros plan, action discontinue. Selon l'exemple des conteurs américains, il a recours au simultanéisme, qui consiste à mêler plusieurs actions dans un même développement en passant constamment de l'une à l'autre. Il fait grand emploi du monologue intérieur, qui lui permet de s'effacer lui-même et de présenter les faits selon les perspectives propres aux personnages qui s'y trouvent mêlés.

Il doit ses réussites d'auteur dramatique à son intelligence vigoureuse des problèmes, à son langage direct, au don qu'il a de susciter l'intérêt et de maintenir la curiosité en éveil. Mais on peut lui reprocher un excès de systématisation, et l'emploi d'allégories parfois invraisemblables.

Dans l'un et l'autre genre, son parti pris de non-conformiste se manifeste sous une forme agressive. Sartre n'évite pas, il recherche l'obscénité. Ses personnages sont plus ou moins tarés. Il ne nous fait grâce d'aucune de leurs misères physiques ou morales. Pourtant dans *Les Mots,* son meilleur livre peut-être, ce philosophe froid se découvre à nous plus humain. Tout en exerçant sur lui-même sa dure clairvoyance, il laisse transparaître une sensibilité qui a parfois quelque chose de tendre.

Beauvoir Simone de **(1908-1986)**

Education bourgeoise, conformiste et religieuse. Elève du Cours Désir. A quatorze ans, elle perd la foi.

1929 : rencontre de Sartre. Succès à l'agrégation de philosophie.

1943 : *L'Invitée* (roman). Elle quitte l'Université.

1945 : *Les Bouches inutiles* (drame). *Le Sang des autres* (roman).

1947 : *Tous les hommes sont mortels* (roman).

1949 : *Le Deuxième Sexe* (essai).

1954 : *Les Mandarins* (prix Goncourt).

Ouvrages autobiographiques : *Mémoires d'une jeune fille rangée* (1958), *La Force de l'âge* (1960), *La Force des choses* (1963).

1964 : *Une mort très douce* (la mort de sa mère).

1970 : *La Vieillesse* (essai).

Grande voyageuse, elle est allée aux Etats-Unis, en Afrique noire, en Chine, à Cuba, au Brésil, en Union soviétique.

SA PLACE DANS LA LITTÉRATURE FÉMININE

Les femmes qui se sont fait un nom dans la littérature d'aujourd'hui sont nombreuses. Simone de Beauvoir appartient à la même génération que Simone Weil, Marguerite Duras, Zoé Oldenbourg. Elle est un peu plus jeune que Nathalie Sarraute et Marguerite Yourcenar, d'une vingtaine d'années plus âgée que Françoise Mallet-Joris et Françoise Sagan. Comme Elsa Triolet, elle a vécu dans l'ombre d'un grand homme, sans rien abdiquer de sa personnalité. Son œuvre a plus d'ampleur que celle de ces autres femmes célèbres, car elle fut à la fois philosophe, essayiste, romancière, dramaturge. Sa philosophie fait une large place aux préoccupations morales : rigueur dans le non-conformisme, sentiment de la solidarité humaine, méditation désolée devant le néant de la mort, qui pourtant justifie la vie. En pleine guerre elle a pris parti pour le Viêt-nam, pour l'Algérie. Elle a mené une lutte passionnée pour la libération des femmes. Son premier roman, *L'Invitée,* est un vrai chef-d'œuvre, peinture d'un monde qui a rejeté tous les anciens tabous, cruelle histoire d'amour, où le thème éternel de la jalousie est renouvelé par cette thèse hégélienne et existentialiste que « chaque conscience poursuit la mort de l'autre ». Dans *Tous les hommes sont mortels,* l'imagination créatrice enveloppe richement la pensée philosophique. Assurément son œuvre est inégale. Sa pièce, *Les Bouches inutiles,* est schématique et moralisante. Son essai sur *Le Deuxième Sexe* ne réussit pas à maîtriser une documentation trop abondante. Mais il n'est pas exagéré de dire qu'elle domine la littérature féminine de son temps, quoique l'on puisse préférer à sa manière trop intellectualiste l'humanisme chaleureux de Marguerite Yourcenar *(Mémoires d'Hadrien, l'Œuvre au noir),* ou l'effort de Marguerite Duras pour appréhender à travers la réalité quotidienne l'incertain des âmes et des vies *(Moderato cantabile, Eden-cinéma).*

SON TÉMOIGNAGE

Ses ouvrages autobiographiques témoignent d'une grande exigence de sincérité. Ils ne sont pas, dit-elle, une œuvre d'art, « mais ma vie dans tous ses élans, ses détresses, ses soubresauts, ma vie qui essaie de se dire et non de servir de prétexte à des élégances ». Ils fourmillent d'anecdotes anthentiques, de portraits, de dialogues fidèlement rapportés. Ils retracent la carrière de Sartre, ils décrivent l'atmosphère de Saint-Germain-des-Prés, ils font revivre Camus et Boris Vian. Toute une génération avide de connaître, avide de jouir, et angoissée par le sentiment de l'absurde, peut s'y reconnaître.

Dans *Les Mandarins,* roman touffu, on voit s'agiter des intellectuels de gauche profondément divisés, entretenant avec le parti communiste des relations difficiles, toujours sur le point de trahir la révolution ou la vérité. Ce n'est pas un roman à clés. Il n'en reste pas moins que ce récit sans indulgence constitue un témoignage précieux sur la fermentation politique qui régnait dans les milieux existentialistes.

SON COMBAT POUR « LE DEUXIÈME SEXE »

Elle est indignée de voir la femme traitée comme un objet érotique. Elle pense que la féminité est « une situation créée par les civilisations à partir de certaines données physiologiques ». « On ne naît pas femme, on le devient. »

Elle réclame pour la femme le droit à la liberté sexuelle (qu'elle ne confond pas avec le vagabondage sexuel). Le mariage bourgeois lui paraît être une institution obscène « parce qu'il transforme en droits et devoirs un échange qui doit être fondé sur un élan spontané ». Cette femme, qui malgré sa liaison avec Sartre vécut en solitaire, n'a pas une bonne idée du couple : c'est une communauté « dont les membres ont perdu leur autonomie ».

Elle a fait campagne pour la libéralisation de l'avortement. Elle affirme n'avoir jamais éprouvé personnellement le besoin de la maternité, « étrange compromis de narcissisme, d'altruisme, de rêve, de sincérité, de mauvaise foi, de dévouement, de cynisme ».

D'autres femmes (Françoise Parturier, Benoite Groult, Gisèle Halimi) ont déjà pris la relève de Simone de Beauvoir dans ce combat émancipateur.

Ionesco Eugène **(né en 1912)**

D'origine roumaine. Passe son enfance en France. Retourne poursuivre ses études en Roumanie (1925). Y sera professeur (1935-1938). Revenu en France, prépare sans conviction une thèse de doctorat.

Fait ses débuts d'auteur dramatique à Paris avec *La Cantatrice chauve* (1950). Suivent : *La Leçon* (1951), *Les Chaises* (1952), *Amédée ou Comment s'en débarrasser* (1954), *Le Rhinocéros* (1960), *Le Roi se meurt* (1962), *La Soif et la Faim* (1966), *Jeux de massacre* (1970).

1970 : élu à l'Académie française.

DES FANTASMES CRUELS

Ce dramaturge extériorise ses obsessions sous la forme de fantasmes cauchemardesques. Le développement du nazisme devient l'histoire d'une cité dont les habitants se transforment d'abord contre leur gré, puis avec empressement, en rhinocéros.

Notre destinée, placée sous le signe de la mort, est figurée par un appartement dans lequel a été oublié un cadavre qui grandit démesurément et prend tout l'espace. Dans *La Cantatrice chauve* point de fantasmagorie : de petits bourgeois anglais se reçoivent ; l'insignifiance des propos qu'ils échangent est cruellement dérisoire. Dérisoire aussi ce vieux ménage qui adresse des discours à des chaises inoccupées. Ionesco n'a nul souci de plaire. Il met les spectateurs en présence de vérités désagréables. Il leur montre le néant de nos efforts, l'absurdité de notre vie. Les symboles choisis sont épais, gratuits, sans valeur poétique. Mais ils frappent l'imagination.

LE SENS DU QUOTIDIEN

Les personnages ont l'air de trouver naturelles ces situations extravagantes auxquelles ils sont affrontés. Artificiels, peu nuancés, ils ont pourtant les attitudes et le langage de la vie quotidienne. Les platitudes qu'ils débitent prennent un triste accent de vérité : vérité non point spontanée mais fabriquée à l'aide de procédés habilement mis en œuvre. L'outrance parfois risible de ces procédés (mots déformés, contradictions, calembours, parodie) ne nuit pas à la crédibilité. Et même il arrive que l'on ressente devant cette œuvre si peu classique l'impression furtive de n'être pas si loin de Molière. Les pièces d'Ionesco valent moins par leur philosophie sommaire et désolante ou par leur conception d'ensemble presque toujours déconcertante, que par la finesse, l'astuce, le comique irrésistible du détail. Par là s'explique sans doute que ce marginal soit devenu auteur à succès et même académicien.

Camus Albert **(1913-1960)**

Né en Algérie dans une famille pauvre. Atteint de tuberculose (1930). Renonce à l'agrégation de philosophie préparée dans des conditions trop difficiles (1937). Rédacteur au journal *Alger républicain* (1938). S'engage dans la Résistance (1942). Directeur du journal *Combat* (1945). La publication de *L'Homme révolté* entraîne sa rupture avec Sartre (1952). Prix Nobel de littérature (1957). Trouve la mort dans un accident d'auto.

Romans : *L'Etranger* (1942). *La Peste* (1947). *La Chute* (1956).

Essais : *Le Mythe de Sisyphe* (1942). *Noces* (1945). *L'Homme révolté* (1951). *L'Eté* (1954).

Théâtre : *Caligula* (1945, écrit en 1938). *Le Malentendu* (1945). *L'Etat de siège* (1948). *Les Justes* (1949). Adaptation de pièces de Calderon, Faulkner, Lope de Vega, Dostoïewsky.

SON ITINÉRAIRE SPIRITUEL

Camus est existentialiste au départ, en ce sens qu'il constate l'absurdité d'un monde où notre désir éperdu de clarté se heurte à l'irrationnalité. Meursault, qui commet un meurtre sans trop savoir pourquoi, et qui est indifférent, « étranger » à lui-même, offre l'image d'un destin particulièrement absurde. Pourtant devant la nuit « chargée de signes et d'étoiles », ce personnage éprouve une sorte de bonheur. C'est que Camus, à l'inverse de Sartre, refuse de croire que l'homme soit condamné au désespoir. « La lutte vers les sommets suffit à remplir un cœur d'homme. Il faut imaginer Sisyphe heureux. » Cette idée s'épanouit magnifiquement dans *La Peste,* où la solidarité des hommes luttant contre le fléau fait équilibre à l'absurdité du monde.

La révolte aussi est un recours. Mais elle doit se fixer des tâches limitées, ne pas dégénérer en l'une de ces révolutions qui aboutissent au totalitarisme. C'est une divergence de vues sur le régime soviétique qui mit fin à l'amitié difficile de Sartre et de Camus. Existentialistes et communistes reprochèrent alors, à Camus de dévier vers le moralisme. La guerre d'Algérie le bouleversa profondément, mais il ne voulut pas prendre parti.

Son dernier roman, *La Chute,* conçu à l'origine comme un portrait caricatural de l'homme moderne selon Sartre, a fini par tourner à une sorte d'autocritique, l'auteur noircissant délibérément le personnage de Clamence (qui le représente dans une certaine mesure), par exaspération d'être traité comme un professeur de vertu.

SON TALENT D'ÉCRIVAIN

L'Etranger et *La Peste* sont des œuvres constamment tendues vers l'observation morale et la réflexion. La noble et vigoureuse franchise de la pensée confère au style une sorte de pureté, élimine les effets faciles. *La Chute* est rédigée selon d'autres principes, sur le ton du sarcasme, avec toute la vivacité, les indécisions, les surprises du langage parlé. Lorsqu'il conte, Camus refrène sa tendance naturelle à la poésie. Seuls quelques détails descriptifs la laissent paraître. Dans ses essais *(Noces, L'Eté),* il lui donne libre cours. Alors son amour de la vie, de la lumière méditerranéenne, son sens de la beauté s'exaltent en un lyrisme éblouissant.

Ses pièces, malgré leur intensité dramatique, prêtent à la critique. Les extravagances de Caligula ont trop l'air d'un jeu gratuit. *Le Malentendu* déroule une action schématique dans un climat sordide. *L'Etat de siège* fut accueilli froidement par un public qui n'aimait sans doute pas les allégories. Les « justes » sont des révolutionnaires apolitiques presque détachés du réel. Ces œuvres pèchent par un excès d'intellectualisme. Il faut les relire pour en apprécier les richesses.

Vian Boris **(1920-1959)**

Appartient à une famille aisée sur le penchant de la ruine. Enfance à Ville-d'Avray. Fréquentations bourgeoises (Jean Rostand, Yehudi Menuhin). Entre à l'Ecole centrale (1939). Ingénieur (1942-1947).

1947-1950 : animateur des cabarets de Saint-Germain-des-Prés (surtout le Tabou et le Club Saint-Germain-des-Prés).

Après 1950, traverse des moments difficiles. Trouve sa principale ressource dans des traductions d'auteurs étrangers. En 1953, renonce pratiquement, sans pour cela cesser d'écrire, à une carrière littéraire qu'il croit avoir manquée.

A partir de 1956, directeur artistique chez Philips, chez Fontana et aux disques Barclay.

Deux crises d'œdème du poumon (1956 et 1957). Meurt pendant l'avant-première d'un film tiré de son roman *J'irai cracher sur vos tombes.*

C'est seulement après sa mort que sa réputation de grand écrivain s'est affirmée.

Romans : *J'irai cracher sur vos tombes* (signé Vernon Sullivan, 1946). *Vercoquin et le plancton* (1947). *L'Ecume des jours* (1947). *L'Automne à Pékin* (1947). *Les Morts ont tous la même peau* (Vernon Sullivan, 1947). *Et on tuera tous les affreux* (Vernon Sullivan, 1948). *L'Herbe rouge* (1950). *L'Arrache-cœur* (1953).

Théâtre : *L'Equarissage pour tous* (1948). *Le Goûter des généraux* (1951). *Les Bâtisseurs d'Empire* (1959).

Il écrivit en outre des traductions de romans américains, de nombreux articles de revues, des récits (souvent autobiographiques), des poèmes et environ 400 chansons.

SA SOIF DE VIVRE

Boris Vian régna pendant quelques années (1947-1950) sur une jeunesse un peu folle qui, par une réaction naturelle contre les contraintes de la guerre et de l'occupation, avait choisi de vivre dans le non-conformisme et la fantaisie, et qui avait pour centre de ralliement les cafés, les cabarets et les caves de Saint-Germain-des-Prés. Ces jeunes gens se réclamaient de l'existentialisme. Non qu'ils fussent vraiment des disciples de Sartre. Mais sa philosophie les justifiait à leurs propres yeux. Boris Vian lui-même ne fut existentialiste que dans cette faible mesure et il ne s'est pas privé d'ironiser sur le culte excessif voué par certains à celui qu'il appelle plaisamment Jean-Sol Partre.

L'adolescence de Boris Vian, amateur de musique, se prodiguant en surprises-parties, en canulars, en divertissements de société, d'ailleurs capable d'un effort intellectuel suffisant pour être reçu à l'Ecole centrale, l'avait préparé à une activité multiforme où il s'épuisa. Il fut en effet ingénieur, romancier, trompettiste, chroniqueur de jazz, poète, chanteur, auteur dramatique, librettiste, comédien, metteur en scène, directeur artistique de plusieurs maisons de disques. Sachant sa vie menacée, il voulait vivre intensément.

SES DONS D'IMAGINATION ET DE CŒUR

Il débuta comme romancier par un livre un peu bâclé au titre provocant : *J'irai cracher sur vos tombes.* Il prétendait l'avoir traduit d'un métis américain, Vernon Sullivan, sous le pseudonyme duquel il s'abritera plusieurs autres fois. Ce livre violemment antiraciste, truffé d'érotisme, eut un succès de scandale et porta tort aux romans qui suivent, lesquels révèlent mieux son vrai talent.

Boris Vian est servi par une extraordinaire facilité d'imagination orientée vers les inventions saugrenues. Il crée ainsi un monde extravagant où l'herbe est rouge, où les truites et les anguilles se pêchent au robinet du lavabo, où les paupières repoussent quand on les taille, où un nénuphar se développe dans la poitrine d'une jeune femme qui en meurt, où les pharmaciens exécutent les ordonnances avec une guillotine. Clémentine, la mère abusive de *L'Arrache-cœur,* voulant préserver de tout risque ses « trumeaux », Joël, Noël et Citroën, finit par les enfermer dans des cages. A la mort de Chloé, son cercueil est jeté par la fenêtre. « On ne descendait les morts à bras qu'à partir de cinq cents doublezons. » La « voiture à morts » est un vieux camion peint en rouge et son conducteur chante à tue-tête. Ce monde est régi par une logique particulière poussée jusqu'à l'absurde et les personnages qui le peuplent le trouvent parfaitement naturel et cohérent. Le récit est émaillé de mots inventés, toujours pittoresques et plaisants. Le fond de l'œuvre n'est pas sans tristesse. Toutes les tragédies humaines s'y dissimulent. Mais par pudeur l'écrivain évite le pathétique. Il s'en tient à une mélancolie douce, à une pitié tendre. La mort rôde partout, acceptée avec indifférence. La violence et la cruauté sont acceptées moins facilement. Boris Vian réagit vivement contre le racisme. Mais dans ses révoltes même il reste non violent. Vernon Sullivan est un criminel pour rire. Le « déserteur » de la célèbre chanson ne manifeste ni aigreur, ni colère. Il se refuse seulement à tuer, et, si on vient l'arrêter, il se laissera emmener.

Cet écrivain si attachant n'appartient à aucun mouvement littéraire ou philosophique, tout en ayant avec le surréalisme des affinités d'esprit. Son œuvre est de valeur inégale. Mais Queneau n'avait peut-être pas tort, lorsqu'il disait que *L'Ecume des jours* est « le plus poignant des romans d'amour contemporains ».

PRINCIPAUX ÉCRIVAINS CITÉS.

QUELQUES REPÈRES

Principaux écrivains cités

Quelques repères

Cet ouvrage a été réalisé par la
SOCIÉTÉ NOUVELLE FIRMIN-DIDOT
Mesnil-sur-l'Estrée
pour le compte des Éditions Bordas
en novembre 1990

Imprimé en France
Dépôt légal : novembre 1990
Dépôt légal 1re édition : 3e trimestre 1978
N° d'impression : 16116